Helga Drummond
Machtspiele für kleine Teufel

Helga Drummond

Machtspiele für kleine Teufel

Mit List und Tücke an die Spitze

verlag
moderne industrie

Die Deutsche Bibliothek – CIP-Einheitsaufnahme

Drummond, Helga:
Machtspiele für kleine Teufel: mit List und Tücke an die Spitze / Helga Drummond. Aus dem Engl. von Beate Korn. –
Landsberg/Lech: Verl. Moderne Industrie, 1993
ISBN 3-478-32580-3

Titel der englischen Originalausgabe: Power: Creating and Using It effectively.
Published by Kogan Page Limited, 120 Pentonville Road, London N1 9JN

Übersetzung: Beate Korn, 5100 Aachen
Umschlaggestaltung: Liebe & Partner, 8910 Landsberg/Lech
Satz: abc Fotosatz GmbH, 8938 Buchloe
Druck und Bindearbeiten: Friedrich Pustet, 8400 Regensburg
Printed in Germany 320 580/04936002
ISBN 3-478-32580-3

Inhaltsverzeichnis

Kapitel 9

Vorwort

Fragen Sie irgendeinen Manager danach, was ihm am meisten fehlt, wird er Ihnen antworten: „Macht". Unter „Macht" verstehen wir die Fähigkeit, sich unter Anwendung der richtigen Hilfsmittel durchzusetzen, zu wissen, was von einem erwartet wird, die bestehenden Autoritäten zu kennen und so weiter. Nahezu niemand wird sagen, er suche Macht um ihrer selbst willen.

Ohnmacht hingegen ist eine wichtige Quelle der Ineffizienz von Führungskräften im Management. Sie äußert sich in der Verschwendung von Zeit, in unnötigen Konflikten, Streß, Ärger und Frustration. Dieses Buch soll Managern helfen, sich die Macht anzueignen, die sie für ihre tägliche Arbeit brauchen: **Macht, etwas bewirken zu können.**

Etwas bewirken zu können bedeutet für Manager, ihre Beziehungen zu ihrer Umwelt durch den kombinierten Einsatz von

1. Bewußtsein,
2. Energie,
3. Hilfsquellen

zu verändern. Bewußtsein basiert auf dem Verständnis von Macht, das heißt, zu verstehen, wie Machtbeziehungen funktionieren, sich verändern und verändert werden können. Energie ist ein Teil des eigenen Selbst – trotzdem wollen wir versuchen, durch die Bekanntgabe von zwei Variablen der Gleichung die Ermittlung der dritten zu erleichtern. Es soll ausdrücklich betont werden, daß die hierzu benötigten Hilfsmittel überall vorhanden sind: Kleidung, Sprache und sogar Gestik können dazu benutzt werden, Macht zu erzeugen.

Dennoch hängen Ihre Leistungen entscheidend davon ab, daß Sie **fest daran glauben, gewinnen zu können.**

Ich will Ihnen in diesem Buch zeigen, wie einfach es sein kann, erfolgreich zu sein. Zugegeben, mit Macht lassen sich nicht nur ehrenwerte Ziele, sondern auch böse Absichten leichter in die Tat umsetzen; das gilt für das persönliche Fortkommen ebenso wie für die Entwicklung eines Unternehmens. Wir werden an anderer Stelle in diesem Buch jedoch zeigen, daß Menschen ohne Macht oftmals mehr Schaden anrichten als diejenigen, die das Gefühl haben, Situationen und Ereignisse unter Kontrolle zu haben.

Da nahezu jede menschliche Interaktion eine durch Macht beeinflußte Beziehung ist, wird sich dieses Buch im täglichen Leben genauso nützlich erweisen wie im beruflichen Alltag. Die Ideen und Ratschläge, die in den verschiedenen Kapiteln beschrieben werden, funktionieren wirklich. Da Machtbeziehungen in ihrem Inneren jedoch instabil sind, weil beide Seiten nur unvollständige Informationen über die jeweils andere Seite zur Verfügung haben, und weil das Verhalten durch unbekannte und unergründete Ängste ebenso beeinflußt wird wie durch Ehrgeiz und Eifersucht, gibt es keine Garantie dafür, daß jede der hier beschriebenen Strategien zum Gewinn von Macht zu jedem Zeitpunkt zum Erfolg führt. Ich bin jedoch davon überzeugt, daß sich der Kauf dieses Buches bezahlt machen wird.

Wenn es nur eine einzige Beförderung erleichtert oder den Leser in die Lage versetzt, beim nächsten Autokauf dreihundert Mark zu sparen, wird es den Kaufpreis mehr als lohnen. Wer dieses Buch nicht nur einmal, sondern gelegentlich nochmals liest, den wird es reich belohnen.

Danksagung

Für die Mitarbeit an diesem Buch möchte ich Chris Allinson und Terry Moreton danken, vor allem für ihre Begeisterung und ihre großzügig investierte Zeit – das kostbarste aller Güter. Der Stadt Bradford bin ich dankbar dafür, daß sie die Finanzierung übernommen hat, ganz zu schweigen von den schon als legendär zu bezeichnenden Kosten für die Schreibarbeiten. Meinem früheren Kollegen Steve Cook möchte ich für sein Interesse an meiner Arbeit ebenso danken wie Barry Jacobs und Bernard McEvoy für ihre Unterrichtung im Umgang mit schwierigen Situationen; sie haben dieses Buch bereichert.

Mein Interesse an menschlicher Energie entstand durch die Mitarbeit an einem Forschungsprojekt, das sich mit den Begriffen „harte Arbeit“ und „hart arbeiten“ befaßte. Ich bin meinen Kollegen an der Manchester Business School, Roy Payne, Peter McLavery und Ed Young dafür dankbar, daß sie mich an ihren Ideen und ihrem Wissen teilhaben ließen.

Liverpool, April 1993 Helga Drummond

Halt, was du verheiß'st,
Verschweig, was du weißt,
Hab mehr, als du leihst,
Reit immer zumeist,
Sei wachsam im Geist,
Nicht würfle zu dreist,
Laß Dirnen und Wein
Und Tanz und Schalmein,
So findst Du den Stein
Der Weisen allein.

[aus: William Shakespeare, König Lear, ins Deutsche übertragen von August Wilhelm Schlegel u.a. in: Sämtliche Werke, (R. Löwit: Wiesbaden)]

Einleitung

Macht ist hilfreich, um das, was man haben möchte, auch zu erhalten.

Ein zentrales Thema in diesem Buch ist die Tatsache, daß sich Wünsche oft leicht erfüllen lassen. Macht ist der Schlüssel, um Leistungen zu vollbringen, doch wer darauf wartet, daß jemand kommt und ihm Macht auf einem silbernen Tablett serviert, der wird darauf auch noch in hundert Jahren warten. Genauso falsch ist die Annahme, daß Macht offiziell erteilt werden muß, unterschrieben und besiegelt, um wirklich zu existieren.

Macht entsteht aus Nichts

Nichts bedeutet im ursprünglichen Sinne des Wortes „Nichts". Macht entsteht durch das Ausfüllen von Hohlräumen im Niemandsland. Wir werden noch sehen, daß

1. selbst in Unternehmensorganisationen, in denen alles genau vorgegeben ist, immer ein gewisser Ermessensspielraum existiert,
2. es möglich ist, weit mehr Macht zu erlangen, als es nach Stellenbeschreibungen und Unternehmensorganigrammen möglich erscheint.

Um Macht auszuüben, benötigt man Hilfsquellen, wobei hiermit nicht zwangsläufig Geld gemeint ist. Dieses Buch erklärt, wie Dinge, die sich leicht beschaffen lassen, dazu verwendet werden können, Macht zu erzeugen. Hierzu gehören zum Beispiel:

1. Kleidung,
2. Sprache,
3. schriftliche Kommunikationsformen,

4. Büroausstattung,
5. alltägliche Informationen,
6. Distanz,
7. Zweifel an Vermutungen,
8. Zeit,
9. Energie.

Der wichtigste Punkt auf dieser Liste ist die Energie. Ohne Energie läßt sich nichts erreichen, mit Energie ist alles möglich. In diesem Zusammenhang soll besonders auf die Initiative hingewiesen werden: Warten Sie nicht, bis andere Ihnen für irgend etwas die Erlaubnis erteilen oder Ihnen ihre Ideen präsentieren, sondern sehen Sie sich nach Hohlräumen um, die Sie mit Macht anfüllen können. Ich rate Ihnen dringend: **Tun Sie es.**

Wenn man erst einmal Macht besitzt, kommt selten jemand, der sie einem wieder abnimmt. Im Gegenteil, Macht vergrößert sich selbst, denn

**Menschen, die Macht besitzen,
wirken attraktiv auf andere.**

Und weil sie attraktiv wirken, werden sie in Unterhaltungen stärker miteinbezogen, finden mehr Beachtung, was wiederum neue Macht erzeugt.

Erfolg

Sich Macht nur anzueignen reicht nicht aus; man muß auch lernen, sie richtig einzusetzen. Erfolg ist ein Produkt aus folgenden Zutaten:

- Visionen,
- Realismus,
- Freude.

Wer keine Visionen hat, weiß nicht, in welche Richtung er gehen soll. Wer den Mut hat zu träumen, legt damit den Grundstein für seinen späteren Erfolg, denn er projiziert sich in seine eigene Zukunft hinein. Es erfordert nicht nur Mut zu träumen, sondern auch Mut, den Traum lebendig zu erhalten.

Nur wer realistisch ist, kann seinen Traum verwirklichen. Der Abstand zwischen einem Handkarren auf der einen Seite und einem Rolls-Royce auf der anderen Seite ist zu groß – jedenfalls um ihn an einem einzigen Nachmittag zu überbrücken. Anfangen muß jeder. Ein chinesisches Sprichwort lehrt uns:

Eine Reise von tausend Kilometern beginnt mit dem ersten Schritt.

Der aufstrebende Schlagerstar, zum Beispiel, beginnt als Barmixer in einem Nachtclub, da er dort in der Nähe der für ihn wichtigen Leute ist. Ebenso der Unternehmer, der die neue Biersorte, die er verkaufen will, in seiner Garage braut: Er unternimmt die ersten Schritte zur Gründung seiner eigenen Firma. Menschen, die wirklich versagen, haben aus irgendeinem Grund nie den ersten Schritt getan. Der Lehrer, der einem pflichtvergessenem Schüler sagt „Um Himmels willen, tu' etwas" gibt ihm einen guten Rat. Es sind einfache Handlungen, durch die Menschen wie du und ich dazu gebracht werden, Leistungen zu vollbringen: Oft bedarf es vielleicht nur des Aufnehmens des Telefonhörers, des Schreibens eines Briefes oder des Treffens einer Verabredung. Bei der Gelegenheit hätte ich eine Frage an Sie:

„Gibt es irgend etwas, das Sie schon immer tun wollten?
Ja? Warum beginnen Sie dann nicht gleich heute damit?"

Ist der Ehrgeiz erst einmal erwacht, vollbringt man Leistungen oft schneller, als man es je für möglich gehalten hätte.

Erfolg zu haben ist immer einfacher, wenn die eigene Stärke als treibende Kraft wirkt. Stärke heißt tun, was Spaß macht und was man gut beherrscht. Ich habe einmal den Geschäftsführer eines Unternehmens gefragt, der seine Karriere aus dem Nichts aufgebaut hatte, ob er das Gefühl habe, hart gearbeitet zu haben. „Arbeit?" fragte er, „Das hier ist keine

Arbeit. Arbeit ist für mich, um sechs Uhr morgens aufzustehen, um in den Fitneßraum zu gehen." Wenn Sie Ihre Tätigkeit als Dauerbelastung empfinden, sollten Sie vielleicht darüber nachdenken, ob Sie nicht etwas finden können, das Ihren Talenten und Ihren Ambitionen stärker entgegenkommt.

Im Leben vieler Menschen gibt es Schlüsselerlebnisse, durch die scheinbar eine bestimmte Richtung angedeutet wird. Der angehende Rechtsanwalt, beispielsweise, gewinnt 150 Mark in einem Autorenwettbewerb. Heißt das, er muß sich entscheiden, ob er ein kompetenter Anwalt werden möchte oder lieber ein vielleicht hervorragender Journalist? Die Erkenntnis der eigenen wahren Fähigkeiten kann beunruhigend sein, besonders, wenn es bedeutet, sich zwischen einem sicheren, aber unauffälligen Weg einerseits und einem gefährlichen, doch potentiell sehr lohnenden Weg andererseits entscheiden zu müssen. Hierauf gibt es keine einfache Antwort. Wir können jedoch festhalten, daß sich die Quelle der stärksten Kraft in jedem selbst befindet, und jeder muß selbst entscheiden, ob er sie nutzen will oder nicht.

In Gold gefaßt

Besonders kleine Ziele sind von großer Bedeutung, denn

Wettkämpfe werden oft im Grenzbereich gewonnen.

Über den Gewinn einer olympischen Goldmedaille entscheidet oft nur eine Haaresbreite, das Ergebnis eines Pferderennens hängt von einer Nasenlänge ab, über die Vergabe eines Auftrags entscheidet ein winziger Preisunterschied, eine einzige Frage gibt im Bewerbungsgespräch den Ausschlag und so weiter. Somit kann sich ein bißchen Einfluß hier, etwas Wohlwollen dort oder eine scheinbar unwichtige Information eines Tages vielleicht als entscheidend erweisen. Darüber hinaus addieren sich kleine Ziele zu mehr als Summe ihrer Einzelfaktoren. Das Brettspiel Monopoly läßt sich auf zwei Arten spielen:

Die eine Weise, bekannt als die „königliche Strategie", konzentriert sich auf den Erwerb teuerer Besitztümer wie Schloßallee und Parkstraße; die andere ist bekannt als die Strategie der Armen und besteht im Handel mit den billigeren Anwesen, wie beispielsweise Turm- oder Badstraße. Um sie geht es, symbolisch gesprochen, in diesem Buch.

Nach der Strategie der Armen zu spielen bedeutet im Zusammenhang mit Macht, daß man bereit ist, heute ein bißchen Mehrverantwortung zu übernehmen und dafür mit einer kleinen Beförderung belohnt zu werden, sich später zwei weitere Mitarbeiter zu sichern, dann auf eine kleine Budgeterhöhung hinzuarbeiten und so weiter. Die besondere Stärke dieses Ansatzes liegt darin, daß **kleine Gewinne leichter zu erringen sind als große.**

Das ist nicht zuletzt deshalb so, weil sich niemand die Mühe macht, sich einzelnen, kleinen Bereicherungen in den Weg zu stellen. In der Tat verachten Menschen, die nach der königlichen Strategie spielen, solche Brotkrumen vom Tisch des Herrn sehr oft. Wenn sie dann endlich realisieren, was wirklich geschieht, ist es meistens zu spät.

Macht im Alltag und im Berufsleben

Ebenso wichtig wie Träume ist jedoch der Alltag. Mit Hilfe der in diesem Buch beschriebenen Ideen und Taktiken kann man auch im Alltag mehr erreichen, als aufgrund der äußeren Bedingungen zunächst möglich erscheint. Schon einfaches Nachdenken über die mit einer Besprechung oder einem Arztbesuch verbundenen Ziele kann beispielsweise über Erfolg oder Versagen entscheiden. Wenn Sie einem Verkäufer oder einem Immobilienmakler genau zuhören, können Sie sich selbst oder Ihrer Firma möglicherweise eine beträchtliche Menge Geld einsparen oder vielleicht den Abschluß eines schlechten Geschäftes verhindern. Ebenso erreicht in einer Besprechung der Manager, der sich nicht davor scheut, sein Anliegen laut vorzutragen, wahrscheinlich eher sein Ziel als sein Gegenspieler, der darauf vertraut, sein Spiel durch Zuhören allein zu gewinnen. Viele der Vorschläge in diesem Buch lassen sich mit nur wenig Aufwand realisieren. Schon der flüchtige Blick in eine Akte, die routinemäßig durch Ihre Hände geht, kann etwas offenbaren, das sich eines Tages vielleicht als besonders wichtig erweist. Andere warten zu lassen kostet nichts, kann aber in einer Machtbeziehung das Gleichgewicht wieder herstellen.

Über den richtigen Umgang mit der Macht der anderen

Wer Macht besitzen will, muß auch mit der Macht der anderen richtig umgehen können. In diesem Buch wird erklärt, warum spontane Reaktionen, wie beispielsweise einen Angriff mit einem Gegenangriff zu beantworten, oft nicht sehr wirkungsvoll sind. Es gehört zu den Widersprüchlichkeiten des Phänomens Macht, daß die Wahl der Mittel stärker durch das angestrebte Ziel bestimmt wird als durch denjenigen, der sie anwendet. Das bedeutet: **Niemand kann Sie zu irgend etwas zwingen.**

Je nach Ziel kann das im Extremfall dazu führen, daß sich jemand entscheidet, eher zu sterben als zu gehorchen. In diesem Fall werden alle Pläne des Machthabers durchkreuzt, egal, über welche Mittel er auch immer verfügen mag. Das letzte Druckmittel zur Ausübung von Macht basiert auf der Angst des Menschen vor dem Tod. Deshalb fordert die Lehre des Buddhismus zum „Loslassen“ auf, womit unter anderem die Aufgabe persönlicher Begierden gemeint ist. Begierden aufzugeben, und das schließt selbst das eigene Leben ein, erlöst von sozialen und physischen Zwängen, die die Erfüllung von Begierden bestimmten Regeln unterwerfen und sie bestimmen. Wunschlosigkeit bedeutet, sich nicht zu identifizieren und sich auf diese Weise der äußeren Kontrolle zu entziehen; es steigert das eigene Ich als Quelle der Macht.

Anmerkung zu den Fragebogen

Zu Beginn und am Ende jedes Kapitels finden Sie je einen Fragebogen. Geben Sie sich für jede richtige Antwort einen

Punkt. Das Ergebnis sollte beim wiederholten Ausfüllen des Fragebogens, also nachdem Sie das jeweilige Kapitel gelesen haben, natürlich besser sein.

Kapitel 1

Macht – Erkennungsmerkmale und Triebkräfte

Fragebogen zum Machtverständnis

Testen Sie Ihr Verständnis von Macht, indem Sie die nachfolgenden Fragen beantworten, bevor Sie das Kapitel lesen:

1. **Der Sinn von Macht besteht darin,**
   a) Widerstand zu überwinden,
   b) andere zum Nachgeben zu bewegen,
   c) sich Personal und andere Hilfsmittel zu beschaffen,
   d) zu erhalten, was man haben möchte.

2. **Die beste Strategie zur Erzeugung von Macht besteht in**
   a) der absoluten Kontrolle über einen einzigen Bereich,
   b) der absoluten Kontrolle über zwei oder drei Bereiche,
   c) der absoluten Kontrolle über möglichst viele Bereiche,
   d) einem möglichst weitreichenden Einfluß und großer Verantwortung.

3. **Sie könnten Ihre Macht dadurch vergrößern, daß Sie die Leitung einer unproduktiven Abteilung übernehmen. Sie**
   a) ergreifen die Gelegenheit, bevor es ein anderer tut.
   b) akzeptieren nur, wenn Sie diese Aufgabe vollständig mit Ihrer derzeitigen Tätigkeit vereinbaren können und sich die Effizienz dieser Abteilung verbessern läßt.
   c) sagen, daß Sie darüber nachdenken wollen.
   d) lehnen ab.

4. **Ein Kollege versucht, einen Teil Ihres Aufgabenbereiches an sich zu reißen. Die davon betroffenen Mitarbeiter stellen eine eher unproduktive Belastung dar. Was tun Sie?**
   a) Sie überlassen sie ihm.
   b) Sie wehren sich.
   c) Sie überlassen sie ihm, handeln dafür aber eine Gegenleistung aus.
   d) Sie gehen zum Gegenangriff über und versuchen, seine Mitarbeiter unter *Ihren* Einflußbereich zu bringen.

5. **Sie fühlen sich zu jemandem hingezogen, doch er/sie scheint sich nicht für Sie zu interessieren. Was tun Sie?**
   a) Sie stellen ihm/ihr eine Reihe Fragen über sich selbst.
   b) Sie sprechen über sich.
   c) Sie machen Konversation.
   d) Sie „tratschen“ über andere Leute.

6. **Sie wünschen sich sehnlichst, ein bestimmter, attraktiver Mensch möge Sie beachten. Er ist jedoch von anderen umringt, die alle dasselbe wollen wie Sie. Was tun Sie?**
   a) Sie drängen sich vor.

b) Sie ignorieren ihn.
c) Sie warten, bis er alleine ist.
d) Sie lenken die Aufmerksamkeit von ihm ab, indem Sie sich selbst in den Mittelpunkt des Interesses stellen.

7. An anderer Stelle ist Ihre Fachkenntnis erwünscht. Ihr Vorgesetzter verspricht, mit Ihnen später über eine Gehaltserhöhung zu reden, falls Sie bereit wären, sofort zu gehen. Sie
a) willigen direkt ein.
b) verweigern Ihre Zustimmung solange, bis Sie eine verbindliche Zusage über die neue Höhe Ihres Gehalts erhalten.
c) willigen unter der Voraussetzung ein, daß die Gehaltsverhandlung bis zu einem bestimmten Termin stattgefunden hat.
d) willigen ein, wollen aber von ihm genau wissen, an welche Summe er denkt.

8. Unmittelbar vor Beginn eines Konzertes werden Sie vom Star des Abends angerufen. Er teilt Ihnen mit, daß er nicht auftreten wird, wenn er nicht einen rosafarbenen Rolls-Royce erhält, um damit seinen großen Auftritt zu inszenieren. Sie
a) beschaffen ihm schnell diesen Rolls-Royce.
b) schicken jemand anderen, der schnell einen beschafft.
c) versuchen, dem Künstler die Idee auszureden.
d) sagen ihm, er brauche sich keine Sorgen zu machen.

9. Sie haben gerade ein kleines Vermögen für eine spezielle, „leistungsstarke" elektrische Säge ausgegeben. Das gelieferte Modell arbeitet jedoch nur halb so schnell, wie es erforderlich wäre. Sie müssen mit dem Vertreter der Firma verhandeln. Wie eröffnen Sie das Gespräch?
a) Sie fordern ihn auf, das Gerät wieder abzuholen.
b) Sie verhandeln mit ihm über einen Rabatt.
c) Sie warten ab, was er Ihnen vorschlägt.
d) Sie sagen den Termin ab und reichen das Problem an Ihre Rechtsabteilung weiter.

10. Jemand hat gerade die Lorbeeren für eine Arbeit eingeheimst, die in Wirklichkeit Sie gemacht haben. Sie
a) sagen nichts, aber rächen sich heimlich, sobald sich eine Gelegenheit dafür bietet.
b) drohen, sich zu rächen, und tun es auch.
c) erzählen den anderen, daß Sie ihm dafür jetzt die Rechnung schreiben werden.
d) sagen im Augenblick nichts, aber rächen sich später und sorgen dafür, daß er es merkt.

Macht läßt sich genau wie Liebe nicht definieren, aber leicht erkennen[1]. Die meisten von uns kennen Begriffe wie die folgenden:

- Machtdrang,
- Machtkampf,
- Machthunger,
- Machtstreben.

Manche Menschen widmen ihr gesamtes Leben der Suche nach Macht; manchmal verlieren sie die Macht in gleichem Maße, in dem sie darum kämpfen. So kennen die schrecklichen, als „Daleks" bekannten Zinnfiguren aus der englischen Fernsehserie „Doctor Who" bei der Eroberung des Universums nur ein Ziel: Macht.

Warum Menschen nach Macht streben

Warum wollen Menschen Macht besitzen? Macht kann man auf zwei Arten verstehen:

1. Macht über ...
2. Macht, etwas zu beurteilen.

Die Vorstellung, über einen anderen Menschen oder über eine Sache Macht zu besitzen, mag verlockend erscheinen. Doch wenn man sich an dieses neuartige Gefühl irgendwann einmal gewöhnt hat, verliert es an Bedeutung, da es sich nicht weiterentwickelt. Welchen Sinn hat es, Macht über einen anderen Menschen zu haben, wenn man nichts damit anfangen kann? Das erfährt auch der Held in John Fowles „The Collector": Nachdem er das Mädchen entführt hat, besitzt er die vollständige Macht über sie. Dennoch ist er – paradoxerweise – machtlos, da er das einzige, was er wirklich will, nicht bekommt: die Liebe des Mädchens. Darüber hinaus hat er durch sein Verhalten jede Chance, daß sich das

Mädchen in ihn verlieben könnte, verspielt. Zwang hat sich selbst ad absurdum geführt.

Sehr viel konstruktiver dagegen ist die Macht, etwas zu bewirken. Macht bewahrt die Gesellschaft vor dem Zerfall in Anarchie und Hilflosigkeit. Ohne die Fähigkeit und die Macht, uns selbst vor den Kräften der Natur zu schützen sowie Nahrung und andere existentielle Dinge zu beschaffen, würden wir nicht lange überleben. Wir brauchen Macht, um uns zu erhalten, was uns rechtmäßig zusteht. Selbst für einfachste Aufgaben brauchen wir Macht: Wenn zwei Männer ein Klavier anheben, gibt es einen, der „Anheben" ruft.[2]

Macht in Unternehmen

Unternehmen brauchen Macht, um Güter und Dienstleistungen zu produzieren. Theoretisch hat jeder Mitarbeiter eines Unternehmens ausreichend Macht, um seine Arbeit effizient zu erledigen – nicht mehr und nicht weniger. In Wirklichkeit liegen die Dinge selten so einfach: Führungskräfte klagen über mangelnde Macht, Kollegen wetteifern untereinander um die Kontrolle über andere Mitarbeiter, um Informationen und andere Ressourcen. Gleichzeitig wird viel Zeit darauf verwendet, „Machtspielchen" zu hintertreiben – ebenso wie auf die Versuche der Mächtigen, andere Mitarbeiter für sich zu gewinnen. Den Launen eines Mächtigeren ausgesetzt zu sein, kann eine unerfreuliche Erfahrung sein. Viele Mitarbeiter fürchten, daß andere mächtiger sein könnten als sie selbst.

Macht hat oft etwas mit Angst zu tun. Das ist teilweise darauf zurückzuführen, daß „Macht, etwas zu bewirken" gleichzeitig „Macht über ..." bedeutet, und teilweise darauf, daß Macht in Wirklichkeit etwas mit Wahrnehmung zu tun hat. So ist ein bestimmter Vorgesetzter in den Augen eines Mitarbeiters „freundlich", während ein anderer ihn als feindlich empfindet. Umgekehrt verhält sich vielleicht ein Vorgesetzter verschiedenen Leuten gegenüber unterschiedlich. Manchen versucht er zu gefallen, andere setzt er unter Druck, und wieder andere ignoriert er ganz. Diese Unterschiede erklären sich durch die gegenseitige Wechselwirkung: Im Umgang mit anderen machen sich Menschen ein bestimmtes Bild von ihnen und reagieren darauf. Deshalb erscheint ihnen der andere vielleicht mächtiger und bedrohlicher, als er in Wirklichkeit ist. Auch wenn diese Gefühle in keinem Organigramm verzeichnet sind: Sie sind dennoch wirklich vorhanden für den, der sie empfindet.[3,4]

Machtspiele und Moral

Die düstere Bedeutung von Macht im Verständnis des Machiavellismus ließe mit Recht die Behauptung zu, daß es unmoralisch sei, Menschen den Weg zur Macht aufzuzeigen. Dem möchte ich widersprechen, denn

1. Unbarmherzigkeit und Grausamkeit entstehen oft aus Angst.
2. Angst resultiert aus Ohnmacht, nicht aus Macht.
3. Macht verringert Konflikte und Gewalt.
4. Mächtige Manager sind erfolgreicher als ohnmächtige.

Ein Hund, der Angst hat, greift eher an als ein Hund, der seinem Gegenüber vertraut. Menschen, die Angst haben, sind ähnlich gefährlich. Es sind diese Menschen, die am meisten zu Gewalt und destruktivem Verhalten neigen. Der Grund dafür ist ihre Angst, sich zu blamieren, sich lächerlich zu machen, von anderen überholt zu werden und so weiter. Angst entsteht aus dem Gefühl der Ohnmacht, dem Gefühl, Dinge oder Situationen nicht unter Kontrolle zu haben. Umgekehrt werden Menschen, die diese Kontrolle ausüben, mit ihrer Macht eher vernünftig umgehen. Sie brauchen nicht aggressiv zu sein, andere anzugreifen und deren Karrieren zu zerstören, da sie ihren eigenen Wert und ihre eigenen Leistungen kennen; sie wissen, was sie wollen, und daß sie es bekommen. Ihr Selbstvertrauen bewahrt sie vor Ausschreitungen. Das erklärt vielleicht, warum die Angehörigen von Sonderkommandos im allgemeinen die ruhigsten und bescheidensten Soldaten in der gesamten Armee sind.

Machtlose Manager sind ineffizient. Eine Untersuchung von Managern auf der mittleren und oberen Führungsetage, die ich zusammen mit meinen Kollegen der Manchester Business School durchgeführt habe, zeigte, daß sie mindestens die Hälfte ihrer Arbeitszeit verschwenden,

- weil sie nicht genau wissen, was sie tun sollen,
- weil sie durch den Betriebsrat behindert werden,
- weil sie nicht über die benötigten Hilfsmittel verfügen,
- weil sie häufig krank sind,
- weil sie von ihren Vorgesetzten nicht ausreichend oder gar nicht unterstützt werden.[5]

Die Liste dieser Faktoren ließe sich beliebig erweitern, es sind die Kennzeichen der Ohnmacht. Manager sind machtlos, wenn sie nicht erreichen, daß Dinge getan werden. Ineffizienz führt zu zusätzlichen Kosten für das Unternehmen, ganz zu schweigen von dem Streß und der Frustration für den Betroffenen. Bei Macht geht es also um mehr als um Herrschaft und persönliche Bereicherung: Es geht vielmehr darum, Manager zu befähigen, ihre Arbeit zu tun, statt wichtige produktive Energien zu verbrauchen, indem sie sich im Kreise drehen.

Der Weg zur Macht

Der Sinn der Macht liegt also darin, daß man auch alles bekommt, was man haben möchte. Dazu müssen vielleicht erst einmal Widerstände überwunden werden. Macht hat nichts damit zu tun, Widerstand nur um des Kämpfens willen zu bekämpfen.[6] Gekämpft wird nur, wenn es unvermeidbar ist, denn das zentrale Thema in diesem Buch lautet:

Das, was Sie besitzen wollen, wartet oft nur darauf, daß Sie es sich nehmen.

Wie wir noch sehen werden, ist es die Angst vor real gar nicht vorhandenen Widerständen und Schwierigkeiten, die zu einer sich selbst erfüllenden Prophezeiung wird. Der gute

Soldat vermeidet den Kampf. Macht läßt sich oft einfach und unauffällig erzielen. Während andere mit sich selbst im verzweifelten Streit darüber liegen, was sie tun sollen, können Sie längst dort und wieder zurück sein, bevor es ein anderer bemerkt hat. Der erste Schritt besteht darin, die Triebkräfte der Macht zu verstehen. Nur dadurch verschaffen Sie sich das, was Sie wollen.

Macht hat Eigendynamik

Wer die eigene Macht richtig einsetzen und der Macht der anderen wirksam begegnen will, muß unbedingt verstehen, daß entgegen dem äußeren Erscheinungsbild, **Machtbeziehungen niemals absolut oder einseitig sind.**

Das hat folgende Gründe:

1. Machtbeziehungen haben einen eigenen Haushalt.
2. Machtbeziehungen beruhen auf Gegenseitigkeit.
3. Machtbeziehungen besitzen eine Tendenz zum Ausgleich.

Diese Gründe werden nun nacheinander besprochen.

Der Machthaushalt

In allen Machtbeziehungen gibt es eine Art Handelsausgleich zwischen der Reichweite und der Intensität der ausgeübten Macht. Abb. 1 macht deutlich:

- Je kleiner die Reichweite, das heißt, je weniger Dinge kontrolliert werden, desto intensiver die Macht;
- je größer die Reichweite, je mehr Dinge also kontrolliert werden, desto weniger intensiv ist die ausgeübte Macht.[7]

Die elterliche Macht über ein neugeborenes Kind ist praktisch absolut – aber von begrenzter Reichweite. Die Macht

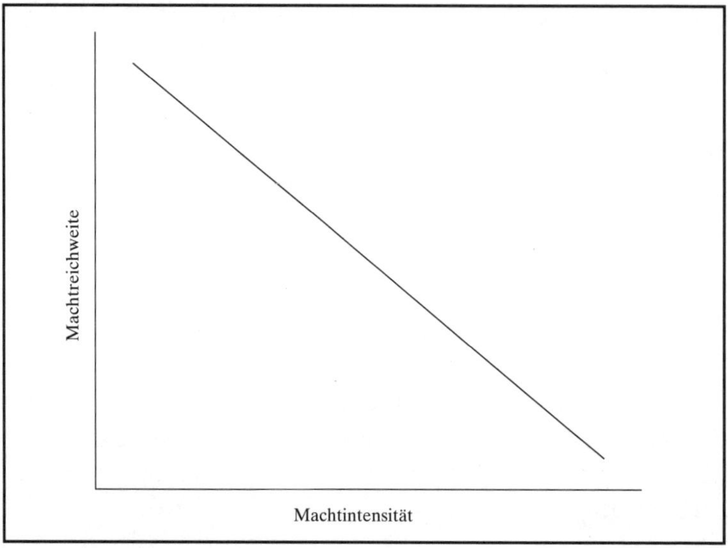

Abb. 1: Die Beziehung zwischen Reichweite und Intensität der ausgeübten Macht

eines Vorstandsmitgliedes, verantwortlich für 27.000 Mitarbeiter, reicht dagegen weit – bei allerdings begrenzten Kontrollmöglichkeiten.

Daraus ergibt sich:

1. Menschen, deren Machtreichweite eingeschränkt ist, sind verwundbar.
2. Menschen, deren Macht sehr weit reicht, sind selten über alles, was passiert, informiert.

Als Beispiel für Punkt 1 soll das vielen Lesern wohl bestens bekannte Phänomen des Bürodrachens angeführt werden, der den Materialschrank unter seiner uneingeschränkten Kontrolle hält, eine Kontrolle, die in ihrer Absolutheit vielleicht in keinem Verhältnis zur im Unternehmen bekleideten Position steht.

Oftmals muß selbst der Vorstandsvorsitzende diesen Menschen erst davon überzeugen, daß sein alter Kugelschreiber ganz und gar verbraucht ist, bevor er einen neuen erhält. Dennoch, wenn man ihn dieser Kontrolle enthebt, nimmt man ihm damit die Grundlage seiner Macht – und somit auch seine Verwundbarkeit.

Eine kleine Basis bei intensiver Machtausübung ist auch deshalb problematisch, weil es schwieriger sein kann, ein Schiff auf hoher See zu steuern, als ein Volk zu regieren.[8] Ein Schiffskapitän hat einerseits vielleicht Autorität über seine Besatzung; andererseits bietet er sehr viel Angriffsfläche, da eine Meuterei für eine Schiffsbesatzung einfacher ist als für ein ganzes Volk.

In der Tat soll der Herzog von Wellington einmal über seine Truppen gesagt haben: „Ich weiß nicht, ob sie den Feind in Angst versetzten, aber bei Gott, sie ängstigen mich."

Was den zweiten Punkt anbelangt, so kann man festhalten, daß die Mächtigen in Wirklichkeit oft weniger mächtig sind, als es den Anschein hat, da sie unmöglich über alles informiert sein können. Wenn beispielsweise ein Untergebener seinem Vorgesetzten erzählt, er habe seine Anweisungen ausgeführt, kann dieser nicht wissen, ob der andere die Wahrheit gesagt hat. Er hat vermutlich keine Zeit, es zu überprüfen und weiß vielleicht auch gar nicht, wo er beginnen soll. Selbst wenn er nachfragt, könnte man ihn noch immer betrügen. Man könnte ihm die Kopie eines Briefes zeigen, doch wie kann er wissen, ob das Original je abgeschickt wurde? Er könnte natürlich überprüfen, ob der Brief angekommen ist, doch selbst dann könnte der andere noch immer behaupten, der Brief sei in der Post verlorengegangen.

Derjenige, dem viele Mitarbeiter unterstellt sind, kann unmöglich über alle Entscheidungen und Vereinbarungen, die in seinem Namen getroffen werden, Bescheid wissen. Die Macht des Managers ist begrenzt. Mitarbeiter erzählen beispielsweise ihren Kollegen „der und der hat gesagt" oder „der und der möchte, daß ..." auch dann, wenn „der und der" davon noch nie etwas gehört hat. Je weniger Macht ein Mächtiger selbst direkt ausüben kann, desto mehr delegiert er an andere. Entscheidungen werden selektiv interpretiert; politische Beschlüsse werden vielleicht in einer Art und Weise umgesetzt, die von den Entscheidern nicht beabsichtigt war.

Die persönliche Machtbasis

Unternehmen und Tätigkeiten verändern sich in manchmal unvorhergesehener Weise. Wer auf der Suche nach Macht ist, muß deshalb Strategien entwickeln, mit deren Hilfe er Gelegenheiten, die sich zufällig bieten, zu seinem Vorteil ergreifen kann. Es ist auch ratsam, in regelmäßigen Zeitabständen sozusagen Inventur zu machen, um sich veränderten Gegebenheiten anzupassen.

Wie sicher ist Ihre Machtbasis?

Vermeiden Sie es, von nur einer Bedingung oder Person als Quelle Ihrer Macht abhängig zu sein. Die Gefahren der Abhängigkeit veranschaulicht die Geschichte eines Assistenten (A), der sich, nach Beförderung hungernd, heimlich mit seinem Vorgesetzten (B) verbündete, um den Chef (C) loszuwerden. Bei seinem Plan ging A davon aus, daß er, sobald C verdrängt sein würde, in die Position von B aufrücken würde, da B dann die frühere Position von C hätte. B bestärkte ihn in dieser Annahme und ermunterte ihn, diesen Plan weiter zu verfolgen, hielt sich darüber hinaus jedoch im Hintergrund. In den darauffolgenden fünf Jahren geschahen zwei Dinge: Als die Kollegen von A das gute Einvernehmen zwischen A und B bemerkten, rechneten sie sich selbst nur noch geringe Chancen für eine Beförderung auf den Posten von B aus. Das veranlaßte sie dazu, ihr Fortkommen erfolgreich woanders zu suchen.

Als C dann endlich weg war, wurde B ordnungsgemäß sein Nachfolger, doch dieser sah es als erforderlich an, seinen früheren Posten ganz abzuschaffen. Da ihm die Kunst der eigenen Krönung vertraut war, entschied er sich dafür, A keine Chance zu geben, ihn eines Tages in gleicher Weise seines Thrones berauben. A blieb mit nichts weiter als einem angeschlagenen Ruf und fünf Jahren vertaner Chancen zurück. Statt jedoch aus dieser Erfahrung zu lernen, klammerte sich A an die Hoffnung, eines Tages die Nachfolge von C antreten zu können. Er begründete seinen Anspruch auf diese Position mit seinem Alter. In den darauffolgenden fünf Jahren, die bis zu C's Ausscheiden vergingen, hatten jüngere Mitarbeiter A jedoch längst eingeholt. Darüber hinaus bekräftigten seine in dieser Zeit unternommenen Versuche, C zu hintergehen, seinen Ruf als Verräter. Als schließlich und endlich die höchste Position frei wurde, ernannte man einen anderen als Nachfolger.

A's Fehler war seine Annahme, daß sich Macht planen ließe. Es wäre besser für ihn gewesen, wenn er sich durch die Bewerbung um andere Stellen so viele Möglichkeiten wie möglich offengehalten und dadurch seine eigene Machtbasis verbreitert hätte. Der beste Weg, seine Machtbasis zu verbreitern, besteht darin, sich nicht an Verschwörungen zu beteiligen. Statt dessen sollte man unauffällig ein oder zwei zusätzliche Verantwortungsbereiche übernehmen und weiterentwickeln, Kontakte zu anderen Abteilungen pflegen, möglichst viele Erfahrungen sammeln und so weiter. Derartige kleine, leicht durchzuführende Aktionen fördern den eigenen Machtzuwachs, weil sie die Verantwortung vergrößern. Darüber hinaus verbessern die zusätzlich gewonnenen Erfahrungen die Karriereaussichten.

Ist mehr immer besser?

Einerseits wäre es schön, ein riesiges Imperium zu leiten, andererseits könnte sich das jedoch als kontraproduktiv erweisen, wenn

- die Effizienz auf der Strecke bleibt,
- Erwartungen wachgerufen werden, die nicht erfüllt werden,
- Eifersucht erzeugt wird.

Viele Menschen machen den Fehler, sich Ressourcen um ihrer selbst willen anzueignen. Macht muß strukturiert und gekonnt eingesetzt werden, wenn dadurch etwas erreicht werden soll. Macht allein um der Macht willen reicht nicht aus und ist potentiell kontraproduktiv. Auch die Amerikaner mußten diese Erfahrung machen, als ihre riesige Armee in Vietnam Angriffen aus dem Hinterhalt hilflos ausgeliefert war und dadurch demoralisiert wurde, daß der Vietkong die Schwäche seiner zahlenmäßigen Unterlegenheit in Stärke umwandelte. Genau wie im Sprichwort die Katze an ihrer eigenen Milch erstickt, gehen viele Manager an ihrer künstlich erzeugten Macht zugrunde. Eine riesige Mitarbeiterzahl führt nur dann zum Ziel, wenn sie wirklich notwendig ist, das heißt, wenn die Mitarbeiter insgesamt gewinnbringend eingesetzt werden können. Wenn das nicht möglich ist, dann ist Loslassen angesagt! Es ist sinnlos, von einem sinkenden Schiff mit den Taschen voller Beute zu fliehen, wenn man dann durch das Gewicht in die Tiefe gezogen wird. Ebenso ist Expansion nur dann sinnvoll, wenn sie gut vorbereitet ist. Wenn Sie Ihr Personal oder Ihr Budget verdoppeln, wird man von Ihnen erwarten, daß Sie entsprechende Ergebnisse vorweisen, und zwar schnell. Es verhält sich wie mit dem Kauf von Möbeln: Es ist ein Fehler, alles erst einmal mitzunehmen, um dann hinterher zu überlegen, wo man sie hinstellen soll.

Es ist nicht klug, jedesmal Unterstützung zu verlangen, wenn man Sie auffordert, etwas zu tun. Welcher Manager beeindruckt Sie mehr: derjenige, der Ihnen die Sonne, den Mond und die Sterne verspricht, wenn Sie ihm nur vorher sein Personal und sein Budget verdoppeln, oder der andere, der einfach ruhig weiterarbeitet? Wenn Sie Macht wollen, sollten Sie Ihre Zeit und Energie nicht mit aussichtslosen Anträgen und Ansprachen vergeuden, sondern statt dessen die Gelegenheit wahrnehmen, Ihre Fähigkeiten mit Hilfe der bereits vorhandenen Ressourcen unter Beweis zu stellen; dann wird man Ihnen sogar freiwillig mehr geben.

Vermeiden Sie es, zu clever oder zu erfolgreich zu wirken, denn das fordert Angst und Eifersucht heraus. Obwohl Neid bis zu einem gewissen Grad unvermeidbar ist, vermeiden es kluge Manager tunlichst, destruktive Emotionen unnötig zu provozieren. Sie reisen mit wenig und sind bescheiden, nehmen nur, was sie brauchen, und verdecken ihr goldenes Inneres unter dem Mantel eines Bettlers.

Gegenseitigkeit – oder die Führung von Führungskräften

Ein weiterer Grund dafür, daß Machtbeziehungen niemals absolut sind, liegt darin, daß **der Mächtige und der Ohnmächtige sich gegenseitig beeinflussen.**

In diesem Zusammenhang spricht man auch von Gegenseitigkeit.[9] Dieses Prinzip der Gegenseitigkeit ist von weitreichender Bedeutung, denn es erklärt, warum

- Machtbeziehungen niemals einseitig sind, auch wenn es anders erscheint;
- Machtbeziehungen sich im Laufe der Zeit verändern.

Gegenseitigkeit kann die schwächere Partei in die Lage versetzen,

- das Gleichgewicht in einer Machtbeziehung wieder herzustellen oder
- ein bestehendes Ungleichgewicht zugunsten der anderen Seite umzukehren.

Warum Dinge selten so sind, wie sie erscheinen

In Machtbeziehungen spielt das äußere Erscheinungsbild nur eine untergeordnete Rolle. Ein kleines Baby ist beispielsweise von seinen Eltern ganz und gar abhängig. Somit besitzen die Eltern scheinbar die absolute Kontrolle über ihr Kind. In Wirklichkeit aber kontrolliert das Baby die Eltern. Wenn es schreit, müssen sie sich ihm zuwenden. Ihr gesellschaftliches Leben, die Wahl ihres Urlaubsortes und vieles mehr werden durch das Kind diktiert.

Im Unternehmen kontrolliert theoretisch der Vorgesetzte seine Mitarbeiter. In Wirklichkeit aber ist die Beziehung sehr viel komplexer, da jede der beiden Seiten die jeweils andere beeinflußt. Viele Vorgesetzte fühlen sich verpflichtet, länger als ihre Mitarbeiter zu arbeiten: Ihre Rolle verlangt von ihnen, daß sie hinsichtlich Arbeitszeit, Einhalten von Vorschriften und so weiter ein Vorbild sind. Sie müssen unabhängig von ihrem eigenen Wohlbefinden oder ihrer Bequemlichkeit auf die Ideen und Probleme ihrer Mitarbeiter eingehen. Wie es ein Mitarbeiter in führender Position einmal formulierte: „Ja, ich habe die Macht, und die Macht hat mich."

Wie Sie jemanden dazu bringen, daß er sich in Sie verliebt

Das Prinzip der Gegenseitigkeit erklärt auch, warum Geiseln oft eine enge Beziehung zu ihren Entführern aufbauen. Die bloße Anwesenheit einer anderen Person führt zu gegenseitiger Beeinflussung, sogar wenn keiner spricht. Nach und nach entwickelt der Geiselnehmer ein Bild dieser Person, stellt sich Fragen über den familiären Hintergrund und vieles andere. Je mehr Zeit verstreicht, desto schwieriger wird es, den Abzug zu betätigen.

Diese Veränderung vollzieht sich noch schneller und dramatischer, wenn sich die beiden Beteiligten unterhalten. Der Entführer erklärt seinen Standpunkt und beeinflußt damit seine Geisel. Allein das bloße Gefühl, daß sie Anteil an ihm nimmt, verringert seine Aggression. Die Identifikation und Bindung verstärken sich, wenn die Geisel reagiert. Auf beiden Seiten ist jetzt Interesse geweckt, da jeder spürt, daß er den anderen beeinflußt hat. Gegenseitigkeit erklärt vielleicht auch, warum Berater und Therapeuten manchmal eine außerberufliche Beziehung mit ihren Klienten eingehen.

Der Kernpunkt ist, daß Gegenseitigkeit dazu benutzt werden kann, sich Macht anzueignen. Die sicherste und einfachste Methode der Verführung besteht darin, dem anderen Fragen über ihn selbst zu stellen. Seien Sie geduldig, denn Interesse entwickelt sich exponentiell, das heißt:

1. Beim ersten Mal ist der andere überrascht.
2. Beim zweiten Mal erwartet er es.
3. Bis zum dritten Mal freut er sich darauf.

Diese Technik ist deshalb so wirkungsvoll, weil unsere Welt ein einsamer Ort ist. Niemand kümmert sich wirklich um den anderen, so daß sich die Menschen ganz natürlich zu denen hingezogen fühlen, die persönliches Interesse an ihnen zeigen. Geben Sie ihnen, was ihnen fehlt, und es wird nicht lange dauern, bis man zu Ihnen kommt. Am empfänglichsten dafür sind die Scheuen und Schüchternen. Da sie sich im allgemeinen als unattraktiv und/oder uninteressant empfinden, tendieren sie dazu, sich unauffällig zu verhalten, so daß sie von keinem beachtet werden. Deshalb fühlen sie sich geschmeichelt und reagieren entsprechend, wenn sich ein anderer für sie interessiert. Seien Sie jedoch vorsichtig – je mehr es den anderen zu Ihnen zieht, desto wahrscheinlicher ist es, daß auch Sie sich über diese Reaktion freuen und auf diese Weise selbst tiefer hineingeraten.

Das Bild verankern

Bindung durch Gegenseitigkeit funktioniert selbst bei den Stärksten. Auch sie sind Menschen, manchmal gelangweilt und oft ängstlich; auch sie streiten sich mit ihrem Partner und sorgen sich um ihre Kinder. Sie lehnen sich jedoch gegen die auf, die sie als zu familiär empfinden. Darum ist es am besten, langsam und vorsichtig mit einfachen, unverfänglichen Fragen zu beginnen:

- Hatten Sie einen schönen Urlaub?
- Wie war die Besprechung?
- Sind Sie mit Ihrem neuen Auto zufrieden?
- Wie war die Prüfung Ihrer Tochter/Ihres Sohnes?
- Wie lebt sich Ihre Tochter/Ihr Sohn in der Schule/an der Universität/in der neuen Stelle ein?
- Wie ist es, Vater/Mutter zu sein?
- Fahren Sie dieses Jahr weg/unternehmen Sie etwas Besonderes?
- Freuen Sie sich schon auf Weihnachten?
- Wie war die Reise?
- Wie machen sich Ihre Chrysanthemen/Hühner/Bienen/Briefmarken/Münzen/Enkelkinder/Hunde usw.?

Diese Technik kann zu wertvollen Verbindungen und einem ganzen Schatz an Wohlwollen führen; wenden Sie sie also großzügig an. Die letzte Beispielfrage ist überall anwendbar: Jeder hat an irgend etwas ein brennendes Interesse oder sorgt sich um etwas. Egal, ob es die neue Doppelverglasung der Fenster, die Preise für das Katzenfutter oder etwas anderes ist; finden Sie heraus, was es ist, und fragen dann höflich und gelassen nach, wann immer Sie den anderen sehen.

Schmeichelei ist eine weitere Art, eine gegenseitige Verbindung aufzubauen. Die wirkungsvollste Art der Schmeichelei besteht darin, das Bild zu bestätigen, das der andere von sich selbst hat. Jemand, der beispielsweise stolz auf seine Führungsqualitäten ist, wird durch Bemerkungen wie die folgenden angerührt sein: „Wir haben ohne Zweifel an Profil gewonnen, seit Sie zu uns gekommen sind" oder „Vorher haben wir uns nur irgendwie treiben lassen, jetzt haben wir endlich das Gefühl zu wissen, wo es langgeht; es hilft uns dabei, uns bei den anderen Abteilungen durchzusetzen." Das Risiko der Schmeichelei, die von der Wahrnehmung des anderen abhängig ist, besteht jedoch darin, daß der andere Sie durchschauen könnte. Doch selbst dann wird er es noch mögen und sich bald selbst davon überzeugen, daß alles wahr ist. Folgen Sie Disraelis Rat und tragen Sie ruhig ein bißchen zu dick auf.

Die Aufmerksamkeit von jemandem auf sich lenken, der von Bewunderern umgeben ist

Die Antwort lautet: Ignorieren Sie ihn. Der andere wird Sie bemerken, weil Sie anders sind, und sich verwirrt fragen, warum Sie nicht an ihm interessiert sind. Aus diesen Gründen wird er Ihre Beachtung wollen und auf Sie zugehen.[10] Durch eine leichte Modifizierung dieser Taktik kann man in Besprechungen die Aufmerksamkeit auf sich lenken. Wenn alle gleichzeitig reden, besteht der beste Weg, sich Verhör zu verschaffen darin, still daneben zu sitzen. Irgendwann werden die anderen neugierig, ja sogar ängstlich darum bemüht sein zu erfahren, was Sie denken. Sie werden besorgt darüber sein, ob sie sich nicht lächerlich gemacht haben, oder ob Sie nicht etwas wissen, das sie selbst nicht wissen. Warten Sie ein bißchen ab, und man wird Sie fast bitten, doch etwas zu sagen – und wenn Sie dieser Bitte dann nachkommen, werden Ihnen aufmerksame Zuhörer gewiß sein.

Eine arrangierte Ehe

Gegenseitigkeit kann durch Dritte hervorgerufen werden. Es heißt, Heiratsvermittler hätten diese Technik angewandt, um das Arrangement zu erleichtern. Die Methode funktioniert so, daß der Vermittler der Frau mitteilt, ein Mann, den sie nie zuvor getroffen hat, fände sie attraktiv. Das ruft ihr Interesse wach. Der Mann erhält die gleiche Information. Auch sein Interesse ist geweckt. Wenn sich die beiden schließlich treffen, besteht bereits eine Beziehung zwischen ihnen, und sie sind einander wohlgesonnen.[11]

Einem anderen über einen Dritten ein Kompliment zu machen hat einen ähnlichen Effekt. Es ist sehr wahrscheinlich, daß es seinen Empfänger erreicht, da Menschen gute Nachrichten gerne überbringen. Diese Technik kann zum Beispiel dazu benutzt werden, um eine Arbeitsstelle zu erhalten. Haben Sie einem anderen erst einmal mitgeteilt, daß Sie von dem Unternehmen, in dem er arbeitet, beeindruckt sind, bedeuten seine Beziehungen dort ein potentiell mächtiges Hilfsmittel auf dem Weg zum Erfolg.

Denken Sie jedoch daran, daß diese Ideen auch umgekehrt funktionieren können. Ihre Feinde können vielleicht dieselbe Methode verwenden, um Sie bei anderen in Verruf zu bringen. Es gibt nicht viele Möglichkeiten, das zu verhindern. Der beste Rat, den ich Ihnen geben kann, lautet:

1. Nutzen Sie immer alle Möglichkeiten, sich zu integrieren.
2. Erforschen Sie immer, wie Sie auf andere wirken, ganz besonders jedoch, wenn Sie das Gefühl haben, daß andere Ihnen plötzlich nicht wohlgesonnen sind.
3. Hören Sie auf das, was andere Ihnen sagen – doch glauben Sie ihnen nie.

Gegenseitigkeit und Abhängigkeit

Machtbeziehungen basieren auf Abhängigkeit, und obwohl Abhängigkeit vielleicht ungleich verteilt ist, so ist sie doch niemals völlig einseitig. Obwohl beispielsweise ein Angestellter von seinem Chef hinsichtlich seines Arbeitsplatzes und seiner Beförderung vielleicht sehr abhängig ist, ist auch der Vorgesetzte von den Fähigkeiten seiner Mitarbeiter abhängig, von ihrem Einsatz und ihrer Loyalität. Wenn irgend etwas davon zu wünschen übrigläßt, wirft das auch auf ihn ein schlechtes Licht. Wir können also festhalten:

Wie schwach der andere auch immer sein mag, er besitzt dennoch eine gewisse Macht.

Was zählt ist nicht, wieviel Macht jemand besitzt, sondern, wie er sie einsetzt. In Selbstverteidigungskursen lernen die Teilnehmer beispielsweise, daß auch der Zerbrechlichste unter ihnen einen Angreifer überwältigen kann.

Wer braucht wen?

Menschen, die nach Macht streben, können durch ehrliche Selbstbefragung ermitteln, wie stark sie wirklich sind:

1. Wer wird diese Aufgabe erledigen, wenn ich es nicht tue?
2. An wen könnte der andere sich wenden, um etwas Bestimmtes zu bekommen, wenn ich es ihm nicht gebe?
3. Wie sehr braucht mich der andere als Kunden, oder bedarf er meiner Unterstützung?
4. Welche Konsequenzen ergeben sich für den anderen, wenn ich etwas nicht tue?

Hüten Sie sich davor, Ihre eigene Wichtigkeit zu überschätzen. Obwohl diese Selbstanalyse vielleicht offenbart, wie wenig der andere Sie braucht, ist diese Erkenntnis an sich eine Quelle von Stärke, da sie die realistische Einschätzung der eigenen Möglichkeiten erleichtert.

Macht hat nichts mit der Eroberung der Welt zu tun, sondern mit dem Erreichen eines Ergebnisses, das besser ist als das, was man ohne Macht erzielt hätte. Der Kernpunkt, den es zu behalten gilt, lautet:

Streben nach dem Unerreichbaren bedeutet, auf das Erreichbare zu verzichten.

Der Betrunkene, der die Schlüssel seines Autos nicht dort sucht, wo er sie fallenließ, sondern dort, wo zufällig das Licht gut ist, strebt nach dem Unerreichbaren und macht dabei gleichzeitig das Erreichbare unmöglich.[12] Mitarbeiter, die versuchen, durch einen dramatischen Abgang Bestürzung und Peinlichkeit hervorzurufen, müssen meistens erkennen, daß sie im Unternehmen soviel Einfluß besaßen wie ein Stachel auf einem Kampfanzug. So fühlen sie sich gezwungen, den Kampf von außen fortsetzen zu müssen, ohne Arbeitsstelle, doch dafür mit der Aussicht, ihr Verhalten einem zukünftigen Arbeitgeber erklären zu müssen.

Eine weitaus klügere Strategie besteht darin, der Realität ins Auge zu sehen und zu erkennen, daß der Chef Sie wahrscheinlich loswerden will und er deshalb vermutlich bereit ist, einer vernünftigen Abfindungsvereinbarung zuzustimmen. Wenn ein Mitarbeiter versucht, beim Verlassen des Unternehmens ein unerreichbares Ziel dennoch zu erreichen, betrügt er sich um das, was er hätte vielleicht haben können.

Genauso wichtig ist es aber, daß Sie Ihre Macht nicht unterschätzen. Als Robert Murdoch dem früheren Herausgeber des englischen Magazins „The Times“, Harold Evans, kündigen wollte, erkannte dieser, daß Murdoch keine rechtliche Handhabe für eine Kündigung besaß und deshalb Evans' Mitarbeit in Form einer eigenen Kündigung brauchte. Evans gibt an, daß man ihn unter enormen Druck gesetzt hatte, damit er kündigte, wobei über seine Abfindung und anderen Ausgleich erst später verhandelt werden sollte. Er erkannte jedoch, daß **der beste Zeitpunkt für Verhandlungen dann ist, wenn der andere Sie braucht.**

Solange Evans seine Stellung noch inne hatte, mußte Murdoch verhandeln. Evans erkannte auch, daß er, sobald er das Unternehmen einmal verlassen haben würde, auf das Wohlwollen von Murdoch angewiesen sein würde. So kündigte er erst, als alle Vereinbarungen getroffen waren.[13]

Wer braucht Sie also?

Da sich Abhängigkeitsverhältnisse im Laufe der Zeit verändern, kommt es darauf an, den Anzeichen einer Veränderung gegenüber wachsam zu sein. Es ist wichtig, daß man erkennt, ob die andere Seite stärker wird, um rechtzeitig darauf reagieren zu können. Widerstand führt andererseits zu Rebellion. Die alte Königin Elisabeth I. behielt ihren Thron und ihren Kopf auf die folgende Weise:

> Zu Beginn der Parlamentssitzung herrschte eine allgemeine Unzufriedenheit über die Existenz zahlreicher Monopole. Diese Begünstigung von Privatpersonen, die dadurch das Alleinverkaufsrecht für viele Güter besaßen, hatte sehr zugenommen und wurde vom Volk als Unterdrückung empfunden. Sie wurde von Elisabeth als Mittel der Belohnung ihrer Günstlinge und Beamten vergeben; dagegen zu protestieren bedeutete einen indirekten Angriff auf die königlichen Privilegien. Elisabeth war es nicht gewöhnt, derartige Einmischungen durch das Unterhaus hinzunehmen: Schon oft hatte sie es aus weitaus geringeren Gründen beschimpft und diejenigen, die sich dann von ihr zurückzuziehen versuchten, einfach entlassen. So überraschte es keinen, als sie nach ihrem Sprecher sandte, und der arme Mann bereitete sich auf eine schreckliche Standpauke vor. Wie groß war jedoch seine Verwunderung, als sie ihn mit großer Freundlichkeit begrüßte und ihm mitteilte, ihr sei bewußt geworden, daß die von ihr jüngst vergebenen Tauchlizenzen schmerzlich für ihre Untertanen seien, und ihm deshalb die sofortige Beseitigung dieses Mißstandes versprach. Der Sprecher verließ sie in völliger Verzückung. Mit ihrem ausgeprägten Instinkt für Tatsachen hatte sie erkannt, daß diese ganze Debatte eine Stimmung im Land widerspiegelte, in der man sich besser auf keinen Konflikt einließ. Sie sah, daß die Politik sie zum Nachgeben zwang, und entschied sich, aus den unglücklichen Umständen das Beste zu machen.

[aus: Stachey, L. (1971) Elizabeth and Essex, Penguin, Harmondsworth (S. 175-6), mit eigenen Worten ins Deutsche übertragen.]

Ausgleichende Gerechtigkeit

Eines der Machtgesetze lautet:

Die Ausübung von Macht führt immer zu einer Gegenkraft.[14]

Der Ausgleich von Macht ist eine direkte Form der Erwiderung. Sie ist das, was die Mächtigen davon abhält, sich tyrannisch oder launisch zu verhalten. So kann sich beispielsweise ein Mitarbeiter, der sich von seinem Vorgesetzten ungerecht behandelt fühlt, mit einer Beschwerde bei der nächsthöheren Instanz wehren.

Ein solcher Machtausgleich kann eigenartige Formen annehmen: Der jüngste Mitarbeiter in einem Büro wurde von seinem Abteilungsleiter ständig schikaniert und verspottet. Er rächte sich, indem er das Salz, das der Chef für sein Mittagessen in einem Salzstreuer auf dem Bücherregal aufbewahrte, überall auf dem Teppich verstreute. Auch wenn diese Reaktion keine besonders schwerwiegenden Konsequenzen hatte, so sprach sie doch eine deutliche Sprache – ganz zu schweigen von den Mengen an Salz, die dabei verschwendet wurden!

Die Möglichkeiten, Macht auszugleichen, reichen bis hin zur erfolgreichen Sabotage der Ziele des Stärkeren. Der Abteilungsleiter aus dem obigen Beispiel wollte seinen Bereich im Großraumbüro dadurch vergrößern, daß er einfach seine Aktenschränke einen Meter nach außen verrückte. Die anderen Mitarbeiter empfanden das als überaus unfair, wagten aber nicht, offen dagegen zu protestieren. Statt dessen schoben sie seine Aktenschränke täglich einen oder zwei Zentimeter zurück, bis er eines Tages weniger Platz hatte als vorher, ohne daß er es jemals bemerkte.

Strategien für den Machtausgleich

Um die Macht anderer auszugleichen, können folgende Strategien angewendet werden:

- Druck mit Gegendruck beantworten
  oder
- eine andere Stärke ausspielen.

Es heißt, daß nur die starke Persönlichkeit von Churchill dem Aufstieg von Hitler etwas entgegensetzen konnte. Andererseits wehrte sich Ghandi erfolgreich gegen die Engländer nicht etwa durch bewaffnete Kriegsführung, was katastrophal gewesen wäre, sondern durch passiven Widerstand.[15] Dem anderen auf völlig andere Weise entgegenzutreten erscheint oft riskant und verwegen, und doch kann es überraschend wirkungsvoll sein. Sie können zum Beispiel mit einem tollwütigen Hund kämpfen – oder sich still hinlegen, als ob Sie tot seien. Vielleicht bezieht der Mächtige seine Stärke nur aus Maßnahmen, die der Intuition eigentlich widersprechen. Sie werden in Kapitel vier ausführlicher besprochen.

Rache

Machtausgleich kann sogar regelrecht Formen von Rache annehmen. Ein chinesisches Sprichwort besagt jedoch, daß jemand, der Rache plant, gleich zwei Gräber schaufeln sollte – eines für das Opfer und eines für sich selbst. Rache ist gefährlich, da sie zerstörerisch wirkt. Emily Brontës Romanfigur Heathcliffe nimmt schreckliche Rache an den Menschen, die ihn in seinen jungen Jahren als armer Mann gekränkt hatten. Damit zerstört er jedoch den Menschen, den er liebt, und so im Laufe der Zeit auch sich selbst. Ein anderer Grund für die Gefährlichkeit der Rache liegt darin, daß ihre Süße den Täter dazu verführt, mit seinem Triumph zu prahlen. Jemanden zu demütigen bedeutet, sich einen gefährlichen Feind zu machen, ganz besonders, wenn die Demütigung öffentlich geschah. Wähnen Sie sich niemals im trügerischen Glauben, Sie seien sicher, weil die andere Seite für eine Gegenwehr zu schwach ist. Eis taut, und Sie liefern vielleicht genau den Anstoß für eine Veränderung seiner Persönlichkeit. Die Geschichte liefert zahlreiche Beispiele für Menschen, die ihr gesamtes Leben damit verbringen, sich für ein wirkliches oder eingebildetes Unrecht, das man ihnen zugefügt hat, zu rächen. Das Rad dreht sich jedoch weiter – früher oder später wird ihnen wiederum alles heimgezahlt. Das ist jedoch nicht der richtige Ort, um über die moralischen Aspekte von Rache zu diskutieren. Wenn Sie Rache nehmen müssen, dann befolgen Sie das bewährte Rezept:

Verschwiegenheit

Verraten Sie niemals Ihren Ärger über andere. Nehmen Sie sich statt dessen insgeheim vor, Rache zu üben. Auf diese Weise stellen Sie sicher, daß der andere niemals auch nur den geringsten Verdacht gegen Sie hegt. Ein einfacher Soldat beispielsweise, der von seinem Feldwebel lächerlich gemacht wurde, entschloß sich heimlich, Rache zu nehmen: Zu den Aufgaben des Feldwebels gehörte das Lochen von Computerkarten (ein längst überholtes Verfahren), und diese Aufgabe beherrschte er mehr als schlecht. Der Soldat lochte alle Karten ein zweites Mal und verwandelte damit die gesamte Lohnbuchhaltung der Armee in ein einziges Chaos. Für diesen Fehler erhielt der Feldwebel nicht nur einen Verweis, sondern seine Vorgesetzten verloren auch ihr Vertrauen zu ihm, weil er nicht in der Lage war, den Zwischenfall zu erklären. Nach dem unsanften Abgang seines Vorgesetzten wurde der einfache Soldat hingegen zum Feldwebel befördert. Er entwickelte später einen versteckten Haß gegenüber einem Angehörigen seiner Truppe, weil dieser mit seiner Frau geflirtet hatte, und wollte ihn deshalb ruinieren. Dieser war dafür verantwortlich, daß nachts auf dem Camp alle Fenster geschlossen waren. Eines Nachts, nachdem er diese Pflicht erfüllt hatte, öffnete sein Feldwebel heimlich alle Fenster wieder. Dann brach er zu seinem üblichen Inspektionsgang auf und „entdeckte" diese ernstzunehmende Disziplinlosigkeit.

Wie Sie bemerkt haben werden, machte der Feldwebel bei all seiner Verschlagenheit niemals den Fehler, irgend jemandem etwas über seine Taten zu erzählen. Doch nur wenige Leute können der Versuchung widerstehen, mit ihrer Klugheit anzugeben – woran sie am Ende dann gewöhnlich scheitern.

Vermeiden Sie es, Feindseligkeit zu erzeugen

Es gehört zu den verderblichen Auswirkungen von Macht, daß sie Führungskräfte dazu verleiten kann, die ihnen unterstellten Mitarbeiter als Manipulationsobjekte anzusehen.[16,17] Die abwertende Äußerung eines Vorgesetzten, von ihm selbst gleich wieder vergessen, nagt jedoch vielleicht jahrelang am anderen. Denken Sie an das Sprichwort, das besagt, daß man auf seinem Weg nach oben niemals einen anderen treten soll, da man ihm auf dem Weg nach unten wieder begegnen könnte. Behandeln Sie andere so, wie Sie selbst behandelt werden möchten, und bevor Sie sich einem Mitarbeiter gegenüber negativ verhalten, stellen Sie sich ihn in zehn Jahren als Ihren Chef vor.

Zusammenfassung

- Macht ist schwierig zu definieren, aber leicht zu erkennen.
- Macht kann verstanden werden als Macht über etwas und Macht, etwas zu tun.
- Für die Erledigung selbst einfachster Aufgaben wird Macht benötigt.
- Machtlose Menschen sind potentiell gefährlicher als Menschen, die Macht besitzen.
- Machtlosigkeit und Ineffizienz im Unternehmen korrelieren miteinander.
- Macht bedeutet, daß man das, was man haben will, auch erhält.
- In Machtbeziehungen ist nicht zwangsläufig immer mit Widerstand zu rechnen. Vielleicht liegt das, was Sie haben wollen, schon bereit, um von Ihnen genommen zu werden.
- Auch wenn es anders erscheint: Machtbeziehungen sind niemals absolut oder einseitig.
- In allen Machtbeziehungen stehen Reichweite und Intensität der ausgeübten Macht miteinander in Beziehung.

- Menschen mit kleiner Machtbasis sind verwundbar.
- Menschen mit breiter Machtbasis wissen selten über alles Bescheid, was um sie herum vorgeht.
- Es ist ratsam, sich eine möglichst breite Machtbasis beispielsweise durch die Übernahme zusätzlicher Verantwortung zu schaffen.
- Vermeiden Sie es, gierig zu sein. Nehmen Sie nur, was Sie wirklich brauchen, und lassen Sie alles sich gründlich entwickeln.
- Alle Machtbeziehungen sind gegenseitig, das heißt, jede Seite wird durch die andere beeinflußt.
- Manchmal ist es die scheinbar schwächere Seite, die in Wirklichkeit die Kontrolle besitzt.
- Ein hervorragendes Mittel, um das Interesse anderer Menschen zu wecken, besteht darin, ihnen Fragen über sich selbst zu stellen.
- Steht der andere im Mittelpunkt des allgemeinen Interesses, ignorieren Sie ihn.
- Gegenseitiges Interesse läßt sich auch durch einen Dritten erzeugen: Wenn Sie einem anderen über einen Dritten ein Kompliment machen, wird er im allgemeinen davon erfahren.
- Machtbeziehungen ändern sich im Laufe der Zeit. Es zahlt sich aus, die Ausgewogenheit von Machtbeziehungen regelmäßig zu überprüfen – und sich dem Ergebnis anzupassen.
- Das Streben nach dem Unerreichbaren verhindert das Erreichbare.
- Druck erzeugt immer ausgleichenden Gegendruck.
- Es kann extrem wirkungsvoll sein, Macht mit einer anderen Art von Stärke zu begegnen.
- Wenn Sie Rache nehmen müssen, dann tun Sie es heimlich.
- Bevor Sie sich einem Ihnen unterstellten Mitarbeiter gegenüber negativ verhalten, stellen Sie sich ihn in zehn Jahren als Ihren Chef vor.

Fragebogen zum Machtverständnis

Nachdem Sie das vorangegangene Kapitel gelesen haben, beantworten Sie nun bitte die Fragen nochmals:

1. Der Sinn von Macht besteht darin,
a) Widerstand zu überwinden,
b) andere zum Nachgeben zu bewegen,
c) sich Personal und andere Hilfsmittel zu beschaffen,
d) zu erhalten, was man haben möchte.

2. Die beste Strategie zur Erzeugung von Macht besteht in
a) der absoluten Kontrolle über einen einzigen Bereich,
b) der absoluten Kontrolle über zwei oder drei Bereiche,
c) der absoluten Kontrolle über möglichst viele Bereiche,
d) einem möglichst weitreichenden Einfluß und großer Verantwortung.

3. Sie könnten Ihre Macht dadurch vergrößern, daß Sie die Leitung einer unproduktiven Abteilung übernehmen. Sie
a) ergreifen die Gelegenheit, bevor es ein anderer tut.
b) akzeptieren nur, wenn Sie diese Aufgabe vollständig mit Ihrer derzeitigen Tätigkeit vereinbaren können und sich die Effizienz dieser Abteilung verbessern läßt.
c) sagen, daß Sie darüber nachdenken wollen.
d) lehnen ab.

4. Ein Kollege versucht, einen Teil Ihres Aufgabenbereiches an sich zu reißen. Die davon betroffenen Mitarbeiter stellen eine eher unproduktive Belastung dar. Was tun Sie?
a) Sie überlassen sie ihm.
b) Sie wehren sich.
c) Sie überlassen sie ihm, handeln dafür aber eine Gegenleistung aus.
d) Sie gehen zum Gegenangriff über und versuchen, seine Mitarbeiter unter *Ihren* Einflußbereich zu bringen.

5. Sie fühlen sich zu jemandem hingezogen, doch er/sie scheint sich nicht für Sie zu interessieren. Was tun Sie?
a) Sie stellen ihm/ihr eine Reihe Fragen über sich selbst.
b) Sie sprechen über sich.
c) Sie machen Konversation.
d) Sie „tratschen" über andere Leute.

6. Sie wünschen sich sehnlichst, ein bestimmter, attraktiver Mensch möge Sie beachten. Er ist jedoch von anderen umringt, die alle dasselbe wollen wie Sie. Was tun Sie?
a) Sie drängen sich vor.

b) Sie ignorieren ihn.
c) Sie warten, bis er alleine ist.
d) Sie lenken die Aufmerksamkeit von ihm ab, indem Sie sich selbst in den Mittelpunkt des Interesses stellen.

7. An anderer Stelle ist Ihre Fachkenntnis erwünscht. Ihr Vorgesetzter verspricht, mit Ihnen später über eine Gehaltserhöhung zu reden, falls Sie bereit wären, sofort zu gehen. Sie
a) willigen direkt ein.
b) verweigern Ihre Zustimmung solange, bis Sie eine verbindliche Zusage über die neue Höhe Ihres Gehalts erhalten.
c) willigen unter der Voraussetzung ein, daß die Gehaltsverhandlung bis zu einem bestimmten Termin stattgefunden hat.
d) willigen ein, wollen aber von ihm genau wissen, an welche Summe er denkt.

8. Unmittelbar vor Beginn eines Konzertes werden Sie vom Star des Abends angerufen. Er teilt Ihnen mit, daß er nicht auftreten wird, wenn er nicht einen rosafarbenen Rolls-Royce erhält, um damit seinen großen Auftritt zu inszenieren. Sie
a) beschaffen ihm schnell diesen Rolls-Royce.
b) schicken jemand anderen, der schnell einen beschafft.
c) versuchen, dem Künstler die Idee auszureden.
d) sagen ihm, er brauche sich keine Sorgen zu machen.

9. Sie haben gerade ein kleines Vermögen für eine spezielle, „leistungsstarke" elektrische Säge ausgegeben. Das gelieferte Modell arbeitet jedoch nur halb so schnell, wie es erforderlich wäre. Sie müssen mit dem Vertreter der Firma verhandeln. Wie eröffnen Sie das Gespräch?
a) Sie fordern ihn auf, das Gerät wieder abzuholen.
b) Sie verhandeln mit ihm über einen Rabatt.
c) Sie warten ab, was er Ihnen vorschlägt.
d) Sie sagen den Termin ab und reichen das Problem an Ihre Rechtsabteilung weiter.

10. Jemand hat gerade die Lorbeeren für eine Arbeit eingeheimst, die in Wirklichkeit Sie gemacht haben. Sie
a) sagen nichts, aber rächen sich heimlich, sobald sich eine Gelegenheit dafür bietet.
b) drohen, sich zu rächen, und tun es auch.
c) erzählen den anderen, daß Sie ihm dafür jetzt die Rechnung schreiben werden.
d) sagen im Augenblick nichts, aber rächen sich später und sorgen dafür, daß er es merkt.

Die Antworten finden Sie auf der folgenden Seite.

Antworten auf den Fragebogen

1. d.
2. d – Die Kontrolle ist vielleicht nur gering, doch das wird durch eine große Reichweite und hohen Einfluß kompensiert.
3. b – Sie hätten das bereits vor langer Zeit vorhersehen und einschätzen müssen, ob sich Ihnen eine Gelegenheit oder eine Dornenkrone bietet.
4. c – Geben Sie niemals etwas ab, selbst wenn Sie es vielleicht loswerden wollen, ohne daß Sie etwas anderes dafür erhalten. d ist die beste Reaktion, wenn Sie die Mitarbeiter behalten wollen, da es für Ablenkung sorgt.
5. a.
6. b.
7. b – Sorgen Sie dafür, daß eine Vereinbarung getroffen wird, solange Ihr Chef Sie braucht. Ignorieren Sie alle Argumente zugunsten einer Verzögerung der Angelegenheit; er ist der einzige, der für Verzögerung sorgt.
8. d – Es hört sich riskant an, aber es funktioniert. Davon abgesehen: Wo wollen Sie abends, zu dieser Zeit, einen Rolls-Royce hernehmen?
9. a – Das ist das letzte, was die andere Seite möchte. Es zwingt sie, ein großzügigeres Angebot zu machen, als sie wahrscheinlich vorhatten. Bei c bleibt Ihnen die Initiative überlassen.
10. a.

Rechnen Sie die Punkte zusammen, die Sie erzielten, bevor Sie das Kapitel gelesen haben: __________

Wieviel Punkte haben Sie erzielt, nachdem Sie das Kapitel gelesen haben: __________

Literatur zu Kapitel 1

1. *Martin, R.* (1977) The Sociology of Power, Routledge & Kegan Paul, London.
2. *Wrong, D.H.* (1979) Power, Its Forms, Bases and Uses, Basil Blackwell, Oxford.
3. *Heider, F.* (1958) The Psychology of Interpersonal Relations, John Wiley, New York.
4. *Mitroff, I.I.* „Why your old pictures of the world do not work any more". In: E.E. Lawler, M. Mohrmann, G.A. Ledford, T.G. Cummings (1985) Doing Research that is Useful for Theory and Practice, Jossey-Bass, London.
5. *McLaverty, P. and Drummond, H.* (1991) „The impact of effort in organizations", Working Paper Series, Manchester Business School.
6. *Hardy, C.* (1985) „The nature of unobtrusive power", Journal of Management Studies, 22 (4), S.384-99.
7. *Wrong,* op. cit.
8. *Wrong,* op. cit.
9. *Simmel, G.* (1955) The Sociology of George Simmel (tr. K.H. Wolff), Free Press, Glencoe, I11.
10. *Watzlawick, P., Weakland, J.H., Fisch., R.* (1974) Change: Principles of Problem Formation and Resolution, Norton, New York.
11. *Watzlawick* et al. , op. cit.
12. *Watzlawick* et al. , op. cit.
13. *Evans, H.* (1983) Good Times, Bad Times, Weidenfeld & Nicolson, London.
14. *Galbraith, J. K.* (1984) The Anatomy of Power, Hamish Hamilton, London.
15. *Galbraith,* op. cit.
16. *Kipnis, D.* (1976) The Powerholders, University of Chicago Press, Chicago.
17. *Kipnis, D.* (1972) „Does Power corrupt?" Journal of Personality and Social Psychology, 24, S. 33-41.

Kapitel 2

Macht aus dem Nichts

Fragebogen zur Erzeugung von Macht

Testen Sie anhand der nachfolgenden Fragen Ihre Fähigkeit, Macht zu erzeugen:

1. **Ein neuer Mitarbeiter sieht verloren und unglücklich aus. Was tun Sie?**
   a) Sie nehmen ihn unter Ihre Fittiche.
   b) Sie bringen ihn zum Chef.
   c) Sie schicken ihn ins Personalbüro zurück.
   d) Sie ignorieren ihn.

2. **Normalerweise werden neue Mitarbeiter auf unterster Gehaltsstufe eingestellt. Sie möchten jemanden direkt höher eingruppieren. Ihre Vorschriften besagen, daß es Ihnen obliegt, in „Ausnahmefällen“ von der üblichen Regelung abzuweichen. Was tun Sie?**
   a) Sie fragen im Personalbüro nach, was unter „Ausnahmefällen“ zu verstehen ist.
   b) Sie bitten das Personalbüro um eine Entscheidung.
   c) Sie besprechen es mit Ihrem Vorgesetzten.
   d) Sie entscheiden selbst, daß ein Ausnahmefall vorliegt, und machen ein entsprechendes höheres Angebot.

3. **Am Wochenende kam es durch einen Rohrbruch zu einer Überschwemmung im Bürogebäude, so daß Sie Ihr Büro nicht nutzen können. Eine Etage tiefer gibt es ein Büro, das Sie immer schon haben wollten. Was tun Sie?**
   a) Sie ziehen sofort in dieses Büro um.
   b) Sie warten noch ein oder zwei Tage und ziehen dann um.
   c) Sie fragen, ob Sie das Büro übergangsweise nutzen können.
   d) Sie warten ab, was jetzt geschehen soll.

4. **Sie wurden gebeten, einen kurzen Artikel für ein Handelsmagazin zu schreiben, eine gute Gelegenheit für eine Veröffentlichung. Was tun Sie?**
   a) Sie schreiben alles auf, was Ihnen in den Kopf kommt, und schicken es weg.
   b) Sie schreiben alles auf, was Ihnen in den Kopf kommt, und überarbeiten es dann nochmals.
   c) Sie notieren schnell einige Ideen und stellen dann noch einige Untersuchungen an.
   d) Sie bitten jemand anderen, einige Untersuchungen für Sie anzustellen.

5. Ein Personalberater möchte mit Ihnen einen Termin vereinbaren. Was tun Sie?

a) Sie geben ihm eine halbe Stunde.
b) Sie bitten jemand anderen, ihn zu treffen.
c) Sie bitten ihn erst um Unterlagen.
d) Sie lehnen ab.

6. Eine Behörde hat sich bei Ihnen nach den Konditionen für den Kauf eines bestimmten Produktes erkundigt. Es sieht so aus, als stünde die Unterzeichnung des Kaufvertrages, bei dem es um hohe Stückzahlen geht, kurz bevor. Was tun Sie?

a) Sie erzählen Ihrem Chef, daß alle seine Probleme jetzt gelöst seien.
b) Sie sagen niemandem etwas davon und warten die weitere Entwicklung ab.
c) Sie sagen Ihrem Chef, daß gewisse Fortschritte erzielt wurden, und widmen Ihre gesamte Zeit dem Abschluß dieses Vertrages.
d) Sie sagen nichts und erneuern Ihre Bemühung um ein anderes Geschäft.

7. Sie wollen eine Projektmanagement-Software zum Preis von etwa 2500 Mark kaufen. Laut Dienstvorschrift müssen alle Aufträge, abgesehen von Notfällen, über den zentralen Einkauf abgewickelt werden. Dieses Verfahren dauert lange und führt oft zu endlosen Nachfragen und Auseinandersetzungen. Was tun Sie?

a) Sie kaufen, was Sie benötigen, und bereiten sich darauf vor, Ihre Eigenmächtigkeit später zu verteidigen.
b) Sie setzen sich mit einer Tasse Kaffee und den Vorschriften hin, um nachzusehen, ob es einen Weg gibt, das Problem zu umgehen.
c) Sie versuchen, von der Einhaltung der Vorschrift entbunden zu werden.
d) Sie erteilen den Auftrag in der vorgeschriebenen Weise.

8. Sie können sich aussuchen, wie Sie Ihren Tag verbringen möchten. Was würden Sie tun, wenn Sie Ihre Macht vergrößern wollen?

a) Sie überprüfen das Budget, um sicherzugehen, daß alle Zielvorgaben eingehalten wurden.
b) Sie nutzen die Gelegenheit, um liegengebliebene Arbeiten zu erledigen.
c) Sie besuchen eine Konferenz.
d) Sie „spazieren" über den Flur.

9. Ein größerer Vertrag steht zur Erneuerung an. Was tun Sie?

a) Sie fordern die Lieferanten routinemäßig dazu auf, sich an der Ausschreibung zu beteiligen.
b) Sie arrangieren ein informelles Treffen mit dem potentiellen Vertragspartner.

c) Sie delegieren die Arbeit, bitten aber darum, regelmäßig informiert zu werden.
d) Sie delegieren die ganze Sache und vergessen sie dann.

10. Ihr Vorgesetzter ist für lange Zeit aufgrund einer streßbedingten Erkrankung abwesend, die in direkter Verbindung mit Problemen der Abteilungsleitung steht. Was tun Sie?

a) Sie bieten sich sofort freiwillig an, ihn zu vertreten.
b) Sie treten in den Hintergrund und überlassen es Ihrem Rivalen, sich anzubieten.
c) Sie entscheiden sich dafür, ihn zu vertreten, falls man Sie fragt.
d) Sie warten, bis man Sie fragt, und denken dann darüber nach.

Die Aussage von König Lear, „Aus Nichts läßt sich nichts machen“, deutet an, daß er nur wenig über das Nichts wußte.

Nichts ist die Quelle aller Macht.

„Nichts“ bedeutet Raum oder Vakuum, das durch Macht ausgefüllt werden kann. Die Römer beispielsweise nutzten ein potentielles Machtvakuum, als sie England eroberten – zuerst durch ihren Einmarsch und dann durch die Errichtung von Städten, die Verbreitung ihrer Sprache und ihrer Gesetze. Auch der Bau einer Festung an einer Flußmündung erzeugt Macht, da er die Möglichkeit bietet, den Verkehr zu überwachen und frühzeitig über mögliche Eindringlinge unterrichtet zu sein. Wenn Regierungen ins Wanken geraten, führt die nachfolgende Verwirrung zu einem Vakuum. Wer diesen Leerraum füllt, besitzt die Macht.

Nichts im Unternehmen

Vakuum existiert im Niemandsland. Abb. 2 zeigt das Niemandsland im Unternehmen.

Der „erlaubte“ Bereich ist alles, was von der Unternehmensleitung ausdrücklich erlaubt und/oder gefördert wird, wie beispielsweise das Parken auf bestimmten Parkplätzen, Urlaubsansprüche, Pausen und so weiter.

Der Ermessensspielraum steht für Dinge, für die im Rahmen von Unternehmensgrundsätzen und -politik gilt:

- Hierzu gibt es keine Aussage,
- flexible Handhabung,
- keine eindeutigen Bestimmungen.

Es gibt keine Vorschrift, die beispielsweise alle Formen menschlichen Verhaltens regelt. Kein Bedienungshandbuch berücksichtigt jede Eventualität. Alle großen Unternehmen verlangen Flexibilität – wie das Chaos beweist, wenn sich beispielsweise die Mitarbeiter der Bundesbahn zum Dienst nach Vorschrift entschließen.

Der verbotene Bereich bezieht sich auf Dinge, die von der Unternehmensleitung ausdrücklich untersagt wurden, wie beispielsweise Nebenbeschäftigungen, bestimmte Kleidung, Alkoholkonsum während der Arbeitszeit und so weiter.

In jedem dieser drei Bereiche existiert ein bestimmtes Machtpotential. Der erlaubte und der verbotene Bereich sind im wesentlichen in den Vorschriften des Unternehmens verankert. Unsere Aufmerksamkeit richtet sich auf den Ermessensspielraum und die Möglichkeiten zur Machtvergrößerung, die er bietet.

Ermessensgrenzen

Theoretisch arbeitet jeder Mitarbeiter im Unternehmen innerhalb von Grenzen, die durch die Unternehmensstruktur vorgegeben sind: Organigramme, Arbeitsplatzbeschreibungen, Vorschriften und Bestimmungen, Regeln, wer wieviel

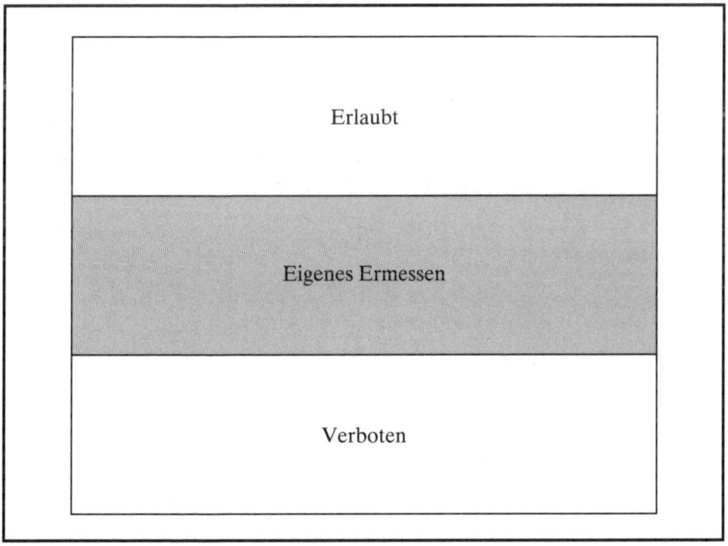

Abb. 2: Die drei Machtbereiche im Unternehmen

Macht besitzt. In Wirklichkeit existiert selbst in einem Unternehmen mit strengsten Vorschriften für jeden Mitarbeiter immer ein Grenzbereich des persönlichen Ermessensspielraumes.[1] Er entsteht, weil es in jedem Unternehmen zwei Ebenen gibt: eine offizielle und eine inoffizielle Ebene. Das nachfolgende Organigramm zeigt auf,

1. wie es sein sollte,
2. wie es tatsächlich ist.[2]

Das Diagramm in Abb. 3 repräsentiert die offizielle Struktur im Unternehmen. Es zeigt sechs Mitarbeiter in leitender Funktion auf gleicher hierarchischer Ebene, die an einen Gruppenleiter berichten. Abb. 4 zeigt, wie das Unternehmen in Wirklichkeit organisiert ist. Der für die Datenbank zuständige Mitarbeiter besitzt mehr Macht, da seine Tätigkeit mit der Kontrolle von Informationen verbunden ist; Informationen wiederum spielen eine wichtige Rolle als Entscheidungsgrundlage. Das hat zur Folge, daß seine Kollegen von ihm abhängig sind. Weiterhin verschafft es ihm einen besseren Zugang zum Gruppenleiter, für den die Dienste des Datenbankmanagers für die Lieferung und Interpretation von Informationen extrem nützlich sind. Darüber hinaus ist der Datenbankmanager übergangsweise für das Verkaufsgebiet Süd zuständig, da der eigentliche Stelleninhaber erkrankt ist. Die

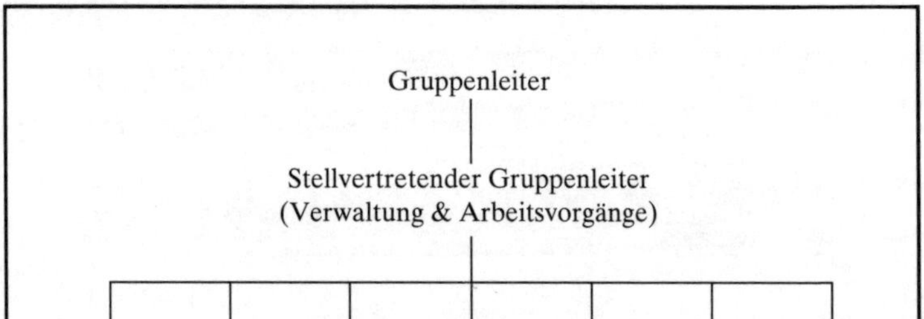

Abb. 3: Die offizielle Struktur im Unternehmen

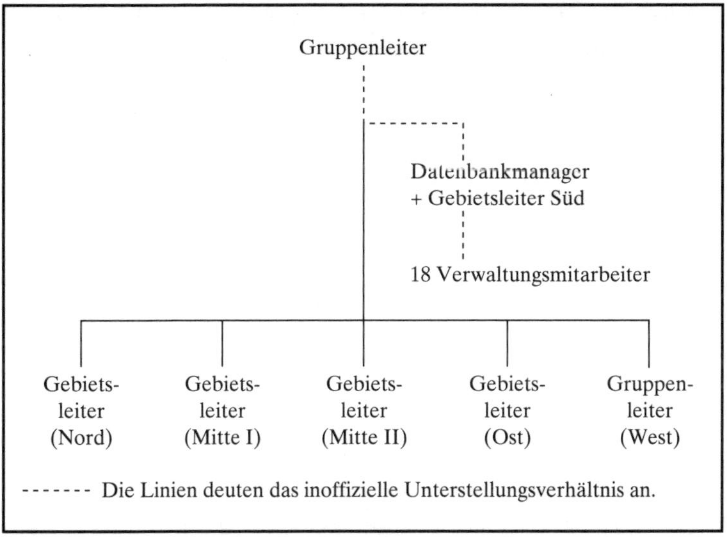

Abb. 4: Das Unternehmen, wie es wirklich strukturiert ist

Mitarbeiter in der Verwaltung erhalten die meisten Anweisungen von ihm, da nur er ihnen fachliche Informationen und Anleitung geben kann, obwohl sie theoretisch den einzelnen Gebietsleitern unterstellt sind.

Besitzen heißt festhalten

Die Vorzugsstellung des Datenbankmanagers war nicht beabsichtigt. Gleichwohl ist sie real vorhanden und wird vermutlich auch weiterhin bestehen bleiben, da

1. Macht aus Kontrolle entsteht,
2. einmal übernommene Kontrolle nur selten streitig gemacht wird,
3. übernommene Kontrolle, die nicht streitig gemacht wird, am Ende in rechtmäßige Autorität umgewandelt wird.

Die Aufgaben eines Datenbankmanagers waren nicht beliebt, da sie viel Schreibtischarbeit bedeuteten. Nur der jetzige Stelleninhaber erkannte ihr Potential und, genauso wichtig, nutzte es. Keiner hatte ihm die Zuständigkeit für die Mitarbeiter der Verwaltung übertragen, doch nachdem nun die Situation einmal so bestand, war es extrem schwierig geworden, den derzeitigen Zustand wieder rückgängig zu machen. Genausowenig hatte irgend jemand ihn gebeten, die Arbeit des abwesenden Kollegen mit zu übernehmen. Er sah den Leerraum und füllte ihn geschickt aus. Die zusätzlichen Erfahrungen vergrößerten seine Macht, da sie seine Kenntnisse und Karriereaussichten verbesserten. Wissen kann ihm niemand wegnehmen.

Abb. 5 zeigt, wie es in Kürze sein wird. Der Gruppenleiter fühlt sich durch die Zuständigkeit für sechs Mitarbeiter überlastet. Ein Leerraum entsteht durch Aufgaben, die er delegieren sollte, obwohl er es als unfair empfindet, diese Verantwortung den Gebietsleitern zu übertragen. Stück für Stück nutzt der Datenbankmanager jedoch seinen Zugang zum Gruppenleiter und kann durch seine Kenntnisse und Erfahrungen zusätzliche Verantwortung übernehmen. Dadurch arbeitet er sich in die Rolle des Stellvertreters ein und erhält schließlich im Rahmen der nächsten Umstrukturierung offiziell diese Position.

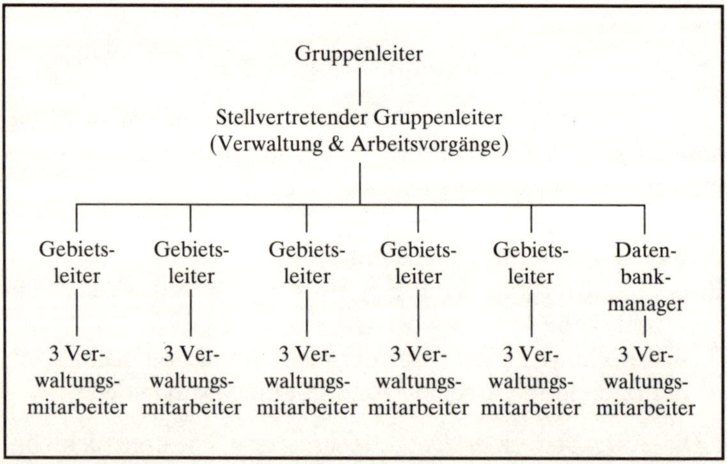

Abb. 5: Das Unternehmen, wie es in Zukunft strukturiert sein wird

Dem Glück nachhelfen

Manche Menschen werden so mächtig und erfolgreich, daß dafür Glück die einzige Erklärung zu sein scheint. Nach einer Definition im Concise Oxford Dictionary bedeutet Glück „die Chance als Quelle guten ... Geschickes“ *[Anm. d. Übers.: mit eigenen Worten ins Deutsche übertragen.]* Und dennoch – beruht gutes Geschick wirklich nur auf Chancen?

Es heißt, die Chance begünstigt den, der darauf vorbereitet ist. Ein Wissenschaftler beispielsweise macht nur selten wichtige Entdeckungen dadurch, daß er in den Himmel schaut und auf Inspirationen wartet. In Wirklichkeit regen Lesen, Experimentieren und andere Bemühung erst zu Ideen an, dann werden Möglichkeiten untersucht, Verbindungen erkannt und schließlich: „Hurra!“

In vielen Fällen **beruht die Chance vielleicht auf einem Zufall, nicht hingegen die Fähigkeit, sie zu erkennen und zu ergreifen.**

Dem Glück läßt sich durch kluges Erkennen des zukünftigen Bedarfs und durch konsequente Vorbereitung nachhelfen; nur so ist man bereit, wenn sich eine Chance bietet. Vor sieben Jahren wurde beispielsweise einer meiner Kollegen als exzentrisch angesehen, weil er Abendkurse in asiatischen Sprachen besuchte. Heute läßt sich in einer zunehmenden Anzahl von Stellenanzeigen für hervorragende Angebote eine Vorliebe für Kandidaten erkennen, die eine asiatische Sprache fließend beherrschen.

Nichts als eigene Energie

Es ist falsch anzunehmen, Erfolg beruhe allein auf Charme, gutem Aussehen und einflußreichen Kontakten. Ebenso falsch ist die Behauptung „Ich besitze nichts von davon, werde es niemals besitzen und muß deshalb bleiben, wie ich bin.“ Wie nützlich diese Vorzüge auch immer sein mögen:

Der Schlüssel zum Erfolg heißt Energie.

Ohne Energie sind Einfluß und Verbindungen bedeutungslos. Umgekehrt ist durch Energie alles möglich. Energie ist das, was Sie in die Lage versetzt, Ihre Beziehungen zur Umwelt zu verändern. Vielleicht ist die Chance zuerst klein, doch kleine Erfolge ziehen größere nach sich. Energie ist das Mittel, mit dessen Hilfe sich der einzelne von Armut und Elend befreien kann.

Energie in Kapital umwandeln

In einem Unternehmen konzentrieren die meisten Menschen ihre Energie hauptsächlich auf ihre Tätigkeit. In jedem Unternehmen gibt es jedoch mehr Arbeit, als der einzelne während seiner Arbeitszeit bewältigen kann. Das bedeutet, daß die meisten Mitarbeiter und insbesondere die Führungskräfte in einem Unternehmen wählen können, welche aus der Menge der anstehenden Aufgaben sie erfüllen wollen und auf welche Weise.[3,4] Selbst der am strengsten kontrollierte Mitarbeiter besitzt eine gewisse Freiheit, selbst wenn sie nur darin besteht, härter als jeder andere zu arbeiten. Harte Arbeit wird immer zur Kenntnis genommen, und die Macht nimmt zu, wenn die Energie geschickt verteilt wird. Hier einige Vorschläge:

- Verschaffen Sie sich einen Überblick darüber, welche Aufgaben erledigt werden müssen.
- Überlegen Sie, wie diese Aufgaben erledigt werden können.
- Seien Sie derjenige, der sie erledigt.
- Übernehmen Sie zusätzliche Verantwortung.
- Unterstützen Sie andere.
- Ergreifen Sie die Initiative.

Jeder dieser Vorschläge wird nachfolgend erläutert.

Was muß getan werden?

Die Arbeitsweise vieler Menschen ist stärker durch Reaktion als durch Aktion gekennzeichnet. Sie beschäftigen sich mit allem, was anfällt, ohne jemals zu erkennen, daß einige Aspekte potentiell lohnender sind als andere. Sie lassen sich durch ihre Arbeit beherrschen anstatt umgekehrt. Offenbar gibt es überall Dinge, die getan werden müssen. Doch im Rahmen dieser Beschränkungen kann eine Arbeit der Weg zum Ziel sein, wobei das Ziel Macht und Erfolg heißt.

Übung zur Selbstkontrolle

1. Machen Sie sich eine Liste aller Aufgaben, die Sie regelmäßig erledigen.
2. Streichen Sie alle bis auf diejenigen, die Sie unbedingt tun müssen. Sie sind vielleicht erstaunt, wenn Sie sehen, wieviel Ermessensspielraum Sie haben.
3. Machen Sie sich eine Liste der Dinge, die Sie gut beherrschen und die Sie gerne tun.
4. Listen Sie alles auf, was Sie gerne tun würden.
5. Vergleichen Sie die beiden letzten Listen mit den beiden ersten. Je größer die Übereinstimmung zwischen beiden, desto besser nutzen Sie Ihre Zeit. Wenn sie nur gering ist:
6. Beschreiben Sie schriftlich, wie Sie sich gerne sehen würden, wenn die Übereinstimmung nur gering ist.
7. Beginnen Sie damit, Ihre Vorstellung zu realisieren.

Der Zweck dieser Übung besteht darin, Menschen, die nach Macht streben, die Möglichkeit zu geben, ihr Potential zu erkennen und Nutzen daraus zu ziehen, indem sie sich von ihren Stärken leiten lassen. Warum den ganzen Tag gelangweilt im Büro herumsitzen, wenn man sich in Besprechungen vergnügen und dabei Beachtung finden kann? Umgekehrt, falls Ihnen analytisches Denken Spaß macht: Warum Zeit damit verschwenden, sich in Besprechungen schüchtern und unwohl zu fühlen, wenn Sie untersuchen könnten, wie sich beispielsweise der Produktionsprozeß verbessern ließe. Ein Personalchef erkannte zum Beispiel, daß er unverhältnismäßig viel Zeit mit Verwaltungsarbeiten verbrachte, was ihm überhaupt nicht gefiel, weil es ihn von den anderen Mitarbeitern isolierte. Er erkannte auch, daß er nur sehr wenig Zeit damit verbrachte, mit anderen Leuten zu reden, was er wiederum gerne tat. Deshalb delegierte er einige Verwaltungsaufgaben und begann damit, mit allen neuen Mitarbeitern, nachdem sie sechs Monate im Unternehmen waren, Gespräche zu führen. Das führte dazu, daß ihm seine Arbeit mehr Spaß machte, und vergrößerte gleichzeitig seine Macht, da die Gespräche ihm Einblick in das Geschehen der einzelnen Abteilungen verschafften. Als Folge dieser Gespräche hatte der Personalchef in den Augen der Mitarbeiter oberste Kontrollfunktion, was seiner Macht zusätzlich zugute kam. Niemand hatte ihn aufgefordert, so zu verfahren, aber es hat ihn auch niemand davon abgehalten.

Im Idealzustand, den es anzustreben gilt, wird die Arbeit zum Hobby. Viele Menschen sind bereit, auch ungeliebte Arbeiten zu tun, um damit ihren langfristigen Zielen näherzukommen. Natürlich ist das eine persönliche Entscheidung. Falls die damit verbundene Belastung sehr groß ist und wahrscheinlich lange andauert, sollten Menschen, die nach Macht streben, sich vielleicht jedoch nach einer Tätigkeit umsehen, in der es leichter fällt zu glänzen.

Arbeiten – aber richtig

Viele dynamisch erscheinende Manager verschwenden mehr Zeit, als sie jemals sinnvoll nutzen. Obwohl sie sich damit brüsten, morgens um fünf Uhr aufzustehen und einen fünfzehnstündigen Arbeitstag zu haben, schaffen sie im Grunde oft weniger als andere mit normaler Arbeitszeit. Der Grund für eine solche geringere Leistung liegt darin, daß sich die Energie dieser hochbelasteten Menschen gegen sie selbst richtet. Von ihrem eigenen Schwung begeistert, fragen sie sich niemals: **Wofür?**

Diese Arbeitspferde glauben, was weh tut, tue gut. Sie glauben, wenn sie sich selbst und andere Nacht für Nacht bis Mitternacht wachhalten, müßten sie zwangsläufig großartige Dinge vollbringen. Solche „Machos" machen anfangs aufgrund ihrer unruhigen Gesten und ihrer schnellen und sauberen Art, die Feder zu führen, einen guten Eindruck. Andere sind sehr bald weniger erfreut, wenn sie sehen, wieviel personelle und andere Ressourcen diese Leute verschwenden, wenn sie sich ohne jede Vorüberlegung oder Planung in Situationen hineinstürzen.

Ein anderer Grund für die geringere Leistung von hochdynamischen Menschen liegt darin, daß sie aufgrund ihrer Energie die eigenen Fähigkeiten überschätzen. Sie beginnen Dutzende verschiedener Projekte, und die Liste ihrer Ziele sieht solange beeindruckend aus, bis sie ständig wiederholt werden, da keines jemals erreicht wird. Es ist sehr viel besser, sich auf ein Ziel zu konzentrieren und es auch zu erreichen, als sich selbst in den Ruf zu bringen, unrealistisch zu sein. Das widerspricht dem, was an früherer Stelle über die Wichtigkeit von Energie gesagt wurde, in keiner Weise. Menschen, die nach Macht streben, arbeiten in der Tat oft sehr hart. Der Unterschied zwischen ihnen und den dynamischen Machos liegt jedoch darin, daß sie mit Weile eilen. Sie denken, bevor sie handeln. Sie sagen sich selbst, daß alles, was sie tun, einem bestimmten Zweck zugute kommen muß. Und vor allem: Sie wissen mit ihrer Zeit richtig umzugehen.

Effizientes Zeitmanagement

Manager tendieren dazu, Zeit als ihren Herrn statt ihren Sklaven anzusehen. Für die meisten bedeutet Zeit eine Quelle von Druck und Streß, da sie niemals genug davon haben.[5] Menschen, die nach Macht streben, denken anders. Für sie ist Zeit ein wertvolles Gut und deshalb eine potentielle Machtquelle, wenn man mit ihr richtig umzugehen versteht. Zeitmanagement bedeutet die vollständige Ausnutzung des eigenen Ermessensspielraumes, um damit einen Vorteil gegenüber anderen zu erzielen. Der effizientere Umgang mit der Zeit führt zu Wettbewerbsvorteilen, weil dadurch

- mehr Aufgaben erledigt werden können,
- Termine eingehalten werden und – keineswegs unwichtig –
- eine bessere Qualität der Arbeiten erzielt wird.

Es gibt viele hervorragende Bücher zum Thema Zeitmanagement, und der Leser ist gut beraten, sich von einigen Anregung zu holen. Es soll jedoch ausdrücklich betont werden, daß Zeitmanagement allein nicht ausreicht, sondern mit Aufgabenmanagement kombiniert werden muß. Das Ziel eines solchen kombinierten Ansatzes liegt im wesentlichen darin, daß **sich alles, was Sie tun, für Sie auszahlt.**

Viele Manager verschwenden viele Stunden ihrer Zeit damit, an die Wand zu starren, sie zu verplaudern, eine Aufgabe halbherzig zu beginnen, dann mit einer anderen fortzufahren und keine zu beenden. Am Ende des Tages blicken sie zurück und erkennen, daß sie nichts geschafft haben. Und noch schlimmer: Die meiste Zeit der Woche verläuft in dieser Form. Besinnung ist der Schlüssel zu wirksamem Zeit- und Aufgabenmanagement. Bevor Sie zur Tat schreiten, sollten Sie sich fragen:

1. Warum tue ich das?
2. Wie kann ich es am besten tun?
3. Wann kann ich es am besten tun?

Nehmen wir beispielsweise eine so einfache Sache wie das tägliche Durchsehen der Post – eine Aufgabe, die vielleicht etwa eine Stunde dauert. Warum tun Sie es, wenn Sie eine Sekretärin haben? Wieviel müssen Sie selbst sehen, und wie viel könnte die Sekretärin routinemäßig erledigen? Sehen Sie eine Akte willkürlich durch, oder sortieren Sie nach dringend, wichtig und weniger wichtig? Oder noch besser: Bitten Sie Ihre Sekretärin, es für Sie zu tun? Müssen Sie jeden Bericht Wort für Wort lesen?

Bevor Sie mit irgendeiner Aufgabe beginnen, denken Sie sie zunächst durch und überlegen Sie, was mit ihrer Erledigung verbunden ist. Das verhindert Zeitverschwendung, indem es einerseits verhindert, daß wichtige Aspekte vergessen werden, und andererseits vielleicht potentielle Vereinfachungen aufzeigt. Es verringert auch die Wahrscheinlichkeit, daß man in wichtigen Aufgaben mittendrin steckenbleibt und wieder von vorne beginnen muß.

Der Aspekt „wann“ wird im Zeitmanagement am meisten vernachlässigt. Grundsätzlich gibt es zwei Arten von Zeit:

- wertvolle Zeit,
- alle übrige Zeit.

Die wertvolle Zeit ist definiert als die Zeit, in der das Energiepotential und die Konzentration am größten sind. Diese Zeit ist die, die der einzelne es für sich definiert, vielleicht frühmorgens, während ruhiger Zeiten im Büro oder am Sonntagnachmittag. Wertvolle Zeit ist die Zeit, in der Hochleistungen vollbracht werden. Verwenden Sie Ihre wertvolle Zeit für wichtige Aufgaben und erledigen Sie alles andere in der übrigen Zeit. Lernen Sie, die halbe Stunde zwischendurch zu nutzen, und minimieren Sie unproduktive Zeiten. Warum verbringen Sie beispielsweise zwei Stunden tatenlos in einer Besprechung, wenn Sie in dieser Zeit einige Ideen skizzieren oder vielleicht einen Brief entwerfen könnten?

Der Wille ist ein entscheidendes Kriterium, um Leistungen zu vollbringen. Pläne sind sinnlos, wenn sie nicht in die Tat umgesetzt werden. Anstatt sich über Unterbrechungen zu beklagen, sollten Sie lernen, sie sinnvoll zu nutzen. Reservieren Sie Zeit, in der man Sie vielleicht stören wird, und nutzen Sie diese für die Erledigung unwichtigerer Aufgaben, die nur wenig Konzentration erfordern. Es gibt kein Gesetz, das von Ihnen verlangt, Stunden mit Klatsch und höflicher Konversation zu verbringen. Um gute Beziehungen zu den anderen aufrechtzuerhalten, ist es nicht erforderlich, den halben Tag in ihrer Gesellschaft zu verbringen. Vor allem: Warten Sie nicht, bis Sie das Gefühl haben, gerne arbeiten zu wollen, bevor Sie mit Ihrer Arbeit beginnen, denn dann werden Sie niemals an die Arbeit gehen. Die Müdigkeit, die sich vor Beginn einer Tätigkeit oftmals einstellt, resultiert in vielen Fällen aus der Angst vor dem eigentlichen Arbeitsbeginn. Der einzige Weg, dieses Problem zu bewältigen, besteht darin, anzufangen. Wenn die Motivation nur gering ist, sagen Sie sich selbst, daß Sie nur geringe Zeit darauf verwenden werden. Haben Sie erst einmal begonnen, werden Sie wahrscheinlich feststellen, daß die Arbeit zur eigenen Triebfeder wird.

Macht mit Hilfe von Zeit erzeugen

Auch mit Hilfe von Zeit läßt sich Macht erzeugen. Hierbei wird der Ermessensspielraum genutzt, um

- Dinge entweder zu beschleunigen oder
- zu verlangsamen.

Schnelligkeit ist in vielen Unternehmen ein Fremdwort. Oftmals werden Menschen zu Verlierern, weil sie zu langsam sind. Wer nach Macht strebt, erlaubt sich selbst niemals, daß die Ereignisse ihn einholen. Wenn es nötig ist, als erster da zu sein, ist er als erster da, und darauf kann man sich immer verlassen. Auf geschäftlicher Ebene kann die Forderung nach Schnelligkeit dazu benutzt werden, um Druck auszuüben und schlechten Geschäften oder unklugen Vereinbarungen vorzubeugen. Zeit läßt sich einfach dadurch manipulieren, daß man die Initiative ergreift. Anweisungen wie beispielsweise „Wenn es bis morgen nicht hier ist, machen wir den Auftrag rückgängig“ und „Ich erwarte den Bericht morgen früh auf meinem Tisch“ sind Beispiele dafür, wie man Zeit dazu benutzen kann, andere unter Druck zu setzen. Zeit in dieser Weise gezielt einzusetzen bedeutet, **realistisch zu wirken, während man gleichzeitig weiß, daß der andere den gesetzten Termin nicht einhalten kann.**

Verzögerungtaktiken sind ein weiteres Mittel, Zeit zu kontrollieren. Verzögerung funktioniert am besten, wenn die andere Seite sich nur schlecht wehren kann.[6] Der Liebhaber, der beispielsweise zu spät zu einem Rendezvous erscheint, benutzt seine Kontrolle über die Zeit dazu, den anderen in Anspannung zu versetzen und dadurch mehr Wertschätzung zu erhalten. Auch die Verlängerung der Trauerzeit oder eines

Gerichtsprozesses ist ein Instrument, um den Widerstand des anderen zu zermürben und ihm so einen Strich durch die Rechnung zu machen.

Während Schnelligkeit dazu benutzt werden kann, einen anderen davon abzuhalten, seine Meinung zu ändern, kann Verzögerung dazu beitragen, einen Gesinnungswechsel herbeizuführen. Überredung funktioniert, wenn man dem anderen Zeit läßt, seine Position zu überdenken. Auch Untätigkeit kann ein Mittel zur Machtgewinnung sein. Abwesenheit beispielsweise vergrößert die Zuneigung. Konflikte verschärfen sich oft durch unnötige Einmischung, weil dadurch ein bestehendes Gleichgewicht gestört werden kann. Watzlawick und seine Kollegen beschreiben diesen Zustand anschaulich anhand von zwei Personen, die krampfhaft versuchen, ein sich bereits im Gleichgewicht befindendes Boot ins Gleichgewicht zu bringen.[7] Um es nochmals zu sagen: Es ist dieser Aktionismus, wodurch sich der oben beschriebene, hochdynamische Typ ruiniert. Sein erster Impuls ist auch dann zu handeln, wenn es das beste wäre, die Dinge auf sich beruhen und die Zeit für sich arbeiten zu lassen.

Die Arbeit erledigen

In vielen Unternehmen wimmelt es von Leuten, die liebend gerne an Besprechungen teilnehmen oder in Ausschüssen sitzen und reden. Obwohl diese Enthusiasten sich darin übertreffen, die Bemühungen anderer zu kritisieren, während sie etwaige Anerkennung dafür als ihren eigenen Erfolg verbuchen, sind sie nur selten selbst aktiv. Doch wenn dieser Müßiggang auch irritierend sein kann, so schafft er doch ein potentiell nützliches Machtvakuum, denn

- andere für sich zu arbeiten zu lassen, schafft Abhängigkeit,
- und Abhängigkeit erzeugt Macht.

Die Erledigung der mit einer Aufgabe oder einem Projekt verbundenen Arbeiten führt zur Kontrolle über sie. Doch das ist es nicht allein: Mit fortschreitender Arbeit werden Sie von anderen zunehmend gebraucht und in Entscheidungsprozesse mit einbezogen. Das alles erzeugt Macht. Aufgrund einer ernsthaften finanziellen Krise wurden beispielsweise in einer Hochschule Umstrukturierungen vorgenommen. Der für Personalangelegenheiten zuständige Beamte unternahm die mühevolle Aufgabe, sich in die komplexe Berechnung der zu zahlenden Abfindungen einzuarbeiten. Da nur er die zur Entscheidungsfindung notwendigen Informationen liefern konnte, wurde er dadurch plötzlich zu einer wichtigen Schlüsselfigur. Er wurde zu allen vertraulichen Sitzungen des Hochschuldirektoriums eingeladen, wodurch er erheblichen Einfluß auf die durchzuführenden Maßnahmen gewann. Nachdem er sich auf diese Weise den Respekt seiner älteren Kollegen verdient hatte, wurde er als dauerhaftes Mitglied in das Direktorium berufen.

Es ist offenbar notwendig, sich dagegen zu schützen, von anderen ausgenutzt zu werden. Deshalb ist es ratsam, seine Dienste denjenigen anzubieten, deren Einfluß auf das eigene Fortkommen am größten ist oder deren Aufmerksamkeit Sie sich wünschen. Und noch eine weitere wichtige Erkenntnis: Eine Aufgabe zu übernehmen bedeutet, für diese Aufgabe Verantwortung zu tragen. Ist das Ergebnis schlecht, klingt der Hinweis, daß diese Aufgabe eigentlich ja nicht zu den eigenen Tätigkeiten gehöre, sehr kläglich. Prüfen Sie deshalb genau, wozu Sie sich verpflichten wollen. Um eine sich bietende Gelegenheit richtig einzuschätzen, sollten Sie sich fragen: **Was könnte daraus werden?**

Die Ausgabe erstklassiger Wertpapiere ist ein Spekulationsobjekt mit einer realistischen Aussicht auf Erfolg, vor allem, wenn der Kauf an spezielle Fähigkeiten und Kenntnisse gebunden ist. Besser vermeiden hingegen sollte man Projekte, die auf eine lange Geschichte von Fehlschlägen zurückblicken, oder solche, die von anderen nur gering geschätzt werden. In einem der Unternehmen, in denen ich früher tätig war, wurde beispielsweise eine Neueinstellung aufgrund von Empfehlung durch einen Kollegen als peinlich empfunden. Aus diesem Grund blickte man auf jeden herab, von dem man wußte, daß er auf diese Weise dem Unternehmen beigetreten war.

Zusätzliche Verantwortung

Eine Variante des oben beschriebenen Themas der Erledigung von Arbeit ist die Übernahme zusätzlicher Verantwortung. Wie der weiter oben angeführte Fall des Datenbankmanagers zeigt, läßt sich das eigene Fortkommen durch das Sammeln zusätzlicher Erfahrungen und die Erweiterung der Machtbasis ausgezeichnet unterstützen.

Durch gute Vorbereitung schaffen Sie sich Ihr eigenes Glück. Sehen Sie sich um: Wer aus Ihrer Umgebung wird die Firma vermutlich verlassen, wo gibt es Probleme, welche Aufgaben erledigt der Chef, die Sie tun könnten? Wenn Sie potentielle Gelegenheiten erst einmal erkannt haben, müssen Sie nur noch bereit sein, sie zu ergreifen, wenn der Zeitpunkt da ist. Lernen Sie über die verschiedenen möglichen Positionen, soviel Sie können, und schmeicheln Sie sich bei den derzeitigen Stelleninhabern ein. Verbreiten Sie öffentlich, daß Sie gerne Ihre Erfahrungen erweitern möchten, wobei Sie dabei jedoch zurückhaltend sein sollten, da offener Ehrgeiz Feindseligkeit und Widerstand hervorruft.

Wenn die Chance kommt, sollten Sie Ihre Dienste sofort anbieten, oder noch besser, die Position übernehmen. Es ist unwahrscheinlich, daß Ihr Chef Sie dieses Amtes wieder entheben wird, denn für ihn ist es ein Problem weniger, um das er sich andernfalls kümmern müßte. Es soll jedoch ausdrücklich betont werden, daß dieser Zeitpunkt nicht der richtige Moment für eine Diskussion über die Höhe Ihres Gehaltes ist. (Es ist etwas anderes, wenn die andere Seite Sie braucht; ich gehe im Augenblick davon aus, daß Ihre Position eher wackelig ist.) Natürlich sollten Sie versuchen, eine entsprechende Zusage zu erhalten, aber seien Sie genauso darauf vorbereitet, kurzfristige Vorteile zugunsten langfristiger Ziele zu opfern. Beachten Sie auch, daß jede Stellenvertretung zwei Seiten hat. Es kann die Aussicht, eine Position zu erhalten, verbessern oder sie zerstören. Die Bekleidung einer Position über die „Flitterwochenphase" hinaus offenbart nicht nur die negativen, sondern auch die positiven Aspekte Ihrer Leistungen. Aus der Psychologie ist bekannt, daß der Mensch „positiv-gerahmte" Probleme solchen mit negativer Umrahmung vorzieht.[8] Ein positiv-gerahmtes Problem wäre in diesem Zusammenhang: die Chance einer erfolgreichen Stellenbesetzung durch einen unbekannten Bewerber.

Ein negativ-gerahmtes Problem wäre: Sicherheit durch die Einstellung eines Bewerbers, bei dem die Grenzen seiner Fähigkeiten bereits bekannt sind.

Vor dem Hintergrund dieser Information müssen Menschen, die nach Macht streben, die Situation sorgfältig abwägen. Je länger man eine Position bekleidet und je schwieriger sie ist, desto größer ist das mit einer Vertretung verbundene Risiko. Warum überlassen Sie Ihrem Rivalen diesen Job nicht?

Andere unterstützen

Der Arbeitsplatz kann unerfreulich, wenn nicht sogar beängstigend sein. Andere unterstützen, indem Sie den Beichtvater für sie spielen, kann durch die Informationen, die Sie dadurch erhalten, Ihren Machtzuwachs wirksam unterstützen. Die Rolle des Beichtvaters ist einfach zu erlernen:

- jedem zuhören,
- niemals Klatsch verbreiten.

Besonders der zweite Punkt ist sehr wichtig, denn wenn Ihnen jemand Vertrauliches mitteilt und Sie ein Geheimnis bewahren, können Sie umgekehrt vom anderen das gleiche verlangen.

Die Initiative ergreifen

Durch Ergreifen der Initiative lassen sich Ergebnisse entscheidend beeinflussen. Wer Macht will, sollte deshalb stets selbst die Initiative ergreifen. Merkwürdigerweise widerstrebt es Menschen oft, sich dieses Vorteils zu bedienen. Sie ziehen es vor, erst einmal abzuwarten, was der andere tut. Das ist ein Fehler, da der andere dadurch die Gelegenheit erhält, Dinge zu unternehmen, die Ihren Interessen zuwiderlaufen. Der sogenannte „sanfte“ Ansatz bei der Befreiung von Geiseln wurde beispielsweise deshalb kritisiert, weil er den Terroristen die Initiative überläßt und dazu führt, daß Gefangene getötet werden, bevor die Verantwortlichen sich zum Eingreifen entschließen.

Wer die Initiative ergreift, erzeugt Macht für sich, weil er ein vorhandenes Vakuum als erster ausfüllt. Es ist erstaunlich, wie unterschiedlich ein Ergebnis selbst durch so scheinbar unwichtige Dinge wie das Vorschlagen des Termins für eine Besprechung oder die Entscheidung, nicht zu warten, bis ein anderer einen Brief beantwortet, ausfallen kann. Die Folge kann zumindest ein angenehmeres Leben sein. Auch die Initiative in Form einer Diskussionsleitung oder das Erkennen einer Krise kann sich als entscheidender Schritt erweisen. So wurde beispielsweise einmal die Anweisung ausgegeben, einige Wäschereien, die in den roten Zahlen waren, sofort zu schließen. Der Grund für die Eile war der Versuch, dem Widerstand des Betriebsrates zuvorzukommen. Man erkannte jedoch, daß diese Entscheidung aufgrund des hohen Wäschedurchsatzes, also der Wäschemenge im Laden, nicht durchsetzbar war. Statt dessen ergriff die Geschäftsführung die Initiative, indem sie die Wäschereien kurzerhand als „geschlossen“ erklärte, was bedeutete, daß keine weiteren Aufträge mehr angenommen werden konnten. Dadurch sollten die Geschäfte heruntergewirtschaftet werden, sobald die noch vorhandenen Aufträge ausgeführt worden waren. Der Betriebsrat indes interpretierte die Aussage wörtlich und schloß daraus, daß es zu spät sei, gegen die Schließung zu prostestieren.

Hat man die Initiative erst einmal ergriffen, kommt es darauf an, sie auch weiterhin in den eigenen Händen zu behalten. Im einfachsten Fall bedeutet das vielleicht nur, Situationen so zu manipulieren, daß man selbst derjenige ist, der ein Telefonat führt. Manchmal ist jedoch ein bißchen Geschicklichkeit erforderlich.

Hier ein preisgekröntes Beispiel:

Einige Lehrer waren in den Streik getreten. Sie sollten sich mit Vertretern der Schulbehörde treffen, um deren Vorschläge entgegenzunehmen. In der Vorbesprechung zwischen Schulbehörde und Mitgliedern des zuständigen Ministeriums konnte man sich jedoch nicht über die Bedingungen für ein Angebot einigen. Da die Lehrer jedoch einmal eingeladen waren, stimmten alle darin überein, daß irgendeine Art Treffen trotzdem auf jeden Fall stattfinden sollte. Der Vertreter der Schulbehörde sagte „Überlassen Sie das mir“, und so bat man die Lehrer pünktlich herein.
Es war Weihnachtszeit, und es schneite. Er eröffnete das Gespräch mit den Worten: „Meine Damen und Herren, ich habe Sie hierher gebeten, um herauszufinden, ob es hinsichtlich Ihrer Position irgendeine Veränderung gibt. Hat es eine Veränderung gegeben, ja oder nein?“ Auf der anderen Seite sah man sich verwirrt an. „Veränderung unserer Position?“ fragten sie. „Natürlich nicht.“ „Auch gut“, sagte darauf der Beamte der Schulbehörde, „ich wünsche Ihnen ‚Frohe Weihnachten‘.“ „Frohe Weihnachten?“, murrte eine Frau, die mit Einkaufstaschen beladen in die Besprechung hineingestolpert war, während sie sich die Schneeflocken von ihrem Mantel klopfte. „Wollen Sie damit sagen, Sie haben uns den weiten Weg hierher kommen lassen, nur um uns ‚Frohe Weihnachten‘ zu wünschen?“

Das zentrale Thema dieses Buches lautet: Wenn Sie darauf warten, daß Ihnen ein anderer Macht gibt, werden Sie darauf bis an das Ende Ihrer Tage warten; wenn Sie Kontrolle einfach übernehmen, wird Sie nur selten jemand daran hindern.

Einige der Mitarbeiter einer Personalabteilung trafen sich beispielsweise alle vierzehn Tage zum gemeinsamen Mittagessen, um berufliche Themen miteinander zu diskutieren. Als ein neuer Personalchef eingestellt wurde, bat er, an diesen Treffen teilnehmen zu dürfen. (Er mußte um Erlaubnis fragen, weil die Mitarbeiter der Abteilung ihm nicht unterstellt waren.) Bereits einige Wochen später fanden die ersten dieser Treffen in seinem Büro statt. Eine offizielle Tagesordnung und ein Protokoll wurden ins Leben gerufen, der Teilnehmerkreis wurde auf andere Mitarbeiter erweitert, und Anwesenheit wurde zur Pflicht. Bier und Essen gehörten bald der Vergangenheit an, da der neue Personalchef die Leitung des Treffens übernahm.

Ein wichtiger Punkt im Zusammenhang mit Initiative lautet:

Fragen Sie niemals, ob Sie etwas tun dürfen. Tun Sie es!

Für andere ist es immer einfacher, „Nein" als „Ja" zu sagen. Ein für die innerbetriebliche Ausbildung zuständiger Mitarbeiter ergriff die Initiative und erstellte ein neuartiges Handbuch für die Mitarbeiter. Als er das fertige Produkt seinem Chef zeigte, sagte dieser: „Wenn Sie mich gefragt hätten, ob wir so etwas machen sollen, hätte ich ‚nein' gesagt. Jetzt, da wir es haben, sage ich ‚Warum haben wir das nicht schon vor Jahren gemacht?'"

Widerstehen Sie der Versuchung, mit Ihren Absichten und Plänen zu prahlen. Die Bewunderung verkümmert schnell, wenn das Ergebnis mißlingt. Ein Dozent hatte einmal versucht, seine Karriere durch die Ankündigung zu beschleunigen, er würde für eine seiner Veranstaltungen von der Überprüfung durch den entsprechenden Berufsverband befreit. Nachdem er sich auf diese Weise selbst verpflichtet hatte, mußte er im nachhinein entsetzt feststellen, wieviel Arbeit mit diesem, nun offiziellen Ziel verbunden war. Drei Jahre später war es ein Ziel, das er nicht erreicht hatte, und jeder konnte sehen, daß er es nicht erreicht hatte. Hätte er seine Hausaufgaben gemacht, bevor er hohe Ansprüche formulierte, wäre dieses Fiasko vermieden worden, und er hätte für seine Energien ein lohnenswerteres Ventil finden können.

Die Macht vollendeter Tatsachen

Die Parteien der Opposition mögen die Entscheidungen der Regierung vielleicht kritisieren. Hat diese jedoch erst einmal die Macht, läßt sich dieser Zustand nur schwer verändern. Das ist teilweise darauf zurückzuführen, daß die Umsetzung einer Entscheidung mit dem Backen eines Kuchens vergleichbar ist. Die chemischen Veränderungen, die die Zutaten wie Eier, Mehl und Butter im Backofen unterlaufen, können nicht wieder rückgängig gemacht werden. Allein durch die Zeit, die vergangen ist, schließt sich eine Umkehrung der Verhältnisse aus. Ein chinesisches Sprichwort erinnert daran, daß keiner zweimal im selben Fluß baden kann. Das kann

Menschen, die nach Macht streben, dienlich sein, denn **was getan ist, ist getan.**

Sind die neuen Laptop-Computer erst einmal gekauft, können sie meist nicht mehr zurückgegeben werden. Geld, das einmal ausgegeben wurde, ist weg. Ist ein Vertrag, mit welchen Zielen auch immer, einmal abgeschlossen, lautet die Situation „unterschrieben ist unterschrieben". (Nebenbei bemerkt: Ist der Vertrag nicht unterschrieben oder der Auftrag noch nicht erteilt, können Sie immer noch vorgeben, daß es nun zu spät sei, das Verfahren aufzuhalten.) Mit anderen Worten: Machtsucher bekommen, was sie wollen, indem sie handeln. Um es nochmals deutlich zu sagen: Macht wartet vielleicht nur darauf, daß Sie sie ergreifen.

Um diese Macht auszuüben, ist eine Kosten-Nutzen-Analyse erforderlich. Nachdem die Tat entdeckt ist, muß das Verhältnis zwischen den potentiellen Zielen und den potentiellen Konsequenzen ausgeglichen sein. Seien Sie vorsichtig, wenn Sie Feinde haben, da Sie ihnen durch Ihre Initiative vielleicht endlich die Gelegenheit liefern, auf die sie schon lange gewartet haben. Andererseits sollten Sie nicht vergessen, daß diejenigen, die die Autorität besitzen, oft wissen, daß die bestehenden Vorschriften unsinnig sind und/oder sich sowieso nicht darum kümmern. Da sie einschreiten müssen, wenn sie erkennen, was der andere vorhat, würden sie viele Dinge lieber gar nicht erst wissen. Wenn Sie wissen, daß etwas verboten ist, müssen Sie entweder davon Abstand nehmen oder riskieren, die Vorschriften zu hintergehen. Wenn Sie einfach weitermachen, ist das Schlimmste, was Ihnen passieren kann, daß jemand kommt und sagt: „Tun Sie das ja nicht nochmal". In diesem Fall entschuldigen Sie sich bescheiden und machen weiter.

Zusammenfassung

- Macht läßt sich aus dem Nichts erzeugen, das heißt, durch das Ausfüllen eines Vakuums.
- In jedem Unternehmen lassen sich drei Bereiche unterscheiden:

– erlaubt,
– verboten,
– eigenes Ermessen.

- Auch in Unternehmen mit strenger Kontrolle gibt es immer einen gewissen Ermessensspielraum.
- Durch Ausnutzung dieses Ermessensspielraumes läßt sich Macht erzeugen.
- Macht läßt sich oft auch dadurch erschaffen, daß man die Kontrolle einfach übernimmt.
- Kontrolle, die man sich einmal angeeignet hat, wird von anderen selten in Frage gestellt und am Schluß oft legitimiert.
- Seinem Glück kann man nachhelfen, indem man nach potentiellen Chancen sucht und sich entsprechend darauf vorbereitet.
- Das kostbarste Gut desjenigen, der nach Macht strebt, ist seine eigene Energie.
- Energie muß gezielt eingesetzt werden, da sie sich andernfalls als kontraproduktiv erweisen kann.
- Energie kann benutzt werden, um Macht zu erzeugen. Sie hat Einfluß auf
  – die Art und Weise, in der Sie Ihre Arbeit erledigen,
  – den Umgang mit Ihrer verfügbaren Zeit,
  – die Vollendung Ihrer Arbeit,
  – die Übernahme zusätzlicher Verantwortung
  – die Unterstützung anderer,
  – das Ergreifen und Bewahren von Initiative.
- Vertretungen sind riskant, da sie Schwächen offenbaren.
- Fragen Sie niemals, ob Sie etwas tun dürfen – tun Sie es einfach.
- Widerstehen Sie der Versuchung, mit Ihren Plänen zu prahlen.
- Eine einmal vollbrachte Tat wird kaum rückgängig gemacht.
- Diejenigen, die Autorität besitzen, würden oft lieber nicht wissen, was Sie gerade tun.

Fragebogen zur Erzeugung von Macht

Nachdem Sie das vorangegangene Kapitel gelesen haben, beantworten Sie nun bitte die Fragen nochmals:

1. Ein neuer Mitarbeiter sieht verloren und unglücklich aus. Was tun Sie?

a) Sie nehmen ihn unter Ihre Fittiche.
b) Sie bringen ihn zum Chef.
c) Sie schicken ihn ins Personalbüro zurück.
d) Sie ignorieren ihn.

2. Normalerweise werden neue Mitarbeiter auf unterster Gehaltsstufe eingestellt. Sie möchten jemanden direkt höher eingruppieren. Ihre Vorschriften besagen, daß es Ihnen obliegt, in „Ausnahmefällen" von der üblichen Regelung abzuweichen. Was tun Sie?

a) Sie fragen im Personalbüro nach, was unter „Ausnahmefällen" zu verstehen ist.
b) Sie bitten das Personalbüro um eine Entscheidung.
c) Sie besprechen es mit Ihrem Vorgesetzten.
d) Sie entscheiden selbst, daß ein Ausnahmefall vorliegt, und machen ein entsprechendes höheres Angebot.

3. Am Wochenende kam es durch einen Rohrbruch zu einer Überschwemmung im Bürogebäude, so daß Sie Ihr Büro nicht nutzen können. Eine Etage tiefer gibt es ein Büro, das Sie immer schon haben wollten. Was tun Sie?

a) Sie ziehen sofort in dieses Büro um.
b) Sie warten noch ein oder zwei Tage und ziehen dann um.
c) Sie fragen, ob Sie das Büro übergangsweise nutzen können.
d) Sie warten ab, was jetzt geschehen soll.

4. Sie wurden gebeten, einen kurzen Artikel für ein Handelsmagazin zu schreiben, eine gute Gelegenheit für eine Veröffentlichung. Was tun Sie?

a) Sie schreiben alles auf, was Ihnen in den Kopf kommt, und schicken es weg.
b) Sie schreiben alles auf, was Ihnen in den Kopf kommt, und überarbeiten es dann nochmals.
c) Sie notieren schnell einige Ideen und stellen dann noch einige Untersuchungen an.
d) Sie bitten jemand anderen, einige Untersuchungen für Sie anzustellen.

5. Ein Personalberater möchte mit Ihnen einen Termin vereinbaren. Was tun Sie?
a) Sie geben ihm eine halbe Stunde.
b) Sie bitten jemand anderen, ihn zu treffen.
c) Sie bitten ihn erst um Unterlagen.
d) Sie lehnen ab.

6. Eine Behörde hat sich bei Ihnen nach den Konditionen für den Kauf eines bestimmten Produktes erkundigt. Es sieht so aus, als stünde die Unterzeichnung des Kaufvertrages, bei dem es um hohe Stückzahlen geht, kurz bevor. Was tun Sie?
a) Sie erzählen Ihrem Chef, daß alle seine Probleme jetzt gelöst seien.
b) Sie sagen niemandem etwas davon und warten die weitere Entwicklung ab.
c) Sie sagen Ihrem Chef, daß gewisse Fortschritte erzielt wurden, und widmen Ihre gesamte Zeit dem Abschluß dieses Vertrages.
d) Sie sagen nichts und erneuern Ihre Bemühung um ein anderes Geschäft.

7. Sie wollen eine Projektmanagement-Software zum Preis von etwa 2500 Mark kaufen. Laut Dienstvorschrift müssen alle Aufträge, abgesehen von dringenden Notfällen, über den zentralen Einkauf abgewickelt werden. Dieses Verfahren dauert lange und führt oft zu endlosen Nachfragen und Auseinandersetzungen. Was tun Sie?
a) Sie kaufen, was Sie benötigen, und bereiten sich darauf vor, Ihre Eigenmächtigkeit später zu verteidigen.
b) Sie setzen sich mit einer Tasse Kaffee und den Vorschriften hin, um nachzusehen, ob es einen Weg gibt, das Problem zu umgehen.
c) Sie versuchen, von der Einhaltung der Vorschrift entbunden zu werden.
d) Sie erteilen den Auftrag in der vorgeschriebenen Weise.

8. Sie können sich aussuchen, wie Sie Ihren Tag verbringen möchten. Was würden Sie tun, wenn Sie Ihre Macht vergrößern wollen?
a) Sie überprüfen das Budget, um sicherzugehen, daß alle Zielvorgaben eingehalten wurden.
b) Sie nutzen die Gelegenheit, um liegengebliebene Arbeiten zu erledigen.
c) Sie besuchen eine Konferenz.
d) Sie „spazieren“ über den Flur.

9. Ein größerer Vertrag steht zur Erneuerung an. Was tun Sie?
a) Sie fordern die Lieferanten routinemäßig dazu auf, sich an der Ausschreibung zu beteiligen.
b) Sie arrangieren ein informelles Treffen mit dem potentiellen Vertragspartner.

c) Sie delegieren die Arbeit, bitten aber darum, regelmäßig informiert zu werden.
d) Sie delegieren die ganze Sache und vergessen sie dann.

10. Ihr Vorgesetzter ist für lange Zeit aufgrund einer streßbedingten Erkrankung abwesend, die in direkter Verbindung mit Problemen der Abteilungsleitung steht. Was tun Sie?
a) Sie bieten sich sofort freiwillig an, ihn zu vertreten.
b) Sie treten in den Hintergrund und überlassen es Ihrem Rivalen, sich anzubieten.
c) Sie entscheiden sich dafür, ihn zu vertreten, falls man Sie fragt.
d) Sie warten, bis man Sie fragt, und denken dann darüber nach.

Die Antworten finden Sie auf der folgenden Seite.

Antworten auf den Fragebogen

1. a.
2. d – Es liegt in Ihrem Ermessen – nutzen Sie das. Warum sollten Sie der Personalabteilung die Macht überlassen?
3. a – Niemand wird Sie dafür mögen, aber es ist der sicherste Weg, das zu bekommen, was Sie wollen.
4. c – Schaffen Sie sich Ihr eigenes Glück, indem Sie das kleine bißchen mehr tun.
5. a – Man kann nie wissen. Vielleicht bietet er Ihnen einmal eine Stellung an.
6. d – Bürokratie dauert.
7. b – Es kommt darauf an, wie Sie „dringender Notfall" interpretieren.
8. c – Konferenzen sind eine gute Gelegenheit, um etwas zu lernen und neue Kontakte zu schaffen. Wenn Sie Konferenzen nicht mögen, spazieren Sie statt dessen über den Flur.
9. b – Sie haben Macht; verlassen Sie sich auf sie.
10. b.

Rechnen Sie die Punkte zusammen, die Sie erzielt hatten, bevor Sie das Kapitel gelesen haben: __________

Rechnen Sie die Punkte zusammen, die Sie erzielt haben, nachdem Sie das Kapitel gelesen haben: __________

Literatur zu Kapitel 2

1. *Lukes, S.* (1974) Power: A Radical View, Macmillan, London.
2. *Brown, W.* (1972) Organization, Heineman, London.
3. *Stewart, M.* (1989) „Studies of managerial jobs and behaviour: the ways forward“, Journal of Management Studies, 26 (1), S. 1-10.
4. *Hales, C.P.* (1986) „What do Managers do?“ A critical review, Journal of Management Studies, 23 (1), S. 85-115.
5. *McLaverty, P., Drummond, H.* (1991) „The impacts of effort in organizations“, Working Paper Series, Manchester Business School.
6. *Bacharach, P., Lawler, E.* (1980) Power and Politics in Organizations, Josey-Bass, San Francisco.
7. *Watzlawick, P., Weakland, H.J., Fisch, R.* (1974) Change: Principles of Problem Formation and Resolution, Norton, New York.
8. *Bazerman, M. H.* (1990) Judgement in Managerial Decision Making, John Wiley, New York.

Kapitel 3

Autorität ist Macht

Fragebogen zum Thema Autorität

Bevor Sie dieses Kapitel lesen, beantworten Sie bitte die folgenden Fragen:

1. **Ihre Mitarbeiter streiten sich um die neuen Büromöbel, die gerade geliefert wurden. Was tun Sie?**
   a) Sie entscheiden nach dem größten Bedarf.
   b) Sie schlagen vor, daß um die Möbel gelost wird.
   c) Sie drohen damit, alles wieder zurückzuschicken, wenn der Streit nicht sofort aufhört.
   d) Sie lassen sie streiten und kümmern sich nicht weiter darum.

2. **Aufgrund eines persönlichen Zusammenstoßes mit einem Ihnen ebenfalls unterstellten Kollegen hat ein Mitarbeiter gekündigt. Sie wissen, daß der andere ständig Ärger macht. Was tun Sie?**
   a) Falls Sie ihm wenigstens eine Teilschuld nachweisen können, ergreifen Sie disziplinarische Maßnahmen.
   b) Zur Strafe versetzen Sie ihn.
   c) Sie drohen ihm versteckt.
   d) Sie schmeißen ihn raus.

3. **Ein Mitarbeiter weigert sich, eine Anweisung zu befolgen. Was tun Sie?**
   a) Sie schwören sich insgeheim Rache.
   b) Sie versuchen, ihn zu überreden.
   c) Sie ergründen das Problem, bestehen aber gleichzeitig auf Gehorsam.
   d) Sie bitten einen Ihrer älteren Kollegen um Unterstützung Ihrer Autorität.

4. **Welche Kleiderfarbe würden Sie für eine wichtige Besprechung wählen?**
   a) grau
   b) blau
   c) schwarz
   d) grün

5. **Welches Schreibgerät benutzen Sie gewöhnlich?**
   a) einen normalen Kugelschreiber
   b) einen ziemlich zerkauten Bleistift
   c) einen billigen Füllfederhalter
   d) das beste, das Sie sich leisten können

6. Was charakterisiert Ihre Aktentasche am besten?

a) Sie enthält einige wichtige, übersichtlich angeordnete Akten, ein oder zwei Stifte in den dafür vorgesehenen Halterungen sowie einige andere wichtige Dinge wie Terminkalender, Diagramme usw. ordentlich in den dafür vorgesehenen Fächern.

b) Sie enthält alles, was Sie eventuell brauchen könnten, wie beispielsweise A4-Schreibblöcke, Kugelschreiber, Bleistifte, Akten, etwas Geld als Reserve, Kreditkarten, ein Roman, Akten, die wichtige Fakten, Zahlen, Verträge usw. getrennt enthalten.

c) Sie ist eine unorganisierte Rumpelkammer.

d) Ich nehme niemals eine Aktentasche mit, sondern komme mit einer Plastiktüte aus.

7. Welche der nachfolgenden Tätigkeiten würden Sie bevorzugen?

a) eine Arbeit, mit der sich viel Geld verdienen läßt

b) eine Arbeit, die Spaß macht

c) eine Arbeit, die viel Macht vermittelt

d) eine Arbeit, die viel Geld und viel Macht bringt

8. Wie würden Sie am liebsten zur Arbeit fahren?

a) in einer teueren Limousine

b) auf dem Fahrrad

c) im Sportwagen

d) in einem normalen Mittelklassewagen

9. In einer heiklen Angelegenheit müssen Sie einen Kollegen aus dem Betriebsrat befragen. Würden Sie

a) das bei einer nächsten regulären offiziellen Besprechungen auf die Tagesordnung setzen?

b) es ihm gegenüber erwähnen, wenn er das nächste Mal auf einen kleinen Plausch in Ihr Büro kommt?

c) ein spezielles Treffen mit ihm vereinbaren?

d) ihn irgendwann auf dem Flur abfangen?

10. Wie würden Sie Ihren Namen schreiben, wenn Sie sich als Forscher und Autor einen Namen gemacht haben?

a) Peter Schmidt

b) Dr.-Ing. Peter Schmidt

c) Dr. Peter Schmidt

d) Dr. Peter Schmidt, Diplom-Ingenieur

Obwohl in einem Unternehmen Autorität die naheliegendste Quelle der Macht ist, wird sie dennoch am meisten vernachlässigt. Autorität ist definiert als die Situation, in der

- einer das Recht hat, einem anderen eine Anweisung zu erteilen, und
- der andere die Verpflichtung hat, zu gehorchen.[1]

Autorität basiert auf der Idee der Rechtmäßigkeit – der starke Mann gehorcht dem schwächeren,[2] weil die Gesellschaft stillschweigend anerkennt, daß dieses Gesetz zum Wohle der Menschheit ist.

In einem Unternehmen manifestiert sich Autorität im Recht zur Führung. Das Recht zur Führung ist gesetzlich verankert. Einfach ausgedrückt, ermächtigt es Führungskräfte dazu, entsprechend den betrieblichen Anforderungen Entscheidungen zu treffen und Anweisungen zu erteilen. Das Recht zur Führung gilt vom Aufsichtsrat bis hin zu Verwaltung. Es verpflichtet die Mitarbeiter

- zum Gehorsam,
- zur angemessenen Nutzung ihrer Fähigkeiten und zur Umsicht,
- zu Aufrichtigkeit.

Gehorsam bedeutet, daß einerseits Führungskräfte oder Vorgesetzte das Recht haben, Anweisungen zu erteilen, anderen Arbeit zuzuweisen, die Einhaltung von Terminen zu kontrollieren, Normen für die Qualität von Arbeit und Leistung zu formulieren usw., und daß die Mitarbeiter andererseits verpflichtet sind, diese Ansprüche zu erfüllen. Aufrichtigkeit bezeichnet den Anspruch des Arbeitgebers auf die gewissenhafte Verrichtung der Arbeit; der Arbeitnehmer ist verpflichtet, ehrlich zu sein, keine heimlichen finanziellen Gewinne aus seiner Anstellung für sich persönlich zu erzielen oder mit seinem Arbeitgeber zu konkurrieren. Die Verpflichtung zu angemessener Fähigkeit und Umsicht bedeutet genau das, was damit gesagt wird. Das Gesetz erwartet vom Arbeitnehmer, daß er alle Tätigkeiten unter Anwendung der gebotenen Aufmerksamkeit und Umsicht verrichtet.

Die Rolle der Autorität

Trotz des oben beschriebenen eindeutigen Führungsrechts der Führungskräfte überrascht es, wie viele von ihnen – auf allen Hierarchieebenen – zögern, von diesem Recht Gebrauch zu machen, zögern, ihre Autorität zu nutzen. Aufgrund der Erfahrung läßt sich vermuten, daß dieser Umstand wahrscheinlich auf ihre Angst zurückzuführen ist, sie könnten sich lächerlich machen, falls ihre Autorität erfolgreich angezweifelt würde. Diese Angst ist unbegründet, da Sie darauf vertrauen können, daß solange Ihre Anweisungen für den reibungslosen Ablauf der Unternehmensabläufe erforderlich sind und sie dem anderen in vernünftiger Form übermittelt werden, derartige Zweifel jeder Grundlage entbehren. Einem Mitarbeiter, der sich hinderlich verhält, kann unter Wahrung der entsprechenden Form gekündigt werden. Diesen Aspekt scheinen einige Führungskräfte vergessen zu haben, und, statt sich daran zu erinnern, verschlimmern sie jeden Konflikt noch durch hinterhältiges Taktieren, was Angst und Mißtrauen erzeugt.[3]

Ein anderer, häufig anzutreffender Grund für die Abneigung gegen die Ausübung von Kontrolle ist die Angst, Feindseligkeit zu erzeugen. Tatsächlich ist das Gegenteil der Fall.

Autorität ist wichtig für den Erhalt der unternehmerischen Stabilität und für die Qualität des Arbeitslebens.

Es gibt nur wenige Dinge, die für einen Mitarbeiter frustrierender sind als Uneindeutigkeit; hierzu gehören die

- Unklarheit über das, was erlaubt ist;
- Unklarheit über das, was erwartet wird;
- Unfähigkeit, mangels klarer Anweisungen Fortschritte zu erzielen.

Auch wer auf höchster Ebene arbeitet, braucht Anweisungen. Autorität ist der Rahmen für Ordnung und verantwortliches Management. Sie verleiht dem Unternehmen Struktur und schützt die Mitarbeiter. Stellen Sie sich Ihren eigenen Arbeitsplatz ohne einen Verantwortlichen vor: Was würde geschehen, nachdem sich die erste Euphorie gelegt hat? Die Leute würden anfangen, sich darüber zu streiten, wer was getan hat. Jeder würde sich benehmen, wie es ihm gefällt, und sich weder um Gefahren, Unbehagen noch um Unannehmlichkeiten kümmern, die er anderen dabei zufügt. In gleichem Maße, in dem die Disziplin schrumpfte, würden stärkere Persönlichkeiten die Kontrolle übernehmen. Diesen neuen Machthabern wäre jedes Mittel – egal wie unfair oder unklug – recht, um die Durchsetzung ihrer Anweisungen zu erzwingen; schließlich wären sie ja niemandem Rechenschaft schuldig.

Die Angst vor inoffizieller Dominanz ist oft die Ursache für Konflikte zwischen unterschiedlichen Gruppen oder Personen. Die Ausübung von Autorität ist eine wichtige Management-Funktion zur Wahrung der Effizienz von Unternehmensabläufen. So waren beispielsweise die Geschäftsleiter zweier Filialen eines Unternehmens gegen den Vorschlag, die Verwaltungskräfte ihrer beiden Geschäftsstellen zu zentralisieren. Mit diesem Zusammenschluß sollte doppelte Arbeit verhindert und die Kommunikation verbessert werden. Die Geschäftsleitung in der Zentrale spürte, daß dieser Widerstand in der Angst der beiden Geschäftsführer begründet lag, der jeweils andere könne die Kontrolle über die Verwaltung übernehmen. Nachdem sie zunächst beide Parteien erfolgreich dazu veranlaßt hatte, ihre Befürchtungen zuzugeben, betonte sie dann, daß die neu zu schaffende Verwaltungsabteilung der Geschäftsleitung in der Zentrale direkt unterstellt sein würde. Darüber waren beide Seiten – ohne diese Ausübung von Autorität auch nur im geringsten zu verübeln – erleichtert, was endlich die Umsetzung des Plans ermöglichte.

Eine Atmosphäre von Autorität

Theoretisch ist die Autorität jeder Führungskraft genau begrenzt und vorgegeben. In der Praxis dagegen läßt sich durch Steuerung des Eindrucks die eigene Macht vergrößern.

Goffmann erinnert uns daran, daß das Wort „Person" von dem lateinischen Ausdruck für Maske abgeleitet wird.[4] Wie bei allen Machtbeziehungen basiert die Wahrnehmung von Autorität nicht auf den Umständen, wie sie wirklich sind (Realität), sondern darauf, was der andere von ihnen glaubt. (Scheinwelt). Glaube wiederum läßt sich durch eine gezielte Steuerung des Eindrucks manipulieren. *[Anm. d. Übers.: Die Autorin verwendet im englischen Originaltext den Begriff „impression management".]* In diesem Zusammenhang bedeutet Steuerung des Eindrucks: den Vorstellungen anderer zu entsprechen, oder besser noch, sie zu übertreffen.[5]

Den Vorstellungen anderer zu entsprechen beginnt damit, daß das äußere Erscheinungsbild der Rolle entspricht, die man spielen will. Durch bewußte Steuerung der Art und Weise, in der man anderen gegenüber auftritt, muß der richtige Eindruck erzielt werden. Das betrifft unter anderem die

- Kleidung,
- Wahl des Autos,
- Dekoration und Möblierung des Büros.

Kleidung

Als seine Königliche Hoheit, der Prinz von Wales, vor einigen Jahren meinen Heimatort besuchte, schrieb hinterher die lokale Presse, daß die Kinder einer Grundschule, die hinausgegangen waren, um ihn zu sehen, enttäuscht waren, weil er keine Krone trug. (Einer der kleinen Kameraden soll vor lauter Enttäuschung sogar in Tränen ausgebrochen sein.)

Wie diese kleine Anekdote zeigt, trägt Kleidung wesentlich dazu bei, dem Stereotyp zu entsprechen. Vielleicht sollte der äußeren Erscheinung nicht soviel Bedeutung beigemessen werden. Doch egal, wie gut Sie vielleicht in Ihrem Beruf sein mögen, solange Sie nicht der Vorstellung entsprechen, die andere sich von Ihrer Rolle gemacht haben, wird man es schwierig finden, an Sie zu glauben. Stellen Sie sich beispielsweise zwei Rechtsanwälte vor, von denen der eine

Jeans und der andere einen Nadelstreifenanzug trägt. Wem würden Sie Ihren Fall vermutlich eher anvertrauen? Im Management existieren nur selten strenge Kleidervorschriften. Deshalb kann es im Einzelfall schwierig sein, das Richtige zu wählen. Eine Möglichkeit, diesem Problem abzuhelfen, besteht darin, einfach die Stile und Normen der erfolgreichen Leute um Sie herum zu kopieren oder sie gar noch zu verbessern (vgl. Sie jedoch Kapitel acht, wenn es um Situationen geht, in denen es besser ist, sich bewußt einfacher zu kleiden). Bedenken Sie außerdem:

1. Im allgemeinen beeindruckt teuere Kleidung mehr als billigere; kaufen Sie deshalb das Beste, das Sie sich leisten können.
2. Wählen Sie Ihren Stil so, daß Sie sich sicher und gewandt fühlen.
3. Dunkelblau ist die wirkungsvollste Farbe.[6]
4. Sorgen Sie dafür, daß modische Accessoires dem gleichen Standard entsprechen.

Distanz hilft Ihnen dabei, Autorität zu bewahren, und Kleidung kann dazu beitragen, Distanz zu schaffen. Uniformen, Perücken, Roben usw. werden genau aus diesem Grund getragen. Ein ähnlicher Effekt kann durch Berufskleidung (Anzüge und Kostüme) hervorgerufen werden. Das wichtigste ist jedoch, daß Sie darauf achten, daß Sie sich in allem, was Sie tragen, sicher fühlen, um damit Ihr Selbstbewußtsein zu maximieren. Untersuchungsergebnisse haben gezeigt, daß schicke Kleidung die Selbstachtung erhöht – und umgekehrt.[7]

Wirkung wird jedoch nicht nur durch das erzeugt, was Sie tragen, sondern auch, wie Sie es tragen. Auf das Risiko hin, längst Bekanntes noch einmal zu sagen: Auch für teuere Kleidung ist das Geld zum Fenster hinausgeworfen, wenn Sie so aussehen, als hätten Sie sich die Kleidungsstücke mit der Mistgabel übergeworfen, oder wenn diese fettig oder fleckig sind. Wenn sich Menschen durch die äußere Erscheinung auch trügen lassen, so suchen sie doch nach Unstimmigkeiten und kleinsten Anzeichen, wie beispielsweise unpassende Socken oder durchgescheuerte Kragen,[8] durch die sich der andere verrät. Zahllose gesellschaftliche Aufstiege wurden schon dadurch ruiniert, daß sich jemand im falschen Augenblick versprach, die Zigarre falsch anzündete oder ein Wort falsch aussprach. Schneider haben ihre Kunden früher nach der Art und Weise beurteilt, in der sie nach dem Zylinder fragten. Angeber sprachen stets über den „Zylinderhut"; nur echte Aristokraten fragten nach dem „Zylinder". Zubehör ist also wichtig, wobei hiermit nicht nur Schuhe und Handschuhe gemeint sind, sondern auch Aktenkoffer, Stifte, Terminkalender, Parfum und so weiter. Die einzelnen Accessoires sollten zu Ihrem Stil und Ihrer gesamten Ausstattung passen. Ein Nadelstreifenanzug höchster Qualität verlangt eine kalbslederne Aktenmappe und einen Montblanc-Füllfederhalter. Auch wenn sich das nach Snobismus und äußerlich erkennbarem Materialismus anhört – Sie sollten daran denken, daß Menschen diese Dinge wahrnehmen und sich durch sie beeindrucken lassen.

Falls das Einkommen des Lesers wie das der Autorin solche Verschwendung nicht zuläßt, kaufen Sie sich das beste, das Sie sich leisten können, und setzen Sie es gezielt ein. Ein nachlässig geführter Terminkalender hinterläßt beispielsweise einen schlechteren Eindruck als einer, der alle Termine akkurat aufführt. Genauso deutet eine mit allerlei Nutzlosigkeiten und leeren Kartoffelchipstüten vollgestopfte Aktentasche nicht gerade auf eine Führungspersönlichkeit hin. Auf der anderen Seite sollten Sie jedoch wiederum nicht zu sehr befürchten, daß andere Ihr Image durchschauen könnten. Es ist unmöglich, jeden an der Nase herumzuführen. Diejenigen, die eng mit Ihnen zusammenarbeiten, sind sozusagen dafür prädestiniert, Ihre Schwächen zu entdecken. Für die wenigen, die Sie kennen, gibt es andererseits viele, die Sie täuschen und beeindrucken können.

Autos

Auch Autos vermitteln Eindrücke, wobei es in der heutigen Zeit, die durch öffentliche Verkehrsmittel und Firmenwagen gekennzeichnet ist, sehr schwer geworden ist, positiv aufzufallen. Wenn Sie in der Lage sind, Geld in ein ungewöhnliches und aufregendes Gefährt zu investieren – tun Sie es. Zumindest schützen Sie sich davor, einen negativen Eindruck zu erzeugen. Ein älterer Manager, der ein Auto fuhr, das so alt war, daß es jeden Augenblick auseinanderzufallen drohte, vermittelte den gleichen Eindruck wie sein Auto: zu wenig Macht, zu wenig Enthusiasmus und längst reif für den Schrott. Nummernschilder mit den Anfangsbuchstaben des eigenen Namens zur Betonung der Individualität erfreuen sich zunehmender Beliebtheit. Es ist natürlich eine Frage des Geschmacks, doch die Erfahrung hat gezeigt, daß sie mehr Belustigung als Bewunderung hervorrufen; es sei denn, man sieht sie auf sehr seltenen oder ganz teueren Wagen.

Machtmittel Büro

Auch die Art der Möblierung und die Anordnung der einzelnen Möbelstücke im Büro können dazu benutzt werden, Macht zu erzeugen. Die Ausstattung des Büros kann folgenden Eindruck vermitteln:

1. Blau – Dominanz und Status.
2. Weiß – Raum und Freiheit.
3. Rot – Angst (durch die Assoziation mit Blut).[9]

Ein großes Büro vermittelt immer den Eindruck von Macht, vorausgesetzt, daß der Raum nicht so riesig ist, daß seine Bewohner darin verloren oder klein wirken. Macht braucht Zeit, damit sie sich entwickeln kann; sich durch kleine Gaunereien zuviel anzueignen kann kontraproduktiv sein, wenn der Besitzer das persönliche Format, das er besitzen muß, um den Anforderungen seiner Umgegebung gerecht zu werden, erst noch entwickeln muß. Das wäre genauso, als ob ein Fahrschüler in einem Auto mit Turboantrieb fahren lernte.

Auch aus einem kleinen Büro oder selbst nur aus einem Schreibtisch in einem Großraumbüro läßt sich mit minimalen Mitteln viel machen. Die persönliche Atmosphäre durch Pflanzen, Photos und Bilder erzeugt Macht, weil sie auf eine Persönlichkeit hinweist, die den Willen hat, dem Unternehmen einen eigenen Stempel aufzudrücken. Ein Stück Kohle, ein Epaulette, ein Teil eines Motors, ein hölzernes Weberschiff oder andere Gegenstände können als Ersatz für den Papierbeschwerer benutzt werden und die Entschlossenheit demonstrieren, Leistungen zu vollbringen. Stellen Sie sich zum Beispiel vor, Sie empfangen einen Vertriebsbeauftragten, der Sie bittet, ihm etwas über sich selbst zu erzählen. Vergleichen Sie die Standardausführungen „Oh, angefangen habe ich im Einkauf, dann habe ich verschiedene andere Positionen durchlaufen, habe einige Jahre im Ausland gearbeitet ..." mit „Sehen Sie diesen Rahmen hier? Also das Papier darin ist der erste Auftrag, den ich als junger Vertriebsbeauftragter erhalten habe".

Solche Symbole erzeugen nicht nur Macht, sondern erhalten sie auch lebendig, indem sie eine Art Legende über Ihre Persönlichkeit darstellen. Stellen Sie sich in Zusammenhang mit dem oben erwähnten Vertriebsbeauftragten folgende Pressemitteilung vor:

> Das erste, was beim Betreten seines Büros ins Auge fällt, ist ein Rahmen, der eine Kopie seines ersten Auftrags erhält, den er als junger Verkäufer erhielt. Sein BMW weist darauf hin, daß er, seit er auf der Suche nach Kunden mit dem Fahrrad durch die Stadt radelte, einen weiten Weg zurückgelegt hat. „Ich behalte diese Kopie, damit sie mich daran erinnert, daß man sich gegen jeden Konkurrenten durchsetzen kann", erklärt er. „Immer wenn mir jemand erzählt, die Situation sei zu schwierig, weise ich auf diese Kopie und sage ihm ‚Schwingen Sie sich auf Ihr Fahrrad'."

Legenden allein schaffen zwar weder Wohlstand, Macht und Erfolg, gleichwohl sind sie oft der Vorbote dazu. Die nachfolgende Vorgehensweise soll Ihnen dabei helfen, Ihre eigene Legende zu entdecken:

1. Listen Sie alle Ihre Leistungen, an die Sie sich erinnern können, auf. Egal, ob sie großartig waren oder so klein wie beispielsweise der Gewinn eines Wettkampfes, das Bestehen der Fahrprüfung oder der Abschluß eines gutes Geschäftes.
2. Machen Sie sich eine Liste aller wichtigen Dinge, die in Ihrem Leben passiert sind, egal, ob sie erfreulich oder unerfreulich waren.

3. Sehen Sie sich diese beiden Listen an und markieren Sie die Leistungen und/oder Ereignisse, die Ihre Karriere entscheidend beeinflußt haben.
4. Suchen Sie sich eine Leistung oder ein Ereignis aus, das Ihnen a) gefällt und sich b) in irgendeiner Weise symbolisch darstellen läßt.
5. Setzen Sie diesen symbolischen Gegenstand an seinen Platz und beginnen Sie damit, die Aufmerksamkeit darauf zu lenken.

Es macht nichts, wenn das, was Sie finden, ziemlich weit hergeholt ist. Alle Geschichten wachsen und nehmen erst dadurch Gestalt an, daß sie erzählt werden. Der Sinn dieser Suche im eigenen Gedächtnis besteht darin, daß viele Leute oft überrascht von dem sind, was sie selbst in den frühesten Phasen ihrer Karriere erreicht haben; sie staunen über die eigenartigen, oft negativen Situationen, die der Anlaß für eine schicksalhafte Wende waren. Die nichtbestandene Diplomprüfung kann sich – obwohl zu diesem Zeitpunkt eine Katastrophe – als heimlicher Segen herausstellen, weil sie den Betroffenen zu einer Karriere zwang, in der er später extrem erfolgreich war. (Lesen Sie im letzten Kapitel über die negativen Einflüsse.)

Doch kehren wir zum Thema Büromöblierung zurück: Ein Schreibtisch in Richtung Eingang ist immer sehr wirkungsvoll, da er den Raum beherrscht; es erklärt, warum dieser Standort am häufigsten gewählt wird. Ein Schreibtisch, der versteckt in einer Ecke mit dem Gesicht zur Wand steht, impliziert, daß Sie keine Sicherheit in Form von viel Holz oder Kunststoff vor Ihnen benötigen. Es verwirrt andere, weil es ungewöhnlich ist, und macht sie unsicher, wie sie Ihnen begegnen sollen. Ihnen verleiht es eine gewisse Schärfe.

Am Besprechungstisch läßt sich Distanz vergrößern oder verkleinern. Wenn Sie dominieren oder einschüchtern wollen, setzen Sie sich an das Kopfende. Wenn Sie jedoch möchten, daß man sich in Ihrer Gegenwart entspannt und weniger auf der Hut ist, sollten Sie sich bequem in die Mitte setzen, da Formlosigkeit Spannung abbaut. Eine Garnitur leichter Stühle schafft eine intime Atmosphäre. Ich weiß von einem Gewerkschaftsvertreter, der Wert darauf legte, eine solche Sitzgruppe zu umgehen, vermutlich aus Angst, sich andernfalls der Geschäftsleitung zu sehr anzunähern. Am Ende gab er nach, wobei ich bis heute nicht herausgefunden habe, ob sich darin das wachsende Vertrauen zeigte, oder ob er einfach entdeckte, wieviel bequemer es war, dort zu sitzen. Sie waren in der Tat so bequem, daß sich ein Kollege daran gewöhnte, regelmäßig auf einen Plausch hereinzuschauen – sehr nützlich.

Auch das Drumherum muß stimmen. Wenn wir zum Beispiel des Rechtsanwaltes zurückkehren: Was ist vertrauenerweckender, ein helles, modernes Büro mit Klimaanlage, angefüllt mit Stahlrohrmöbeln und einem Personal Computer – oder ein altmodischer Schreibtisch, Stuhl und Lampe, Berge von Papier mit rosafarbenen Band zusammengehalten und Akten mit der Aufschrift „Meier – verstorben"?

Sich von anderen unterscheiden vergrößert die Autorität

Den Vorstellungen anderer zu entsprechen kann die eigene Karriere sehr fördern. Noch besser ist es, wenn man das gleiche erreicht, indem man sich von anderen unterscheidet. Der bekannte Discjockey Jimmy Saville beeindruckte früher dadurch, daß er seine Haare schwarz und weiß gestreift wie ein Zebra färben ließ. Die Schlagersängerin Sandy Shaw legte Wert darauf, ohne Schuhe aufzutreten. Robin Day, der Fernsehmoderator, ist bekannt für seine gepunktete Fliege. Die Erscheinung muß mit Ihrem Beruf übereinstimmen. Niemand hätte Robin Day ernst genommen, wenn er sich die Haare wie Jimmy Saville gefärbt hätte. Es gibt eine feine Trennungslinie zwischen Unterscheidung und Abweichung.

Eine Möglichkeit der Unterscheidung besteht darin, für eine bestimmte Eigenschaft bekannt zu sein, egal ob Charme, Intelligenz, Eindringlichkeit oder was auch immer. Menschen tendieren dazu, andere mit einem Etikett zu versehen.

Finden Sie Ihr Etikett heraus und, wenn es Ihnen gefällt, betonen Sie es. Zum Beispiel:

- „arbeitet hart“,
- „kümmert sich um seine Mitarbeiter“,
- „ihm liegt an seiner Arbeit“,
- „ist sehr intelligent“,
- „hat keine Angst, Entscheidungen zu treffen“,
- „weiß, was er tut“,
- „sehr engagiert“,
- „immer fair“,
- „hat immer ein offenes Ohr für die Probleme anderer“.

Das Problem mit der Tugend ist nur, daß sie langweilig ist. Um es noch einmal zu wiederholen, ohne sich dabei „abweichend“ zu verhalten: Machen Sie sich selbst dadurch interessant, daß Sie ein kleines „Laster“ kultivieren“, wie beispielsweise:

- „immer zu spät zu jeder Besprechung“,
- „immer erst einmal schlecht gelaunt“,
- „der Betriebsrat mochte ihn nicht“,
- „kann launisch sein“,
- „kann Dummköpfe nicht ertragen“,
- „hat ein bißchen etwas von einem Gauner an sich“,
- „wenn er etwas wollte, dann war es das Richtige“.

Keiner ist perfekt, und Sie können den negativen Eindruck, den andere von Ihnen haben, ebenso beeinflussen wie den positiven. Dadurch erzielen Sie ein Gleichgewicht:

- „Er konnte launisch sein, war aber immer fair“,
- „er war zwar ein kleiner Gauner, aber immer um andere besorgt“,
- „er wußte, was er tat, und deshalb mochte ihn der Betriebsrat nicht“.

Den Sinn für Humor sollte man gut im Zaume halten. Die Berühmten und Erfolgreichen sind fast immer gleichbleibend ernst und dabei oft aufgeblasen und scheinheilig. Das erklärt, warum frisch niedergelassene Rechtsanwälte, Wirtschaftsprüfer und Börsenmakler vielfach versuchen, zehn Jahre älter auszusehen und so zu klingen. Auch wenn so gewichtige Gesten und Verhaltensweisen wie beispielsweise zusammengezogene Augenbrauen, das Starren auf den Boden und so weiter komisch erscheinen mögen, wenn sie bei jungen Menschen beobachtet werden, so erweisen sie sich im Laufe der Zeit doch als extrem wirkungsvoll.[10]

Nur in Ausnahmefällen

Eine Möglichkeit, sich von anderen zu unterscheiden, besteht darin, Konventionen gänzlich zu ignorieren. In einem Raum, der von blauen Nadelstreifenanzügen nur so wimmelt, fällt das rostbraune Jackett über der Jeans auf. Ein Gratulationsschreiben einfach dann zu unterlassen, wenn es der gute Ton eigentlich verlangt, zieht die Aufmerksamkeit auf sich. Eine solche Strategie funktioniert jedoch nur dann, wenn auch Ihre Gesamtleistung außergewöhnlich (hoch) ist. Doch selbst dann ist sie riskant, weil sie sich über Konventionen hinwegsetzt und sich am Rande der Abweichung bewegt. Falls sie jedoch funktioniert, dann funktioniert sie wirklich gut, weil sie den Eindruck, Sie seien außergewöhnlich, bekräftigt.

Zusammenfassung

- Autorität ist ein wichtiges Hilfsmittel zur Erlangung von Macht im Unternehmen.
- Autorität ist definiert als das Recht, Anweisungen zu erteilen, dem andererseits die Verpflichtung zum Gehorsam gegenübersteht.
- Alle Führungskräfte – vom Aufsichtsrat bis zur Verwaltung – haben ein Recht zu führen.
- Ohne Autorität würden Unternehmen in Anarchie verfallen.
- Theoretisch ist die Autorität jeder Führungskraft vorgegeben, in Wirklichkeit aber läßt sich ein Erscheinungsbild positiv beeinflussen.

- Beeinflussung des eigenen Erscheinungsbildes beginnt damit, daß man optisch der Vorstellung entspricht, die andere von der Rolle haben, die man spielen will.
- Mit Hilfe von Kleidung und Büromöblierung läßt sich Distanz schaffen.
- Selbst mit einem Schreibtisch in einem Großraumbüro läßt sich Macht erzeugen.
- Schaffen und symbolisieren Sie Ihre persönliche Legende.
- Die Büromöblierung kann dazu benutzt werden, Dominanz zu fördern oder Spannungen abzubauen. Auch sie sollte der Rolle entsprechen.

Fragebogen zum Thema Autorität

Nachdem Sie dieses Kapitel nun gelesen haben, testen Sie sich nochmals selbst:

1. Ihre Mitarbeiter streiten sich um die neuen Büromöbel, die gerade geliefert wurden. Was tun Sie?
a) Sie entscheiden nach dem größten Bedarf.
b) Sie schlagen vor, daß um die Möbel gelost wird.
c) Sie drohen damit, alles wieder zurückzuschicken, wenn der Streit nicht sofort aufhört.
d) Sie lassen sie streiten und kümmern sich nicht weiter darum.

2. Aufgrund eines persönlichen Zusammenstoßes mit einem Ihnen ebenfalls unterstellten Kollegen hat ein Mitarbeiter gekündigt. Sie wissen, daß der andere ständig Ärger macht. Was tun Sie?
a) Falls Sie ihm wenigstens eine Teilschuld nachweisen können, ergreifen Sie disziplinarische Maßnahmen.
b) Zur Strafe versetzen Sie ihn.
c) Sie drohen ihm versteckt.
d) Sie schmeißen ihn raus.

3. Ein Mitarbeiter weigert sich, eine Anweisung zu befolgen. Was tun Sie?
a) Sie schwören sich insgeheim Rache.
b) Sie versuchen, ihn zu überreden.
c) Sie ergründen das Problem, bestehen aber gleichzeitig auf Gehorsam.
d) Sie bitten einen Ihrer älteren Kollegen um Unterstützung Ihrer Autorität.

4. Welche Kleiderfarbe würden Sie für eine wichtige Besprechung wählen?
a) grau
b) blau
c) schwarz
d) grün

5. Welches Schreibgerät benutzen Sie gewöhnlich?
a) einen normalen Kugelschreiber
b) einen ziemlich zerkauten Bleistift
c) einen billigen Füllfederhalter
d) das beste, das Sie sich leisten können

6. Was charakterisiert Ihre Aktentasche am besten?

a) Sie enthält einige wichtige, übersichtlich angeordnete Akten, ein oder zwei Stifte in den dafür vorgesehenen Halterungen sowie einige andere wichtige Dinge wie Terminkalender, Diagramme usw. ordentlich in den dafür vorgesehenen Fächern.
b) Sie enthält alles, was Sie eventuell brauchen könnten, wie beispielsweise A4-Schreibblöcke, Kugelschreiber, Bleistifte, Akten, etwas Geld als Reserve, Kreditkarten, ein Roman, Akten, die wichtige Fakten, Zahlen, Verträge usw. getrennt enthalten.
c) Sie ist eine unorganisierte Rumpelkammer.
d) Ich nehme niemals eine Aktentasche mit, sondern komme mit einer Plastiktüte aus.

7. Welche der nachfolgenden Tätigkeiten würden Sie bevorzugen?

a) eine Arbeit, mit der sich viel Geld verdienen läßt
b) eine Arbeit, die Spaß macht
c) eine Arbeit, die viel Macht vermittelt
d) eine Arbeit, die viel Geld und viel Macht bringt

8. Wie würden Sie am liebsten zur Arbeit fahren?

a) in einer teueren Limousine
b) auf dem Fahrrad
c) im Sportwagen
d) in einem normalen Mittelklassewagen

9. In einer heiklen Angelegenheit müssen Sie einen Kollegen aus dem Betriebsrat befragen. Würden Sie

a) das bei einer nächsten regulären offiziellen Besprechungen auf die Tagesordnung setzen?
b) es ihm gegenüber erwähnen, wenn er das nächste Mal auf einen kleinen Plausch in Ihr Büro kommt?
c) ein spezielles Treffen mit ihm vereinbaren?
d) ihn irgendwann auf dem Flur abfangen?

10. Wie würden Sie Ihren Namen schreiben, wenn Sie sich als Forscher und Autor einen Namen gemacht haben?

a) Peter Schmidt
b) Dr.-Ing. Peter Schmidt
c) Dr. Peter Schmidt
d) Dr. Peter Schmidt, Diplom-Ingenieur.

Die Antworten finden Sie auf der nächsten Seite.

Antworten auf den Fragebogen

1. a – Jemand muß bestimmen, wer was erhält.
2. a – Es hört sich drastisch an, doch der Mitarbeiter muß verstehen, daß sein Verhalten Schwierigkeiten verursacht hat. Machenschaften unter der Hand können das Problem nur verschlimmern.
3. c – Sie können und sollten auf seinen vollen Einsatz bestehen.
4. b.
5. d ist die beste Wahl.
6. a beeindruckt am meisten. b entspricht dem Stil von Leuten, die glauben, sie hätten großes Organisationstalent, in Wirklichkeit aber ihr Leben mit viel zu vielen Details vollstopfen. c besitzt eine Art ehrlichen Charme, doch denken Sie daran, Ihren Aktenkoffer verschlossen zu halten. d ist der Typ, der am ehesten andere um ihren Erfolg beneidet.
7. b ist die einzige Wahl für echten und dauerhaften Erfolg. Mit allem anderen wären Sie auf dem Weg zu einem Nervenzusammenbruch – ehrlich!
8. c.
9. b – Sie müssen sicher sein, daß er entspannt und aufnahmebereit ist und daß für eine Diskussion ausreichend Zeit ist.
10. a – hervorragende Leute brauchen keine Stützen. Wenn Sie sich damit unwohl fühlen, dann b oder c. d ist spießig.

Rechnen Sie die Punkte zusammen, die Sie erzielt hatten, bevor Sie das Kapitel gelesen haben: __________

Rechnen Sie die Punkte zusammen, die Sie erzielt haben, nachdem Sie das Kapitel gelesen haben: __________

Literatur zu Kapitel 3

1. *Wrong, D. H.* (1979) Power, Its Forms, Bases and Uses, Basil Blackwell, Oxford.
2. *Weber, M.* (1947) Economy and Society, Bedminster, New York.
3. Vgl. *Drummond, H.* (1990) Managing Difficult Staff: Effective Procedures and the Law, Kogan Page, London. Das Buch enthält eine ausführliche Beschreibung und Erklärung der Autorität von Führungskräften, und wie sie effizient eingesetzt werden kann.
4. *Goffman, E.* (1959) The Presentation of Self in Everyday Life, Doubleday Anchor, New York.
5. *Schlenker, B.R.* (1980) Impression Management, Brooks Cole, California.
6. *Korda, M.* (1976) Power, Ballantine Books, New York.
7. *Schlenker,* op. cit.
8. *Goffmann,* op. cit.
9. *Korda,* op. cit.
10. *Korda,* op. cit.

Kapitel 4

Die Rolle spielen

Fragebogen über die Rolle

Beherrschen Sie Ihre Rolle? Testen Sie Ihre Fähigkeiten anhand der folgenden Fragen:

1. Was beschreibt Sie selbst am besten?
a) ausgeglichen
b) unbekümmert
c) ein bißchen launisch
d) jeden Tag anders

2. Was tun Sie, wenn das Telefon schellt?
a) Sie beantworten den Anruf sofort.
b) Sie lassen es immer mindestens fünfmal klingeln.
c) Sie antworten nur, wenn Sie wissen, wer der Anrufer ist.
d) Sie ertränken das Telefon in einem Eimer Wasser.

3. Wie melden Sie sich am Telefon?
a) „Hallo!"
b) Sie nennen Ihre Telefonnummer.
c) Sie melden sich mit Ihrem Namen.
d) b oder c und wünschen zusätzlich „Guten Morgen/Guten Tag".

4. Was tun Sie, wenn Besucher ankommen?
a) Sie bitten sie sofort herein.
b) Sie bitten Ihre Sekretärin, sie hereinzurufen.
c) Sie lassen sie ein paar Minuten warten.
d) Sie verschwinden durch die Hintertür.

5. Sie wollen einem Kollegen gegenüber nachdrücklich Ihr Mißfallen äußern. Wie machen Sie das?
a) Sie gehen zu ihm in sein Büro.
b) Sie bitten ihn, zu Ihnen zu kommen.
c) Sie holen ihn auf dem Parkplatz ein.
d) Sie schicken ihm eine Nachricht, die Ihren Ärger ausdrückt.

6. Auf einer Konferenz treffen Sie eine sehr attraktive Person. Wie verhalten Sie sich?
a) Sie bleiben einen Tag länger.
b) Sie verlassen pünktlich die Konferenz.
c) Sie gehen, wenn der andere geht.
d) Sie fahren einen Tag eher ab, als Sie ursprünglich wollten.

7. Der Betriebsrat möchte, daß Sie für einen Mitarbeiter die Zahlung des Krankengeldes verlängern. Sie wissen, daß die Forderung begründet ist. Sagen Sie:

a) „In Ordnung, kein Problem“?

b) „Ich denke ‚Ja'“?

c) „Ich werde bezahlen, wenn Sie mich davon überzeugen, daß Ihre Forderung begründet ist“?

d) „Na gut, aber ich hoffe, Sie wissen, wieviel mich das kostet“?

8. Jemand ruft Sie an und fragt wegen einer Kostenrückerstattung nach. Würden Sie sagen:

a) „Ich werde sie unterschreiben.“

b) „Ich werde dafür sorgen, daß die Sache bearbeitet wird.“

c) „Man kümmert sich bereits darum.“

d) „Wieso Rückerstattung?“

9. Ein sehr prestigeträchtiges Projekt, an dem Sie beteiligt sind, zeigt Anzeichen einer Krise. Was tun Sie?

a) Sie stoßen das Objekt still und leise ab.

b) Sie sehen sich schnell nach Hilfe um.

c) Sie warten ab, was passiert, bevor Sie irgendwelche Aufregung verursachen.

d) Sie analysieren in Ruhe die Situation, bevor Sie entscheiden, ob Sie weitermachen oder nicht.

10. Sie machen sich Sorgen darüber, daß Sie in einer Rede vor wichtigen Zuhörern vielleicht ins Stottern geraten. Was tun Sie?

a) Sie entwickeln eine diplomatische Krankheit.

b) Sie erzählen den Zuhörern, daß Sie nervös sind.

c) Sie kriegen das Problem durch bewußte Willensanstrengung in den Griff.

d) Sie stottern während des Probevortrags, soviel Sie können.

Bertolt Brecht sagte: „Nicht das Stück, sondern die Vorstellung ist das wahre Ziel aller unserer Bemühungen.“[1] Es reicht nicht, wenn nur die äußere Erscheinung der Rolle entspricht; man muß sie auch spielen. Das Spielen der Rolle fördert nicht nur die eigene Glaubwürdigkeit, sondern bietet auch eine Möglichkeit, Macht zu erzeugen. Handeln Sie wie ein Mächtiger, dann werden Sie mächtig – so einfach ist das. Dieses Kapitel beschreibt das Drehbuch.

Verfügbarkeit

Distanz führt zu Verzauberung – und Verzauberung erzeugt Macht. Der Monarch gibt keine Interviews, um den Mythos um die Krone zu erhalten. Auch Manager müssen einen Mythos um ihre eigene Person entwickeln, denn das

- erzeugt Interesse,
- schützt gegen Manipulation,
- erhält Respekt,
- schafft einen Hauch von Angst.

Menschen, die sich vorhersehbar verhalten, sind anfällig dafür, das Ziel von Manipulation zu werden. Andere lernen, nach welcher Flöte ihre Opfer tanzen, und spielen sie entsprechend. Vertrautheit nährt Verachtung. Selbst der gewissenhafteste Angestellte nutzt früher oder später seine Position zu seinem eigenen Vorteil. „Sie werden“ sagt sich viel leichter aus der Distanz heraus. Etwas nicht vorhersagen zu können erzeugt einen Hauch von Angst – die Angst vor dem Unbekannten. Wenn andere nie sicher sein können, wie Sie reagieren werden, wird man Sie höchst wahrscheinlich mit Respekt behandeln und sehr viel weniger wahrscheinlich versuchen, Sie auszunutzen. Sich nur auf das Wohlwollen der anderen zu verlassen ist ein Fehler, denn wie Machiavelli beobachtete, kann sich durch die Unbeständigkeit der menschlichen Natur Wohlwollen über Nacht in bittere Feindschaft verwandeln. Angst ist die solideste Grundlage, um andere für sich einzunehmen.

Wieviel Distanz notwendig ist, ist eine Frage des Ermessens. Das Ziel sollte jedoch sein, Reserven zu erhalten, ohne sich dabei zu isolieren, lebendig zu wirken, ohne hierzu verpflichtet zu sein. Nachfolgend lesen Sie einige Vorschläge, wie Sie Ihren Mythos erhalten können:

1. Seien Sie nur begrenzt verfügbar.
2. Führen Sie wichtige Gespräche auf Ihrem eigenen Territorium.
3. Beschränken Sie den gesellschaftlichen Umgang mit anderen.
4. Kultivieren Sie unvorhersehbares Verhalten.

Als Austern billig und in großen Mengen verfügbar waren, verachtete man sie als das Nahrungsmittel der Armen. Manager, die sich rar machen, werden höher geschätzt und mehr respektiert als ihre gefälligeren Kollegen. Noch bevor andere Sie persönlich kennenlernen, können Sie ihnen beibringen, Respekt vor Ihnen zu haben, indem Sie den Eindruck erwecken, eine vielbeschäftigte und wichtige Persönlichkeit zu sein. Die Wirklichkeit ist dabei belanglos – es zählt nur, wie Sie sich präsentieren. Einmal unterbrach mich ein Kollege im Gespräch und sagt mit ehrfürchtiger Stimme: „Ich muß Professor so und so anrufen. Ich habe drei Wochen darauf gewartet, ihn sprechen zu können, und jetzt sagte mir seine Sekretärin, daß es in seinem Terminkalender eine zehnminütige Lücke gibt."

Beachten Sie jedoch, daß diese Unzugänglichkeit auch das Resultat verpaßter Gelegenheiten sein kann. Es erklärt, warum erfolgreiche Geschäftsleute oft extrem leicht erreichbar sein können: Überraschungen und Aufregungen machen ihnen Spaß, weil sie wissen, daß selbst der bescheidenste aller Anrufer der Vorbote des Glücks sein kann:

Zündet das Licht an, öffnet weit die Tür
und laßt den Pilger eintreten,
Christ oder Heide:
Unter den Lumpen verbirgt sich vielleicht der Prophet.

[Anm. d. Übers.: Das englische Original entstammt folgender Quelle, mit eigenen Worten wiedergegeben: „Passover", in: Levi, P. (1888) Collected Poems, tr R. Feldmann und B. Swann, Faber & Faber, London.]

Eine Strategie, um von allem das Beste zu bekommen, besteht darin, einerseits selbst erreichbar zu sein, während man andererseits diesen Zugang durch das Delegieren von Arbeiten und den geschickten Umgang mit seiner Zeit kontrolliert. Sie können sich zum Beispiel bereit erklären, mit einem unangekündigten Anrufer zu sprechen, verweisen ihn dann jedoch an die Sekretärin, um einen Termin zu vereinbaren. Ihre Sekretärin kann dann nochmals betonen, wie vielbeschäftigt Sie sind. Selbst die Art und Weise, in der Sie sich am Telefon melden, sagt etwas über Sie aus. Lassen Sie es mindestens fünfmal läuten, da Sie sonst den Eindruck erwecken, als wollten Sie gerne gestört werden.

Die Büros der anderen aufzusuchen (besonders die der eigenen Mitarbeiter) ist eine Möglichkeit, unauffällig für Wachsamkeit zu sorgen. Wichtige Diskussionen sollten jedoch auf Ihrem eigenen Territorium stattfinden. Dort haben Sie einen psychologischen Machtvorteil, den Sie folgendermaßen nutzen können:

1. Lassen Sie den anderen vor Ihrem Büro warten.

Egal, wie wichtig oder wieviel erfahrener der andere ist, lehren Sie ihn, Respekt vor Ihnen zu haben, indem Sie ihn warten lassen – vor allem, wenn es sich um Ihre erste Begegnung handelt. Falls erforderlich, sitzen Sie ruhig einige Minuten untätig herum. Wenn es die Angelegenheit lohnt, können Sie Ihre Wichtigkeit auch zusätzlich unterstützen, indem Sie dafür sorgen, daß ein oder zwei Ihrer Mitarbeiter mit besorgtem Gesichtsausdruck kurz die Tür öffnen und wieder schließen.

2. Sorgen Sie dafür, daß die Besprechung unterbrochen wird.

Das signalisiert dem anderen, daß Sie ihn nicht als besonders wichtig erachten. Seien Sie jedoch vorsichtig, denn zu viele Unterbrechungen vermitteln den Eindruck, Sie seien unorganisiert – ein Telefonanruf reicht. Wenn Sie dem anderen schmeicheln wollen, können Sie alternativ auch betont Anweisung geben, nicht gestört zu werden. Sie können diesen Eindruck noch verstärken, indem Sie Ihre Sekretärin veranlassen, den Raum zu betreten und sich für diese Störung bei den Anwesenden mit dem Hinweis zu entschuldigen: „Es tut mir leid, aber er ist nun einmal der Leiter des Auswärtigen Amtes/Chefredakteur des Spiegels etc. Sie können sich aussuchen, was Ihnen gefällt – wichtig ist nur, daß Sie und Ihre Sekretärin einen ernsten Gesichtsausdruck bewahren können. Wenn Sie die Nachricht erhalten, können Sie angemessen gelangweilt sein und den anderen mit dem Satz „Wenn Sie mich bitte entschuldigen wollen?" auffordern, den Raum zu verlassen. Dieser wird das vielleicht nicht mögen, aber er wird beeindruckt sein. (Wenn Sie gezwungen sind, das Territorium des anderen zu betreten, können Sie sich einen Vorteil verschaffen, indem Sie ein wichtiges Telefongespräch arrangieren, das Sie dort erreicht, selbst wenn das nur ein Trick ist. Auf die gleiche Weise läßt sich übrigens auch eine Besprechung beenden.)

Nach meiner Erfahrung haben Sekretärinnen enorm viel Spaß an diesem Spiel, da es ihnen ebenfalls das Gefühl vermittelt, bedeutend zu sein. Viele schauspielern besser als ihre Chefs; ermutigen Sie sie, diese Fähigkeit zu nutzen.

3. Bitten Sie Dritte um Unterstützung.

Sie können den Vorteil, der sich aus dem Überraschungseffekt ergibt, noch verstärken, indem Sie einen Ihrer Mitarbeiter zu Ihrer Unterstützung dazu bitten. Das ist besonders wirkungsvoll, wenn der andere trauliche Zweisamkeit erwartet hatte – und umgekehrt.

4. Ergreifen Sie die Initiative.

Ergreifen Sie die Initiative, indem Sie die Besprechung mit Wendungen wie „Ich wollte mit Ihnen sprechen, weil ..." oder „Es gibt drei Dinge, die ich mit Ihnen besprechen möchte" eröffnen. Sie können auch die Dauer der Besprechung festlegen, indem Sie darauf verweisen, wann sie beendet sein muß. Es ist höflich, andere mit ihrem Namen anzusprechen; leicht erniedrigend ist es jedoch, wenn Sie vorgeben, Sie hätten ihn vergessen. Alternativ hierzu können Sie auch die Wertschätzung, die Sie dem anderen entgegenbringen, in seinen Augen etwas verringern, indem Sie das Nichtvorhandensein jeglicher Unterlagen damit erklären, daß die Angelegenheit Ihrer Meinung nach so trivial ist, daß sie es nicht wert ist, in irgendeiner Weise vorbereitet oder aufgezeichnet zu werden. Genauso ist der Hinweis, Sie hätten die Besprechung vergessen, ein Weg, um dem anderen zu signalisiern, wie unwichtig er für Sie ist.

5. Zeigen Sie Ihre Vollmachten.
Sie können den anderen mit Ihrer Macht beeindrucken, wenn Sie ihm Ihre Möglichkeit vor Augen führen, Akten anzufordern, Kaffee zu organisieren, Kopien gebracht zu bekommen und so weiter. Fragen Sie jedoch niemals nach einer Akte, wenn Sie nicht ganz genau wissen, daß sie auch da ist. Als einzige Ausnahme hierzu gilt nur, wenn das Verschwinden der Akte nützlich ist.

Ausnahmen zur Territorium-Regel

Es gibt zwei Ausnahmen zur Territorium-Regel:

1. wenn Sie möchten, daß der andere sich entspannt;
2. wenn eine dramatische Geste angebracht ist.

Die Menschen tendieren dazu, auf ihrem eigenen Territorium entspannter und deshalb mitteilsamer und entgegenkommender zu sein. Wenn es um eine schwer zu durchschauende Angelegenheit geht, wenn Sie Informationen benötigen oder den anderen um einen Gefallen bitten wollen, ist es normalerweise besser, ihn aufzusuchen. Wenn Sie jemandem etwas Unerfreuliches mitteilen müssen, besteht ein Ansatz darin, in sein Büro zu gehen, anzugreifen und dann schnell wieder hinauszugehen, bevor der andere die Gelegenheit zur Antwort hat. Hierdurch läßt sich nicht nur Mißfallen wirksam zum Ausdruck bringen: Es schafft auch psychologische Stärke, indem Sie zeigen, daß Sie in das Territorium des anderen nach Belieben eindringen können.

Sorgfalt ist im gesellschaftlichen Umgang mit anderen geboten, besonders dann, wenn es um Mitarbeiter geht, die Ihnen unterstellt sind. Ihr Mythos ist irreparabel zerstört, wenn Sie in betrunkenem Zustand Geheimnisse ausplaudern oder sich bei einem gesellschaftlichen Ereignis auf irgendeine andere Weise unangemessen verhalten. Es ist am besten, wenn Sie gesellschaftliche Anlässe nutzen, um Distanz zu schaffen. Beteiligen Sie sich großzügig an Spenden, aber akzeptieren Sie nur eine begrenzte Anzahl an Einladungen, und gehen Sie stets früh nach Hause. Die beste Zeit, um eine Gesellschaft zu verlassen, ist, **bevor Sie es eigentlich möchten.**

Achten Sie darauf, wie Sie essen. Allgemein ausgedrückt, scheinen mächtige Leute niemals Nahrung zu benötigen. Es erweckt einen ordinären Eindruck, wenn man Sie dabei beobachtet, wie Sie mit einer Tüte Pommes Frites durch die Stadt spazieren. Als Vorstandsmitglied können Sie sich kaum darüber beklagen, daß man Sie für einen kleinen Angestellten hält, wenn Sie dabei gesehen werden, wie Sie sich beim Verlassen des Fahrstuhls noch schnell ein Stück fettige Pizza in den Mund schieben.[2]

Unvorhersehbarkeit bedeutet, daß Sie sich den Anschein geben, schlecht durchschaubar und leicht reizbar zu sein, während Sie in Wahrheit jede Ihrer Reaktionen genau unter Kontrolle haben. Hierzu gibt es ein weites Spektrum an Möglichkeiten. Wenn man Sie über einen Fehler informiert, reagieren Sie beispielsweise einmal gelassen, während Sie ein anderes Mal gespielten Schock oder Ärger zeigen. Sie können eine gewisse Launenhaftigkeit vielleicht kultivieren. Heute zeigen Sie für eine Person oder ein Projekt Begeisterung, am nächsten Tag sind Sie gleichgültig oder tun vielleicht sogar, als ob Sie die Person oder die Idee bereits vergessen hätten.

Seien Sie König

Autorität läßt sich zusammenfassend wie folgt charakterisieren:

Autorität muß man benutzen, oder man verliert sie.

Der berühmte Ausspruch von Margaret Thatcher „Wenn Sie wollen, können Sie eine Kehrtwendung machen, die Lady ist nicht dafür“ *[Anmerk. d. Übers.: aus dem Englischen mit eigenen Worten ins Deutsche übertragen.]* charakterisiert die idealisierte Vorstellung einer Führungspersönlichkeit im westlichen Kulturraum als jemanden, der entschlossen und resolut ist. Nichts schädigt das Ansehen eines Politikers oder eines Managers mehr, als wenn man ihn für unschlüssig oder unentschlossen hält. Eines der Schüsselelemente für die Rolle als Führungskraft ist deshalb: **bei anderen den Ruf der Entschlossenheit besitzen.**

Entscheidungsfreude läßt einen Manager als Führungspersönlichkeit erscheinen, egal, wie die Realität aussieht.[3] Das Problem dabei ist nur, daß schnelle Entscheidungen katastrophale Folgen haben können, wenn eine schnelle Entscheidung bedeutet, daß etwas nicht hinreichend durchdacht ist. Der Selbstschutz erfordert deshalb die Kultivierung eines Eindrucks, der andere zufriedenstellt und dabei gleichzeitig als Nebelvorhang dient, hinter dem fundierte Analysen und Bewertungen stattfinden. Ein Gefühl von Entscheidungsfreude läßt sich durch

- Energie,
- Sprache,
- Übertreibung in kleinen Dingen

erzeugen. Jeder dieser Punkte wird nachfolgend beschrieben.

Die Macht der Energie

Energie ist attraktiv. Aus der Geschichte ist bekannt, daß die Menschen in Scharen zusammenliefen, um König Heinreich II. von England zu sehen – so groß war die Energie, die aus seinem Gesicht strahlte. Sein Sohn, König Richard I., bekannt unter dem Beinamen Löwenherz, verdankt seinen Ruf als Held seinem energischen Anführen der Kreuzzüge.[4] Mit

Managern verhält es sich wie mit Königen. Wenn Sie erfolgreich erscheinen wollen, müssen Sie tatkräftig aussehen. Eine lebhafte Sprechweise, ein flotter, zielstrebiger Gang, kurze Haare und schlichter (aber hochwertiger) Kleidungsstil: Das alles verleiht den Eindruck von Schwung. Hüten Sie sich jedoch davor, kindlich begeistert oder aufgeregt zu erscheinen, da diese Verhaltensweisen wiederum kontraproduktiv sind. Streben Sie danach, eine gewisse launische Ungeduld zu kultivieren.

Sprache

Andere Menschen werden Sie als entscheidungsfreudig empfinden, wenn Ihre Sprache entschlossen klingt.[5] Den Eindruck von Kontrolle zu vermitteln lenkt potentielle Kritik an Ihnen darüber hinaus bereits im Vorfeld ab. Winston Churchill beherrschte diese Kunst meisterhaft, wie die folgenden Auszüge aus seinen Reden beweisen:

> Ich will versuchen, Ihnen einen Eindruck der außerordentlichen Schwierigkeiten zu vermitteln, die sich für unsere strategische Position dadurch ergeben, daß Herr Hitler die Kontrolle über die europäischen Küsten besitzt. Diese Schwierigkeiten lassen sich mit keiner unserer Erfahrungen aus dem letzten Kriege vergleichen. Zu Beginn des Jahres 1940 hatten die meisten unserer Experten von der Marine und der Luftwaffe das Problem der Gesamtversorgung als unlösbar und hoffnungslos bezeichnet.

[Anmerk. d. Übers.: Das englische Original entstammt folgender Quelle: Eade, C. 1951, Winston Spencer Churchill, War Speeches 1939-1945, Bd. 2, Cassel, London, S.2, mit eigenen Worten ins Deutsche übertragen.]

Churchill benutzte Sprache nicht nur, um zu beruhigen, sondern auch, um Kritik vorwegzunehmen, indem er den Eindruck vermittelte, die nationalen Schwierigkeiten seien ausschließlich auf Kräfte zurückzuführen, die sich dem Einflußbereich der Regierung entziehen.

> Miteinander durch das gemeinsame Ziel verbunden, haben die Männer, die sich hier die Hände gereicht haben, viel ertragen müssen, und ich hoffe, sie werden noch mehr ertragen können. Der Premierminister hat die Pflicht, die ihm vom Parlament und durch Volk verliehene Macht zu benutzen, um andere zu führen. Und in einem Krieg wie diesem muß diese Macht, unge-

achtet der Gefühle anderer, benutzt werden. Wenn wir gewinnen, wird sich niemand dadurch beeinträchtigt fühlen; wenn wir verlieren, wird niemand mehr da sein, der sich dadurch beeinträchtigt fühlen könnte..

[Anmerk. d. Übers.: Das englische Original entstammt Eade, op. cit., S. 8, mit eigenen Worten ins Deutsche übertragen.]

Diese Rede ist praktisch eine uneingeschränkte Vollmacht für ihn. Der Verweis auf „ertragen" lenkt von der Analyse eigener Fehler ab, während der Hinweis auf die Macht impliziert, daß der Premierminister sich über die Pläne und Ansichten anderer hinwegsetzen kann, ja sogar dazu verpflichtet ist.

Was die Ergebnisse angeht, so steht das folgende Beispiel für viele:

Es mag einmal so und einmal so gegangen sein, es mag Enttäuschungen gegeben haben, es gab das Auf und Nieder der Schlacht, ... Unglücksfälle ereignen sich, Fehler werden gemacht. Manchmal wird aus etwas Rechtem etwas ganz Falsches, und sehr oft wird aus etwas Falschem etws Rechtes.

[Anmerk. d. Übers.: Das englische Original entstammt Eade, op. cit. S. 134-5. Die deutsche Übersetzung ist Eade, C. (1947) Churchill Winston S., Reden 1940-41, Der Unerbittliche Kampf, Zürich: Europa Verlag, S. 465, entnommen.]

Hier wurde mit Hilfe der Sprache Kritik dadurch vorweggenommen, daß er die Erwartungen der Zuhörer in eine bestimmte Richtung lenkte: Sie sollten nicht nur glauben, daß Katastrophen unvermeidlich sind, sondern daß schicksalhafte Wendungen sich auf die Situation des Krieges übertragen lassen. An keiner Stelle erwähnt Churchill seine eigene Fehlbarkeit.

Der Leser sollte jetzt nicht glauben, er habe nur wenig Gelegenheit, seine eigene Redegewandtheit zu üben. Diese Rede von Churchill muß nur geringfügig verändert werden, damit sie sich auf eine typische Management-Situation anwenden läßt:

Es mag einmal so und einmal so gegangen sein, es mag Enttäuschungen gegeben haben, es gab das Auf und Nieder von Wettbewerb und Konjunktur, ... unglückliche Umstände kommen dazu, Fehler werden gemacht. Manchmal wird aus etwas Rechtem etwas ganz Falsches, und sehr oft wird aus etwas Falschem etwas Rechtes.

Churchill kannte die Bedeutung der Sprache auch, wenn es darum ging, Fehler wegzureden. Folgendes sagte er über die

Versenkung der Schlachtschiffe „Prince of Wales“ und „Repulse“:

> Admiral Philips unternahm eine absolut richtige, gut durchdachte Operation, welche in der Tat nicht ohne jedes Risiko war, sich aber grundsätzlich nicht von ähnlichen Operationen unterschied, die wir mehrfach durchgeführt haben ... Wir dürfen annehmen, daß der Verlust an Menschenleben weniger schwer ist, als wir zuerst befürchtet hatten.

[Anmerk. d. Übers.: Das englische Original entstammt Eade, op. cit. S.141. Die deutsche Übersetzung ist Eade, C. (1947) Churchill Winston S., Reden 1940-41, Der Unerbittliche Kampf, Zürich: Europa Verlag, S.474, entnommen.]

Wer sagt, daß es eine vernünftige Operation war? Wir glauben es nur deshalb, weil man es uns so erzählte. Auch diese Rede läßt sich leicht so verändern, daß sie in Management-Situationen angewendet werden kann:

> Wir unternahmen ein absolut richtiges, gut durchdachtes Projekt, welches in der Tat nicht ohne jedes Risiko war, sich aber grundsätzlich nicht von ähnlichen Projekten unterschied, die wir mehrfach durchgeführt haben ... Wir dürfen annehmen, daß die finanziellen Verluste weniger hoch sind, als wir zuerst befürchtet hatten.

Mit Hilfe des folgenden Schemas läßt sich praktisch jeder Fehler erklären:

1. Betonen Sie, daß der Plan in Ihren Augen vernünftig war und auf früher gemachten Erfahrungen basierte.
2. Weisen Sie auf das Risiko hin.
3. Verringern Sie die Spannung, indem Sie mit Zahlen schließen, die optimistischer sind als die, die Sie zuerst genannt hatten.

Auch alltägliche Dinge bieten eine ausgezeichnete Gelegenheit, um die Macht der Sprache auszunutzen. Zum Beispiel:

1. „Sie verlangen eine *Entscheidung* über ...“
2. „Ich muß ... *verfügen.*“
3. „Natürlich hängt dann die *Entscheidung* von ... ab.“
4. „Die *Wahlmöglichkeiten* sind ...“
5. „Die Risiken, zwischen denen ich *wählen* kann, sind ...“

Ausdrücke wie diese können benutzt werden, um anderen das Gefühl zu geben, daß es um die Entscheidung wichtiger Dinge geht. Jeder ist gerne an Ereignissen von großer Tragweite beteiligt, so daß es einem guten Führungsstil entspricht, bestimmten Dingen künstlich etwas mehr Bedeutung zu verleihen. Davon abgesehen: Anderen das Gefühl zu geben, mächtig zu sein, verbessert das eigene Erscheinungsbild.

Übertreibung in kleinen Dingen

Wenn sie ein Leben retten, so sagen die Ärzte, beklage sich der Patient hinterher darüber, daß die Rechnung zu hoch sei und die Narbe schmerze. Dagegen kann man mit fünf Minuten, in denen man etwas gegen die Kopfschmerzen eines anderen unternimmt, einen Freund fürs Leben finden. Das gleiche gilt im Management. Mehr als an großartigen Strategien sind die Mitarbeiter im allgemeinen an Dingen interessiert, die sie selbst direkt betreffen, wie beispielsweise die Beihilfe zum Kantinenessen, Schutzkleidung und Urlaubsplanung. Klare und schnelle Entscheidungen über kleine Dinge werden geschätzt und tragen dazu bei, Entscheidungsfreude zu demonstrieren.

Betonen Sie Ihre Autorität

Ein streitbarer Gewerkschaftsvertreter erhielt einmal die Erlaubnis, sich den Firmenwagen zu leihen, um an einer Versammlung teilnehmen zu können. Während er in der Versammlung war, wurde das geparkte Fahrzeug jedoch abgeschleppt, weil es den Verkehr behinderte. Der Gewerkschaftsvertreter war darüber sehr entsetzt, da er wußte, daß der Wagen am nächsten Tag benötigt würde. Nur der Verwaltungsleiter war befugt, die Zahlung des Geldes zur Auslösung des Wagens zu veranlassen. Er hätte die Quittung für das Geld aus der Portokasse sofort unterschreiben können. Statt dessen nutzte er die Gelegenheit zur Unterstreichung seiner Autorität, indem er durch seine Sekretärin ausrichten ließ, er sei in einer wichtigen Besprechung und dürfe nicht gestört werden. So blieb dem Fahrer nichts anderes übrig, als blaß und zerknirscht vor dessen Tür auf ihn zu warten. Zwei Stunden später war die „Besprechung“ zu Ende. Statt die Quittung sofort zu unterschreiben, befragte der Verwaltungsleiter ihn jedoch erst einmal ausgiebig nach dem Hergang, bevor er schließlich die Auszahlung anwies.

Diese Machtdemonstration führte zu einer feinen, aber dauerhaften Veränderung im Verhalten des Gewerkschaftsvertreters. Er war nie wieder ganz so streitbar wie vorher – jedenfalls nicht gegenüber dem Verwaltungsleiter. Die Moral von der Geschichte lautet: **Wenn man Sie braucht, dann soll man Sie wirklich brauchen.**

Zehn Beispiele dafür, wie man autoritär klingt:

Jeder Anlaß, bei der die eigene Autorität es erlaubt, „Ja“ oder „Nein“ zu sagen, ist eine Gelegenheit, seine Macht zu vergrößern – eine Gelegenheit, die oft verpaßt wird. Leutselige Ausdrücke wie „Geben Sie mal her, ich unterschreib'“ oder „Mal sehen, was ich für Sie tun kann“ sind genauso, als würde man Geldscheine direkt aus dem Fenster werfen. Wieviel autoritärer klingt es, wenn man sagt:

1. „Ich werde die Zahlung veranlassen.“
2. „Es liegt in meiner Macht, die Verfahrensweise in Ausnahmefällen abzuändern.“
3. „Ich werde die Forderung bezahlen.“
4. „Ich werde das unterschreiben.“
5. „Wenn Sie mich davon überzeugen können, daß es begründet ist...“
6. „Ich bin ermächtigt, Änderungen im Vertrag zuzustimmen.“
7. „Ich brauche klare Beweise dafür, daß die bereits bestehenden Kapazitäten wirklich bis an die Grenze ihrer Leistungsfähigkeit ausgenutzt werden.“
8. „Es ist für mich wichtig, daß dieser Vorschlag gründlich durchdacht wird.“
9. „Es liegt in meiner Macht, Einspruch gegen ... zu erheben.“

10. „Meine Strategie besteht darin, innerhalb von zwei Jahren einen Absatzmarkt zu sichern."

„Ich" ist das wichtigste Wort. Verwenden Sie es sooft wie möglich, da es ausdrückt, daß Sie, Sie allein, das Problem lösen können. Das Wort „werde" ist mächtig, da es genau das bedeutet, was es aussagt: „Ich werde". Artikulieren Sie es sorgfältig. Die Worte „Macht" und „ermächtigt" geben Ihrer Aussage zusätzliches Gewicht; gehen Sie großzügig damit um. Ausdrücke wie „Wenn Sie mich davon überzeugen können" und „Ich benötige eindeutige Beweise" funktionieren, weil sie unterstreichen, daß etwas Ihrem Urteil obliegt. Das Wort „entscheidend" hat immer einen dramatischen Unterton, während Worte wie „Strategie" beeindrucken, teilweise, weil mit ihnen der in Harvard erworbene MBA mitschwingt, und teilweise, weil sie anderen zeigen, daß Sie wissen, was Sie tun und warum Sie es tun.

Entscheidungen behindern oder fördern

Ein guter Weg, die Pläne anderer zu vereiteln, ohne daß man dafür verantwortlich gemacht wird, besteht darin, das, was von Ihnen verlangt wird, leider nicht tun zu können. Eine solche scheinbare Unfähigkeit kann benutzt werden, um den Eindruck von Macht zu erzeugen. Hierzu verwenden Sie Ausdrücke wie die folgenden:

1. „Ich bin nicht ermächtigt ... zu tun."
2. „Es wäre unverantwortlich von mir, wenn ich ..."
3. „Es stünde mir nicht zu, ... zu tun."

Jede dieser drei Phrasen vermittelt gleichermaßen den Eindruck von Autorität, Verantwortung und Angemessenheit. Darüber hinaus ist es extrem schwierig, etwas gegen sie einzuwenden.

Auf Vorschriften beruft man sich besser mit Bedauern als mit Ärger. Andere die eigene Macht spüren zu lassen, indem man vorsätzlich als Hemmnis erscheint, fordert Unmut heraus. Weinen Sie ein paar Krokodilstränen, um den Schlag etwas zu mildern, und – nachdem ein entscheidungsfreudiger Dritter das Hindernis beiseite geräumt hat – sagen Sie: „Sehr gut, ich wünschte, ich hätte daran gedacht."

Hier ist ein wirkungsvolles Repertoire an Krokodilstränen:

1. „Ich persönlich wäre dafür, aber Sie kennen ja die Vorschriften."
2. „Ich wünschte nur, ich könnte."
3. „Das Problem ist, daß es nicht in meinem Ermessen liegt."
4. „Sie werden mir zustimmen, daß, wenn wir es für einen tun, wir es für alle tun müssen."
5. „Ich habe mir mein Gehirn zermartert, um einen Weg hieraus zu finden, aber ich glaube, diesmal sitze ich in der Klemme."
6. „Wie Sie wissen, werden die Vorschriften in diesem Fall streng beachtet."
7. „Wenn ich das täte, würde ich mich morgen nach einer neuen Stellung umsehen müssen."
8. „Unglücklicherweise wurde für diesen Fall nicht vorgesorgt."
9. „Ich stimme Ihnen zu, es ist unfair. Aber es gibt nichts, das ich dagegen tun kann."
10. „Es ist wirklich eine Schande, daß wir es nicht machen können."

Das Wunderbare an dieser Sprachtaktik ist, daß jeder sie nutzen kann. Selbst der jüngste Mitarbeiter kann seine Macht demonstrieren, indem er sagt „Ich werde es unterschreiben". Dabei ist es belanglos, ob es sich um eine Routineangelegenheit handelt oder nicht. Macht wird erzeugt, indem man den anderen an dessen Abhängigkeit erinnert. Denken Sie daran:

Haben Sie einmal angefangen, die Rolle zu spielen, wird die Rolle zu einem Teil von Ihnen.

Genau wie Menschen, die vorgeben, verrückt zu sein, oft wirklich verrückt werden, werden Menschen, die eine Atmosphäre der Autorität pflegen, am Ende zu starken Persönlichkeiten. Wie viele andere Fähigkeiten braucht auch Autorität eine gewisse Zeit, bis man sie sich angeeignet hat. Der beste Weg, sie zu erlernen, besteht darin, kleine, kurzfristige Veränderungen herbeizuführen und ihre Auswirkungen zu beobachten. Für den Anfang eignet sich das Telefon ganz besonders, da Sie den anderen nicht sehen und deshalb nicht so schnell verunsichert werden können.

Fragen begegnen

Dem anderen Fragen zu stellen ist eine hervorragende Angriffstaktik, da es ihn auf Ihre Ebene zwingt. Genauso wichtig ist es aber auch, auf Fragen selbstsicher zu antworten. Es hilft, wenn man klug und vorbereitet ist, doch wer nach Macht strebt, muß auch in der Lage sein, mit Unerwartetem fertig zu werden. Nachfolgend sind einige der Taktiken aufgelistet, die gewöhnlich von Politikern benutzt werden:[6]

1. Ignorieren Sie die Frage.
2. Bestätigen Sie die Frage, ohne sie zu beantworten.
3. Stellen Sie die Frage in Frage.
4. Attackieren Sie den Fragesteller.
5. Neigen Sie sich etwas herab, um zu antworten.
6. Machen Sie eine politische Angelegenheit daraus, das heißt, nutzen Sie die Frage als Gelegenheit, Anspruch auf Ressourcen zu erheben.
7. Beantworten Sie die Frage nur unvollständig.
8. Wiederholen Sie die vorige Antwort.
9. Behaupten Sie, daß Sie die Frage bereits beantwortet hätten.

Ein neuer Job

Ein neuer Job bietet eine ausgezeichnete Gelegenheit, um Ihr Verhalten zu ändern. Es ist immer leichter, seine Macht bei Fremden auszuüben als bei Leuten, denen Sie bereits bekannt sind. Wenn Sie einen neuen Job beginnen, besitzen Sie alle psychologischen Vorteile von Angst und Mythos – also nutzen Sie sie. Der alte Spruch „sich erst einmal Respekt verschaffen" ist gut begründet. Es ist für Sie viel einfacher, den Griff später zu lockern, als den Druck zu verstärken. Halten Sie sich selbst davon ab, am Anfang zu freundlich zu sein. Der erste Eindruck währt am längsten. Hinterlassen Sie den Eindruck eines kühlen Blicks und eines düsteren, kritischen Ausdrucks.

Schwächen überwinden

Bei vielen Menschen gibt es etwas, das sie an sich selbst nicht mögen, wie beispielsweise ihr Gewicht, schielende Augen, nervöses Gestotter und so weiter. Intuitiv versuchen sie, diese Probleme entweder zu verstecken oder sie zu überwinden. Die Schwierigkeit liegt jedoch darin, daß die Lösung oft schlimmer ist als das Problem selbst. Lockere Kleidung, zum Beispiel, verringert den Eindruck von Übergewicht, erweckt aber den Eindruck, unordentlich zu sein. Genauso läßt sich durch die reine Willenskraft das Stottern für kurze Zeit in den Griff kriegen. Bricht sie jedoch zusammen, wie es häufig geschieht, stottert man oft mehr als vorher.

Ein Ansatz, der diesem Impuls zwar zuwiderläuft, aber extrem wirkungsvoll ist, besteht darin, das Problem absichtlich zu betonen. Da das wirkliche Problem die Angst vor dem Problem ist, können Sie sich auf diese Weise selbst beweisen, daß Sie in der Lage sind, das Problem in den Griff zu bekommen. Indem Sie absichtlich stottern, zittern und so weiter, geben Sie sich selbst das Gefühl, daß es nichts mehr gibt, vor dem man Angst haben müßte.[7] Eine Variante des gleichen Prinzips besteht darin, das Problem in einen Vorteil umzuwandeln. Fettleibigkeit kann dazu benutzt werden, Kraft und Verläßlichkeit zu vermitteln. Nervosität läßt sich als Superintelligenz verkleiden. Vergeßlichkeit kann auf jemanden hinweisen, der zu ungeduldig für unbedeutende Kleinigkeiten ist. Arbeitstiere können sich selbst als gründliche Analytiker präsentieren.

Kapitän des Schiffes – nicht der Eigner

Seien Sie vorsichtig, wenn Ihr Stellvertreter sich in Besprechungen nicht mehr neben Sie setzt. Es deutet vielleicht an, daß Ihr Stern im Untergang begriffen ist. Mächtige Leute wissen, wie wichtig es ist, sich von Verlierern zu distanzieren. Sie wissen, „wie man im richtigen Augenblick wegsieht".[8] Wegsehen kann bedeuten, sich zu distanzieren, indem man an Besprechungen nicht teilnimmt und darauf achtet, mit Verlieren nicht zusammen gesehen zu werden, sowie abzustreiten, irgend etwas mit ihnen zu tun zu haben. Der Lieblingsausspruch eines früheren, unsympathischen Chefs lautete: **„Natürlich hatte ich nur am Rande damit zu tun".**

Die Mitarbeiter haben gewöhnlich ihre Scherze darüber gemacht. „Immer wenn irgend etwas schiefgeht, hat Herr ... nur am Rande damit zu tun." Interessanterweise haben Außenstehende ihm das im allgemeinen geglaubt; die Mitarbeiter wußten es besser ... Das unterstreicht, was ich an früherer Stelle über den Umgang mit dem eigenen Eindruck gesagt habe.

Äußerlichkeiten durchschauen

Genau wie Sie eine Rolle spielen, tun andere es auch. Eine Möglichkeit, „das äußere Bild zu durchschauen", besteht darin, nicht das Bild vor Ihnen zu sehen, sondern sich den anderen als kleinen Jungen oder kleines Mädchen vorzustellen. Der leise sprechende, gebildete Hochschulabsolvent war vielleicht das Opfer von Spielplatzraufbolden. Falls das stimmt, fürchtet er wahrscheinlich Konfrontationen. Sie können damit rechnen, daß der erwachsene Mann in der gleichen Weise überlebt, wie er es als Schuljunge getan hat, das heißt, indem er andere verpetzt und/oder den Schutz der älteren Jungen sucht. Genauso können Sie sich vorstellen, wie der harte, gutaussehende Mann bereits als Junge in Shorts und Sonnenbrille herumlief. Neunzig Prozent des Lärms, den er verbreitete, machte er, um seine Minderwertigkeitsgefühle zu vertuschen. Er braucht jemanden, der ihn in den Arm nimmt und ihm sagt, daß alles in Ordnung kommen wird. Wie andere als Kinder waren, läßt sich am besten herausfinden, indem man sie danach fragt. Wahrscheinlich werden sie es Ihnen gerne erzählen. Es lohnt sich auch, mit ihren ehemaligen Mitschülern zu reden.

Zusammenfassung

- Sie müssen nicht nur optisch Ihrer Rolle entsprechen, sondern sie auch spielen.
- Pflegen Sie immer ein bißchen den Mythos Ihrer eigenen Persönlichkeit.
- Sich rar machen erhöht die Wertschätzung; seien Sie nie zu leicht verfügbar.
- Führen Sie wichtige Besprechungen auf Ihrem eigenen Territorium durch. Einzige Ausnahme: Sie wollen, daß der andere besonders entspannt ist, oder Sie möchten bewußt in sein Territorium eindringen.
- Bringen Sie Anrufern Respekt bei, indem Sie sie warten lassen; inszenieren Sie Unterbrechungen, demonstrieren Sie Ihre Effizienz und ergreifen Sie die Initiative.
- Schränken Sie den gesellschaftlichen Umgang mit anderen ein; das gilt ganz besonders für den Umgang mit Untergebenen.
- Nehmen Sie anderen den Vorteil, indem Sie unberechenbar werden.
- Entscheidungsfreude gehört zu den Führungsqualitäten eines Managers.
- Durch Energie, Sprache und Übertreibung läßt sich eine Atmospäre der Überlegenheit schaffen.
- Wenn andere Sie brauchen, lassen Sie sie warten.

- Ausdrücke wie „Ich werde ... unterschreiben“ und „Ich werde ... ermächtigen“ erinnern andere daran, daß Sie die Macht besitzen.
- Haben Sie einmal damit begonnen, die Rolle zu spielen, wird die Rolle ein Teil Ihrer Persönlichkeit.
- Ein neuer Job ist eine hervorragende Gelegenheit, um ein neues Erscheinungsbild zu prägen.
- Seien Sie streng, wenn Sie mit neuen Mitarbeitern umgehen, später können Sie immer noch lockerer werden.
- Eine Möglichkeit, ein Problem in den Griff zu bekommen, besteht darin, es absichtlich zu übertreiben.
- Lassen Sie sich niemals mit Verlierern in Verbindung bringen.
- Wenn andere versuchen, Sie mit ihrer Macht zu beeindrucken, stellen Sie sich vor, wie sie als Kinder waren.

Fragebogen über die Rolle

Nachdem Sie das Kapitel nun gelesen haben, testen Sie sich nochmals:

1. Was beschreibt Sie selbst am besten?
a) ausgeglichen
b) unbekümmert
c) ein bißchen launisch
d) jeden Tag anders.

2. Was tun Sie, wenn das Telefon schellt?
a) Sie beantworten den Anruf sofort.
b) Sie lassen es immer mindestens fünfmal klingeln.
c) Sie antworten nur, wenn Sie wissen, wer der Anrufer ist.
d) Sie ertränken das Telefon in einem Eimer Wasser.

3. Wie melden Sie sich am Telefon?
a) „Hallo!"
b) Sie nennen Ihre Telefonnummer.
c) Sie melden sich mit Ihrem Namen.
d) b oder c und wünschen zusätzlich „Guten Morgen/Guten Tag".

4. Was tun Sie, wenn Besucher ankommen?
a) Sie bitten sie sofort herein.
b) Sie bitten Ihre Sekretärin, sie hereinzurufen.
c) Sie lassen sie ein paar Minuten warten.
d) Sie verschwinden durch die Hintertür.

5. Sie wollen einem Kollegen gegenüber nachdrücklich Ihr Mißfallen äußern. Wie machen Sie das?
a) Sie gehen zu ihm in sein Büro.
b) Sie bitten ihn, zu Ihnen zu kommen.
c) Sie holen ihn auf dem Parkplatz ein.
d) Sie schicken ihm eine Nachricht, die Ihren Ärger ausdrückt.

6. Auf einer Konferenz treffen Sie eine sehr attraktive Person. Wie verhalten Sie sich?
a) Sie bleiben einen Tag länger.
b) Sie verlassen pünktlich die Konferenz.
c) Sie gehen, wenn der andere geht.
d) Sie fahren einen Tag eher ab, als Sie ursprünglich wollten.

7. Der Betriebsrat möchte, daß Sie für einen Mitarbeiter die Zahlung des Krankengeldes verlängern. Sie wissen, daß die Forderung begründet ist. Sagen Sie:

a) „In Ordnung, kein Problem"?
b) „Ich denke ‚Ja'"?
c) „Ich werde bezahlen, wenn Sie mich davon überzeugen, daß Ihre Forderung begründet ist"?
d) „Na gut, aber ich hoffe, Sie wissen, wieviel mich das kostet"?

8. Jemand ruft Sie an und fragt wegen einer Kostenrückerstattung nach. Würden Sie sagen:

a) „Ich werde sie unterschreiben."
b) „Ich werde dafür sorgen, daß die Sache bearbeitet wird."
c) „Man kümmert sich bereits darum."
d) „Wieso Rückerstattung?"

9. Ein sehr prestigeträchtiges Projekt, an dem Sie beteiligt sind, zeigt Anzeichen einer Krise. Was tun Sie?

a) Sie stoßen das Objekt still und leise ab.
b) Sie sehen sich schnell nach Hilfe um.
c) Sie warten ab, was passiert, bevor Sie irgendwelche Aufregung verursachen.
d) Sie analysieren in Ruhe die Situation, bevor Sie entscheiden, ob Sie weitermachen oder nicht.

10. Sie machen sich Sorgen darüber, daß Sie in einer Rede vor wichtigen Zuhörern vielleicht ins Stottern geraten. Was tun Sie?

a) Sie entwickeln eine diplomatische Krankheit.
b) Sie erzählen den Zuhörern, daß Sie nervös sind.
c) Sie kriegen das Problem durch bewußte Willensanstrengung in den Griff.
d) Sie stottern während des Probevortrags, soviel Sie können.

Die Antworten finden Sie auf der nächsten Seite.

Antworten auf den Fragebogen

1. d.
2. b.
3. a – Klingen Sie überrascht. Schließlich geht die Sekretärin normalerweise an das Telefon. Selbst wenn Sie keine Sekretärin haben, können Sie es so klingen lassen, als hätten Sie eine. d ist für Empfangsdamen.
4. c – Wenn Sie sie dann hereinbitten, deutet es auf Ihre Energie. Wenn Ihre Sekretärin sie hereinbittet, zeigt es Distanz an – Sie können wählen, was immer Sie für angebracht halten.
5. a – Wenn Sie sich durch Schreiben absichern wollen, können Sie sich immer noch Notizen machen.
6. d – Erzeugen Sie bei anderen Hunger nach mehr.
7. c – Denken Sie daran, Sie spielen ein Spiel.
8. a.
9. a – Machen Sie sich so schnell und so weit wie möglich aus dem Staub.
10. d.

Rechnen Sie die Punkte zusammen, die Sie erzielt hatten, bevor Sie das Kapitel gelesen haben: __________

Rechnen Sie die Punkte zusammen, die Sie erzielt haben, nachdem Sie das Kapitel gelesen haben: __________

Literatur zu Kapitel 4

1. *Schlenker, B.R.* (1980) Impression Management, Brooks Cole, Kalifornien, S. 39. [Anmerk. d. Übers.: aus dem Englischen mit eigenen Worten ins Deutsche übertragen.]
2. Vgl. *Drummond, H.* (1991) Effective Decision Making, Kogan Page, London, zur Frage der potentiell positiven Konsequenzen des äußeren Erscheinungsbildes.
3. *Staw, B.M., Ross, J.* (1987) „Knowing when to pull the plug", Harvard Business Review, 65, S. 68-74.
4. *Hooper, J.H.* (1948) The Plantagenets, Belsford, London.
5. *Drummond, H.* (1991) „Are good managers decisive?", Management Decision, in Kürze erscheinend.
6. Zitiert bei *Day, R.* (1989) Grand Inquisitor, Pan Books, London.
7. *Watzlawick, P. Weakland, J.H., Fisch, R.* (1974) Change: Principles of Problem Formation and Resolution, Norton, New York.
8. *Korda, M.* (1976) Power, Ballantine Books, New York, S.213.

Kapitel 5

Die drei wichtigsten Machtmittel

Fragebogen zum Thema Machtanwendung

Testen Sie Ihre Fähigkeiten, indem Sie die folgenden Fragen beantworten:

1. Ein Kollege einer anderen Abteilung hat Sie gefragt, ob er für mindestens drei Monate zwei Ihrer unproduktivsten Mitarbeiter „haben" kann. Was tun Sie?

a) Sie sagen ihm, daß Sie versuchen werden, sie zu einem Abteilungswechsel zu überreden.

b) Sie versuchen zunächst, sie zu überreden, doch wenn das nicht gelingt, zwingen Sie sie zum Abteilungswechsel.

c) Sie erteilen ihnen die Anweisung zum Abteilungswechsel, versprechen aber gleichzeitig, nach drei Monaten ihre Rückkehr nochmals zu erwägen.

d) Sie erteilen ihnen die Anweisung zum Abteilungswechsel und freuen sich, daß Sie sie endlich losgeworden sind.

2. Eine Abteilung soll aufgelöst werden. Einem der Mitarbeiter haben Sie drei neue Positionen angeboten, die er allesamt abgelehnt hat. Was tun Sie?

a) Sie fragen ihn, was er will.

b) Sie fragen ihn, was er an den drei angebotenen Tätigkeiten auszusetzen hatte.

c) Sie machen ihm ein weiteres Angebot und betonen dabei, daß dieses jetzt das letzte sei.

d) Sie weisen ihn an, sich um neun Uhr am kommenden Montag zu einer Arbeit, die seiner letzten Tätigkeit entspricht, zu melden.

3. Sie haben in einer Diskothek eine Geburtstagsparty organisiert. In letzter Minute weigert sich der Geschäftsführer, Ihnen seinen Club für den Abend zu überlassen, wenn Sie ihm nicht zusätzlich einen bestimmten Betrag zahlen. Was tun Sie?

a) Sie zahlen.

b) Sie fragen ihn, ob er es sich leisten kann, einen guten Kunden zu verlieren.

c) Sie laufen zur nächsten Telefonzelle.

d) Sie ergreifen den Club-Besitzer am Kragen und drohen ihm.

4. Zur Einführung eines neuen Verfahrens benötigen Sie die Zustimmung des Betriebsrates. Der zuständige Vertreter sagt, er sei so lange nicht bereit, mit Ihnen darüber zu diskutieren, wie Sie nicht einer Neuregelung beim Ausgleich von Überstunden zugestimmt haben. Was tun Sie?

a) Sie bestehen darauf, daß es keine Diskussion über eine Neuregelung geben wird, solange es keine Zustimmung zum neuen Verfahren gibt.

b) Sie fordern ihn auf, die ganze Sache zu vergessen.
c) Als wohlwollende Geste kommen Sie seinen Wünschen nach.
d) Sie verpflichten ihn dazu, die Diskussion zu einem bestimmten, festgelegten Zeitpunkt mit Ihnen zu führen, bevor Sie seiner Forderung zustimmen.

5. Sie sind mit einer Ausstellung spät dran. Wie gehen Sie mit Ihren Mitarbeitern um?

a) Sie sagen ihnen, daß sie Überstunden machen müssen.
b) Sie fragen, wer freiwillig Überstunden machen möchte.
c) Sie bitten um ihre Hilfe und geben ihnen hinterher als Dank ein kleines Geschenk.
d) Sie bitten um ihre Hilfe und bezahlen sie hinterher dafür.

6. Ihre Firma hat unerwarteten Gewinn gemacht. Wenn er nicht anderweitig verwendet wird, hält das Finanzamt die Hand auf. Was tun Sie?

a) Sie finanzieren damit Ausbildungsstipendien für die Kinder Ihrer Mitarbeiter.
b) Sie geben eine Party für die Führungskräfte.
c) Sie geben eine Party für Führungskräfte und alle anderen Mitarbeiter.
d) Sie suchen einen Weg, auf dem Sie das Geld auf Ihr privates Konto schmuggeln können.

7. Sie planen, Ihr Unternehmen in eine andere Stadt zu verlagern. Welche Prioritäten würden Sie für die ersten Monate danach setzen?

a) Sie kümmern sich vor allem um die Geschäfte.
b) Sie bemühen sich, Mitglied in den Ortsausschüssen und -verbänden zu werden.
c) Sie nehmen Kontakt zu ortsansässigen Geschäftsleuten und einflußreichen Persönlichkeiten auf.
d) Sie bringen Ihr Firmenlogo an der Eisenbahnbrücke an, die die Hauptstraße der Stadt überquert.

8. Sie sind der Besitzer einer kleinen Kleiderfabrik. Wie halten Sie es mit den Geschenken für Mitarbeiter, die in den Ruhestand gehen?

a) Egal.
b) Sie erlauben dem Mitarbeiter, an seinem letzten Tag eine Stunde eher nach Hause zu gehen.
c) Sie verdoppeln sein letztes Gehalt.
d) Sie schenken ihm eine silberne Ehrennadel.

9. Wie würden Sie mit einem Ihnen unterstellten, unkooperativen Mitarbeiter verfahren?

a) Sie nehmen ihm seine Sekretärin weg.
b) Sie drohen ihm mit Kündigung.
c) Sie kürzen seine leistungsorientierte Bezahlung.
d) Sie bezahlen jemanden dafür, daß er ihn ins Krankenhaus bringt.

10. Sie sind der Leiter einer lokalen Theatergruppe. Bei der immer schon bedenklichen Finanzlage ist das Theater mal wieder in ernsthafte finanzielle Schwierigkeiten geraten. Welche Strategie würden Sie bevorzugen, um an Geld zu gelangen?

a) ein Wohltätigkeitsbasar
b) Preiserhöhung der Eintrittskarten
c) Mal sehen, ob sich nicht ein ansässiger Industrieller bereit erklärt, ein ganz neues Theater zu finanzieren.
d) Sie laden die Ortsbewohner ein, als Sponsoren einen Theatersessel zu finanzieren, auf dem dafür ihr Name steht.

Macht hat unter anderem den Zweck, die Einwilligung anderer zu erhalten. Einwilligung wiederum setzt eine gewisse Motivation des anderen voraus, und diese erfordert Machtmittel, um den anderen entweder zu überreden oder ihn zu zwingen. Die drei grundlegenden Machtmittel sind:

1. Zwang,
2. finanzielle Belohnung,
3. symbolische Belohnung.

Zwang umfaßt sowohl physischen als auch psychischen Druck; er führt zum Erfolg, weil er anderen die Wahlmöglichkeit nimmt. Finanzielle Belohnung bedeutet Überredung durch ein hohes Gehalt, Bestechungsgelder, Boni, Provisionen und so weiter. Finanzielle Belohnungen führen zu einer kalkulierbaren Einwilligung, das heißt, der andere gehorcht, weil er die Belohnung will. Symbolische Belohnungen sind definiert als nicht-finanzielle Auszeichnungen, wie beispielweise Anstecknadeln, Medaillen, Lob und Anerkennung. Einwilligung basiert hier auf dem Bedürfnis des anderen nach Bestätigung und dem Gefühl der Zugehörigkeit.[1]

Die richtige Strategie

Wenn alle drei Machtmittel in gleicher Weise verfügbar sind, hängt die Wahl davon ab, **wie viel oder wenig der andere zur Einwilligung bereit ist.**[2,3]

Die Wahl der falschen Strategie zur Motivation des anderen kann teuer werden und katastrophale Folgen haben. Ein feindlich gesonnener und zynischer Mitarbeiter wird Ihnen vermutlich ziemlich genau sagen, was Sie mit Ihrem Zertifikat, Ihrer Anstecknadel oder Medaille machen können. Genauso wird ein Mitarbeiter mit mittlerem Einkommen, einer hohen monatlichen Kreditbelastung und wachsender Familie zusätzliche Einnahmen einer Ernennung zum „Verkäufer des Jahres" vorziehen. Umgekehrt sind finanzielle Belohnungen bei sehr engagierten Mitarbeitern verschwendet, und Zwang würde ihre Motivation zerstören.

Im allgemeinen sind symbolische Belohnungen die wirkungsvollsten und preiswertesten Anreize. Sie können jedoch nicht immer eingesetzt werden. Alle Formen haben ihre spezifischen Vor- und Nachteile, die nachfolgend diskutiert werden sollen.

Zwang

Zwang basiert auf der Möglichkeit des Machthabers, Ungehorsam mit Sanktionen nach dem Motto zu vergelten „Eine Bewegung und ich schieße“ oder „Wenn Du das machst, dann ...“. Zwang hat den Vorteil seiner schnellen Anwendbarkeit, da er wenig bis gar keine gemeinsame Sprache mit dem Objekt der Macht verlangt. Das erklärt beispielsweise auch, warum sich der Staat in Kriegszeiten zusätzliche Vollmachten Notfall sichert, die ihn zum Beispiel dazu ermächtigten, Vorräte unter Anwendung von Zwang zu beschlagnahmen.

Vor Zwanganwendung schrecken viele Manager zurück, weil sie die Idee abstoßend finden. Natürlich ist die Ausübung von Zwang nicht sehr erfreulich, doch sie kann langfristig gesehen, einfacher und weniger quälend für alle Beteiligten sein. Wenn beispielsweise eine unliebsame Aufgabe erledigt werden muß und sich niemand freiwillig dafür meldet, ist es besser, ohne Umschweife zu sagen „Also gut, Peter, Du hast den Kürzeren gezogen“, als den Versuch zu unternehmen, ihm zu erklären, warum er diese Arbeit machen muß.

Wenn Sie sich für letzteres entscheiden, wird er Ihnen wahrscheinlich erklären, warum Hans diese Aufgabe übernehmen muß, und am Ende sind Sie es selbst, der die Arbeit macht. Diese Strategie ist besonders wirkungsvoll, um festgefahrene Mitarbeiter auf eine andere Position oder in einen anderen Unternehmensbereich zu versetzen. In jedem Fall sollten Sie

- betonen, daß es keine Alternative gibt,
- dem anderen ermöglichen, sein Gesicht zu wahren.

Verraten Sie auch nur das kleinste Anzeichen, daß über die Angelegenheit verhandelt werden kann, haben Sie verloren. Es ist jedoch genauso wichtig, daß Sie dem anderen die Möglichkeit geben, sein Gesicht zu wahren. Deshalb sollten Sie sorgfältig darüber nachdenken, wie Sie diese Aktion benennen. Ein Abteilungswechsel unter Zwang kann eine Abberufung sein, das erzwungene Ausscheiden aus dem Unternehmen kann gesundheitliche Ursachen haben und so weiter. Wenn möglich, sollten Sie das Negative mit dem Positiven verbinden, wie beispielsweise: „Sie haben achtzehn Jahre lang hier am Flughafen gute Arbeit geleistet, und wir brauchen Sie hier; aber noch dringender brauchen wir Sie in Ihrer neuen Funktion. Und deshalb gibt es auch keine andere Wahl." Weichen Sie von dieser letzten Äußerung niemals ab. Und wenn Sie eine solche Entscheidung einmal getroffen haben, setzen Sie sie schnell in die Tat um, bevor der andere Zeit hat, sich Unterstützung zu suchen oder Hindernisse aufzubauen.

Die mit der Anwendung von Zwang verbundenen Risiken

Das Risiko bei der Anwendung von Zwang besteht darin, daß **mangelnde Alternativen des anderen auch die Alternativen des Machthabers einschränken.**

Zwang führt nur zur Einwilligung des anderen, wenn das verlangte Verhalten allen darüber hinaus bestehenden Alternativen vorzuziehen ist. So verstanden hat im Grunde der andere das letzte Wort. Entscheidet er sich dafür, „lieber zu sterben" als einzuwilligen, hat der Machthaber sein Ziel verfehlt. Zwang basiert auf Angst; wenn der andere keine Angst hat, ist der Machthaber machtlos.[4,5]

Zwang erzeugt Feindschaft und Widerstand. Sobald versucht wurde, Zwang auszuüben, ist jeder anschließende Ansatz zur Überredung sinnlos. Hat Zwang versagt, besteht die einzige Wahl darin, noch mehr Zwang auszuüben und dabei das Risiko der Eskalation einzugehen. Wenn der Machthaber dazu nicht in der Lage ist, ist seine Glaubwürdigkeit erschüttert.

Die Erhaltung der Macht erfordert ständige Wachsamkeit, wobei Wachsamkeit wiederum Hilfsquellen erfordert.[6] Die Schotten überschritten den Hadrianswall in dem Moment, als die Römer sich zurückzogen. Autofahrer fahren langsamer, wenn sie einen Polizeiwagen sehen, und beschleunigen, sobald das Fahrzeug außer Sicht ist.

Im Management lassen sich Leistungsnormen durch Drohungen und strenge Überwachung beibehalten. Das Problem besteht nur in der Regelmäßigkeit der Kontrolle: Sobald der Chef den Rücken gedreht hat, macht jeder wieder weiter wie vorher. Aus diesen Gründen sollte Zwang nach Möglichkeit vermieden werden.

Eines der wirkungsvollsten Mittel, um die Einwilligung des anderen zu erhalten, besteht darin, ihm das Gefühl zu geben, daß er es ist, der die Macht hat. Zum Beispiel:

- „Ich weiß, Sie lassen sich nicht drängen."
- „Sie sollten nicht das Gefühl haben, es tun zu müssen."
- „Keine Gewalt auf Erden kann Sie dazu zwingen."
- „Sie haben die Wahl."

Auch wenn diese Strategie vielleicht riskant erscheint – sie funktioniert sehr oft, da

- sie alle Gründe für potentiellen Widerstand beiseite räumt,
- sie den anderen zwingt, Verantwortung zu übernehmen.

Ein Arzt kann vielleicht versuchen, einen Patienten zu einer Operation zu überreden. Je mehr er ihn jedoch drängt, desto mehr wird der Patient widerstreben. Es entwickelt sich ein Spiel, bei dem der Patient die Beachtung des Arztes genießt und etwas hat, gegen das er rebellieren kann. Wenn der Arzt am Ende jedoch sagt: „Gut, es ist Ihre Entscheidung", dann ist das Spiel vorbei. Jetzt muß der Patient die Verantwortung für seine Zukunft selbst übernehmen.

Einige Regeln für die Anwendung von Zwang

Vor der eigentlichen Anwendung von Zwang kann es manchmal notwendig sein, dem anderen zuerst die Alternativen zu nehmen. Das geschieht am besten **langsam.**

Das Geheimnis besteht darin, sich so unauffällig zu bewegen, daß der andere kaum realisiert, was Sie tun – bis es schließlich zu spät ist. Das erfordert die Fähigkeit, Abstand zu halten, um das Endziel, auf das Sie hinarbeiten, nicht aus den Augen zu verlieren. Am besten versucht man es erst einmal mit sanfteren Methoden. Führen diese nicht zum gewünschten Erfolg, ist Zwang gerechtfertigt. Gute Gewerkschaftsvertreter achten zum Beispiel immer sorgfältig darauf, daß sie alle Beschwerde- und Verhandlungsmöglichkeiten sichtbar ausgeschöpft haben, bevor sie zum Streik aufrufen.

Zwang erfordert sorgfältige Planung. Der Streik der englischen Bergarbeiter 1972 und 1974 war erfolgreich, weil die Gewerkschaftsführung die Notwendigkeit zum Zwang vorausgesehen und deshalb ihren Würgegriff entsprechend vorbereitet hatte. Zuerst wurden die Kohlevorräte durch ein Verbot von Überstunden aufgebraucht. Dann erhielten sie Unterstützung durch den privaten Bergbau und von den Hafenarbeitern, die sich weigerten, Fremdimporte zu verladen. Auch der Zeitpunkt wurde absichtlich so gewählt, daß er mit dem allgemeinen Umsatzrückgang nach Weihnachten und dem kältesten Winterwetter zusammenfiel.

Wurde Zwang erst einmal angewendet, **muß er schonungslos[7] beibehalten werden, auch wenn die andere Seite bereits schwächer wird.**[8]

Halbherzige Maßnahmen sind nutzlos, da die andere Seite Ihre Unsicherheit fühlen und ausnutzen wird. Im Management bedeutet das die Durchsetzung von Maßnahmen ohne „wenn“ und „aber“. Wenn Sie sich bespielsweise dazu entschließen, eine Firma solange nicht mehr zu beliefern, bis die offenen Rechnungen bezahlt sind, dann muß dieser Beschluß ohne Ausnahme in die Tat umgesetzt werden, soll er Wirkung zeigen. Es ist ein Fehler, nachgiebiger zu werden, wenn die andere Seite die ersten Anzeichen von Schwäche zeigt.

Verfolgen Sie statt dessen eine scheinbar widersprüchliche Politik:

- Behalten Sie die Stärke des Drucks bei,
- während Sie gleichzeitig dem anderen einen Weg hinaus aufzeigen.[9]

Im Geschäftsleben muß dem Verkäufer beispielsweise bewußt gemacht werden, daß Sie auch mit anderen Lieferanten in Verhandlung stehen, um ihm gleichzeitig zu sagen, daß einer Vertragsunterzeichnung am nächsten Tag nichts im Wege stehen würde, wenn bis dahin einige unbedeutende Unklarkeiten behoben sind. (Am Anfang ist es besser, „morgen“ statt „heute“ zu sagen. Morgen ist bald genug, um den anderen zu motivieren, und dabei gleichzeitig vage genug, um Spielraum für weitere Manöver zu lassen.)

Zwang begegnen

Zwang mit Zwang zu begegnen ist nur dann eine Alternative, wenn Sie stark genug oder noch stärker als Ihr Gegenspieler sind. Doch selbst dann ist es nicht immer die Antwort, die Ihre Ressourcen am wenigsten angreift. Folgende Reaktionen können besser sein:

- aggressive Gesten,
- Zwang in anderer Variante,
- Zwang gegen den, der ihn ausübt, zurücklenken.

Aggressive Gesten

Das alte Sprichwort, daß Raufbolde Feiglinge sind, entbehrt nicht seiner Grundlage. Ein Grundprinzip vieler Kampfsportarten ist das, was als „Kampfgeist“ bekannt ist. Es besagt, daß eine Geste des Hohns ausreicht, um dem Herausforderer zu signalisieren, daß der Kampf nicht so einfach sein wird, wie er vielleicht gedacht hat. Das allein kann ihn dazu veranlassen, aufzugeben.

Im übertragenen Sinne bedeutet das zum Beispiel, daß die beste Reaktion auf einen arroganten Brief der Bank darin besteht, mit diesem Brief zur Bank zu gehen und ihn mit den Worten „Wie können Sie es wagen, mir so etwas zu schicken?“ dem Abteilungsleiter auf den Tisch zu knallen. Die Bank wird sich danach zweimal überlegen, ob sie Ihnen nochmal einen solchen Brief zukommen läßt.

Zwang in anderer Variante

Als 1334 die Herzogin von Tirol, Margareta Maultasch, mit ihren Truppen die Burg von Hochosterwitz in Kärnten belagerte, wußte sie nur zu gut, daß diese Festung, die auf einem unglaublich hohen, steil über dem Talboden aufragenden Felsen lag, jedem direkten Angriff gegenüber standhalten würde. Somit blieb nur die lange Belagerung. Irgendwann wurde dann schließlich die Situation der Verteidiger kritisch: Sie waren bei ihrem letzten Ochsen angelangt und hatten kaum noch einen Sack Korn übrig. Margaretas Situation wurde jedoch genauso dringlich, wenn auch aus anderen Gründen: Ihre Männer begannen sich gegen sie aufzulehnen, ein Ende der Belagerung schien nicht in Sicht, und sie hatte dringende militärische Geschäfte woanders zu tun.

[Anmerk. d. Übers.: Der englische Originaltext entstammt Watzlawick, P., Weakland, J.H., Fisch, R. (1974) Change: Principles of Problem Formation and Resolution, Norton, New York S.xi, mit eigenen Worten ins Deutsche übertragen.]

Wie hätten Sie sich in dieser ausweglosen Situation als Kommandeur der Festung verhalten? Die naheliegendste Möglichkeit wäre gewesen, die Belagerung so lange wie möglich in der Hoffnung auszuhalten, der andere gehe wieder weg. Alle Verteidiger wissen jedoch, daß Verstärkung vielleicht längst unterwegs sein könnte. Das Dilemma scheint unlösbar.

Zu diesem Zeitpunkt entschied sich der Kommandeur jedoch zu einer verzweifelten Handlung, die in den Augen seiner Männer verrückt gewesen sein muß: Er ordnete an, den letzten Ochsen zu schlachten, ließ dessen Eingeweide nach dem Verzehr mit den spärlichen Überresten füllen und befahl, den Kadaver die steilen Klippen hinab auf die Wiese direkt vor das Lager des Feindes werfen. Als Margareta diese verächtliche Nachricht von oben erhielt, gab die entmutigte Herzogin die Belagerung auf und zog ab.

[Anmerk. d. Übers.: Der englische Originaltext entstammt Watzlawick et al., op. cit., mit eigenen Worten ins Deutsche übertragen.]

Indirekte Drohungen wie diese zeigen Wirkung, weil sie echte Veränderungen herbeiführen können. Es gibt zwei Arten von Veränderungen:

1. Veränderungen innerhalb eines Systems, bekannt als Veränderungen erster Ordnung.
2. Veränderungen, die das gesamte System verändern, bekannt als Veränderungen zweiter Ordnung.[10]

Veränderungen zweiter Ordnung scheinen oft purer Wahnsinn zu sein. Als Ghandi beispielsweise den englischen Gewehren mit passivem Widerstand begegnete, muß das wie die Handlung eines Geisteskranken angemutet haben – man würde ihn doch an Ort und Stelle niedermetzeln. Tatsächlich entwaffnete er seine Feinde jedoch, weil er sich weigerte, ihr Spiel zu spielen. Hätte er versucht, mit Waffen, Stöcken oder Steinen (Veränderung erster Ordnung) zu kämpfen, hätte man seine Truppen in der Tat geschlagen. So hatte er jedoch Erfolg, weil er die Bedingungen des Systems selbst änderte.

In Schottland galten vor Inkrafttreten des neuen Lizenzgesetzes von 1976 strengste Vorschriften für den Ausschank von Alkohol. Dennoch gab es, paradoxerweise, die schlimmsten Probleme, die auf Alkoholgenuß zurückzuführen waren. Eine spontane Reaktion wäre die Einführung weiterer Kontrollen gewesen – Veränderung erster Ordnung. Der Vorschlag, statt dessen die Öffnungszeiten zu verlängern, erschien vielen Leuten als dumm. Standen die Dinge nicht schon schlecht genug? In der Tat war eine solche Verlängerung der Ausschankzeit eine Veränderung zweiter Ordnung, da sie den wahren Grund des Problems beseitigte. Die frühe Sperrstunde von 21.30 Uhr oder 22.00 Uhr hatte die Kunden dazu verführt, große Alkoholmengen in kurzer Zeit zu konsumieren, was zu einem extremen Ausmaß an Trunkenheit führte. Die Veränderung des Systems durch eine Lockerung der Einschränkungen löste das Problem, indem es vernünftige Trinkgewohnheiten ermöglichte.

Zu einer Veränderung zweiter Ordnung rät der Japaner Miyamoto Musashi:

> Denkt der Feind an den Berg, greif' an wie das Meer; denkt er an das Meer, greif' an wie der Berg.

[Anmerk. d. Übers.: Das englische Original entstammt Musashi, M.A. (1989) Book of Five Rings, Fontana, London, S.78, mit eigenen Worten ins Deutsche übertragen.]

Wie Gandhi frustrierte auch der Vietkong die Amerikaner, weil er sich weigerte, sich auf einen „ehrlichen" Kampf einzulassen. Statt dessen nutzten sie ihre Stärken: ihre Kenntnisse des eigenen Geländes und die Unterstützung der einheimischen Bevölkerung. Sie richteten die Kraft des Feindes gegen ihn selbst, indem sie vor allem aus dem Hinterhalt angriffen. Dieser Rat gilt für psychologische genau wie für physische Kriegsführung. Gewalttätige Verbrecher können beispielsweise mit aggressiver Befragung umgehen. Sie sind jedoch dem Polizisten gegenüber hilflos, der sagt:

„Ich denke an Deine Mutter. Hat sie Dich deshalb großgezogen? Was würde sie sagen, wenn sie Dich jetzt sehen könnte? Hat sie sich dafür nicht abgerackert, das kleinste bißchen Geld vom Haushaltsgeld abgezweigt, um Dir Spielzeug zu kaufen – Geld, das sie hätte gut brauchen können? Denk' daran, was Du für sie getan hast."

Deartige Taktiken lassen sich leicht auf Situationen im Management anwenden. Zum Beispiel:

1. „Ich arbeite hart."
   „Was zählt, ist die Leistung."
2. „Ihr Service ist nicht effizient."
   „Was mich beunruhigt, sind die Leute, die ihn nutzen."
3. „Ich tue alles, worum Sie mich bitten."
   „Ihre Leistung entspricht den Minimalanforderungen/Sie scheinen niemals die Initiative zu ergreifen."

Beobachten Sie Menschen, um ihre bevorzugten Waffen zu erkennen, und lernen Sie zu kontern. Denken Sie daran, es ist alles ein Spiel, dessen Regeln manchmal fein gesponnen sind. Zwei ausländische Fabrikarbeiter haben jede Anweisung ihres Chefs mit der Äußerung beantwortet: „Ich nicht verstehen." Vielleicht hätte dieser jetzt den Fehler machen können, seine Anweisungen ausführlich und ruhig zu erklären. Statt dessen verlagerte er dieses Spielchen auf sein eigenes Territorium, indem er entgegnete: „Du wirst es verstehen, wenn ich Dir den Lohn auszahle."

Es ist extrem schwierig, eine Auseinandersetzung mit jemanden zu gewinnen, der mit Sprache geschickt umzugehen versteht. Nach seinen Bedingungen zu kämpfen ist wie zu einem Boxweltmeister in den Ring zu steigen: tapfer, aber dumm. Die Lösung besteht darin, seine Geschütze woanders in Stellung zu bringen, zum Beispiel mit den Worten: „Dieser Bericht geht am Thema vorbei. Ich sehe nichts, was das Problem auch nur im Ansatz analysieren würde. Ich möchte, daß die ganze Sache ordentlich ausgearbeitet wird."

Das könnte eine gerechtfertigte Reaktion auf eine schlechte Arbeit sein – oder die eines Vorgesetzten, der eine Angelegenheit zu verzögern sucht. Als Test dient die Frage: „Was genau ist falsch daran?" Falls die Antwort eine Wiederholung der vorherigen Äußerung ist, können Sie sicher sein, daß Sie einer der Spieler in einem Machtspiel sind. Geben Sie jetzt unter keinen Umständen nach und schreiben den Bericht neu, oder Sie werden sehen, daß auch dieser am Thema vorbeigeht. Begegnen Sie derartigen leeren Worthülsen in Ruhe, und werden Sie konkret: „Lassen Sie ihn uns Stück für Stück durchgehen, ja?" Genau jetzt würde der andere, als geschickter Spieler, den Vorschlag mit einem Hinweis auf Zeitverschwendung verächtlich von sich weisen, da der Bericht unwichtig sei. Lassen Sie sich nicht aus dem Konzept bringen. Betonen Sie statt dessen, daß es wichtig für Sie sei, genau zu verstehen, wo die Mängel liegen. Hat der andere erst einmal erkannt, daß Sie seine Taktik durchschaut haben, wird er anfangen, die Sache vernünftig mit Ihnen zu besprechen.

Reaktion auf Forderungen

In Machtspielen ist die Forderung nach Zugeständnissen, ja selbst Erpressung, häufig anzutreffen. Beim Kauf eines Hauses oder beim Abschluß eines Vertrages kann es beispielsweise extrem störend sein, wenn die andere Partei unmittelbar vor der Vertragsunterzeichnung eine neue Forderung stellt. Der Schlüssel, um diesem Zwang wirksam zu begegnen, ist:

- niemals über eine Forderung streiten,
- Zeit gewinnen.

Streiten würde bedeuten, nach den Bedingungen des anderen zu kämpfen. Zwingen Sie ihn statt dessen dazu, für die Untermauerung seiner Forderung selbst zu sorgen, indem Sie Kostenvoranschläge, Berichte und so weiter verlangen. Sobald Sie diese erhalten, fragen Sie nach einem zweiten Angebot. Das Spiel der anderen Seite basiert darauf, daß Sie in Panik geraten; beunruhigen Sie den anderen durch Verzögerung. Nutzen Sie die Zeit, um durch die Suche nach Alternativen Ihre Position zu stärken. Stellen Sie das Gleichgewicht im Machtverhältnis wieder her, indem Sie Verhandlungen erstmals oder neu eröffnen. Behalten Sie dabei im Hinterkopf, daß die andere Seite vermutlich genauso besorgt ist wie Sie. Wenn Sie von einem Erpresser einen Beweis fordern und diesen dann zur Überprüfung mitnehmen, neutralisieren Sie seinen Stachel. Sich in dieser Phase Zeit zu nehmen kann vielleicht sogar die gesamte Situation umkehren, da die andere Seite anfängt, sich Sorgen zu machen, ob sich die ganze Aktion überhaupt zum Abschluß bringen läßt. Ist beispielsweise der Verkäufer einer Immobilie überhaupt bereit, sie wieder auf den Markt zu bringen? Nachdem er zuerst von Ihnen Zugeständnisse verlangt hat, macht er vielleicht jetzt selbst welche, um Ihr Interesse wachzuhalten.

Zwang gegen den, der ihn ausübt, zurücklenken

Das bedeutet, die Stärke des Gegenspielers gegen ihn selbst zu richten. Watzlawick et al. erinnern an ein ausgezeichnetes Beispiel für diese Technik. Es betrifft die Judenverfolgung durch die Nazis in Dänemark. Als die Juden aufgefordert wurden, den gelben Stern zu tragen, erwiderte der König von Dänemark, da alle Menschen in seinem Land gleich seien, würde jeder einen gelben Stern tragen.[11]

Wenn Politiker damit drohen, aus dem Kabinett auszutreten, um in einer Angelegenheit die Durchsetzung ihres Standpunktes zu erzwingen, dann legen sie ihrer Macht die Angst vor Gerüchten um eine Spaltung in der Regierung zugrunde. Diese Stärke kann jedoch gegen sie verwendet werden, indem man ihre Kündigung akzeptiert. Gleichzeitig löst diese Taktik jedes Problem einer Spaltung, da der Grund der Spaltung jetzt nicht länger zur Regierung gehört.

Es gibt unzählige Möglichkeiten, diese Technik in einem Unternehmen anzuwenden. Das hohe öffentliche Ansehen einer Firma kann gegen sie gerichtet werden, wenn man mit Bloßstellung droht. Ein Unternehmen, das sich seiner Risikobereitschaft rühmt, läßt sich durch zu gewagte Spekulationen ruinieren.

Auf der persönlichen Ebene kann man den extrem gründlichen und sorgfältigen Mitarbeiter als langsam und phantasielos verunglimpfen. Umgekehrt ist ein sehr leistungsfähiger Mitarbeiter empfindlich gegenüber Anschuldigungen, die ihn als oberflächlich und gleichgültig abstempeln. Qualitäten wie Entschlossenheit und Entscheidungsfreude lassen sich gegen ihren Besitzer richten, wenn man ihn in ein sinnloses Unterfangen verwickelt. Unter diesen Umständen wird seine Stärke zur Schwäche, da er auch dann auf seinem Ansatz beharrt, wenn aufgrund aller objektiven Umstände längst Rückzug geboten wäre.[12]

Akuten Zwang bewältigen

Die oben beschriebenen Taktiken brauchen Zeit und Überlegung, um zum Erfolg zu führen. Sie sind deshalb in Extremsituationen nur bedingt nützlich. In diesen Fällen ist Zwang durch die Kombination folgender Emotionen erfolgreich:

- Verwirrung,
- Angst.

Menschen, die plötzlich große Angst haben und verwirrt sind, neigen zu einem Verhalten, das

- völlig von ihrer sonstigen Art abweicht,
- sich gegen ihre eigenen Interessen richtet.

Unter solchen Bedingungen unterschreiben sie Mordgeständnisse, selbst wenn sie unschuldig sind. Das erklärt, warum die ersten Aussagen oft zurückgezogen werden: Hat sich jemand erst einmal beruhigt, ist es ihm möglich, die Dinge so zu erklären, wie sie wirklich waren.[13] Das Problem besteht dann natürlich nur darin, daß seine Glaubwürdigkeit vielleicht irreparabel erschüttert ist.[14]

Seien Sie ganz besonders vorsichtig, was Sie sagen oder tun, wenn Sie unter extremen Druck geraten. Vor allem dürfen Sie niemals:

- Verantwortung zugeben,
- versuchen, Ihr Verhalten zu erklären,
- sich zu irgend etwas verpflichten.

Es wichtig, daß Sie sich zurückziehen und geistig sammeln. Lassen Sie sich von niemandem drängen; antworten Sie nur, wenn Sie wirklich bereit dazu sind. Und nebenbei bemerkt: wenn der Vorfall disziplinarische Konsequenzen hat, ist es nach dem Gestz unfair, irgendeine Befragung oder Untersuchung durchzuführen, bevor ein Mitarbeiter nicht in der Verfassung dazu ist.[15]

Belohnungen

„Was ist für mich dabei drin?"

Belohnungen sind ein wirkungsvoller Leistungsanreiz. In den meisten Lebenssituationen können sie dazu benutzt werden, die Qualität eines Dienstes oder die Aufmerksamkeit anderer zu verbessern. Sie können sogar ein Anreiz für höchste Bemühung und Leistung sein. Allgemein ausgedrückt:

Je erstrebenswerter eine Belohnung ist, desto mehr Macht besitzt der, der belohnt.

Um es noch einmal zu sagen: Macht existiert im Grenzbereich. Viele Menschen vergessen das in ihrem Umgang mit anderen und sind deshalb nicht in der Lage, das gesamte Potential einer Situation zu erkennen. Es gehört beispielsweise vielleicht zu den Aufgaben eines anderen, Nachrichten entgegenzunehmen. Nur schon die Äußerung „Vielen Dank, Sie haben mir sehr geholfen" vergrößert die Wahrscheinlichkeit, daß die Nachricht wirklich überbracht wird. Darüber hinaus schafft es eine gute Grundlage für die Zukunft, da Menschen angestrengt versuchen, denen zu gefallen, die sie belohnen.

Belohnungen müssen genau wie jedes andere Machtmittel nicht wirklich existieren, um Wirkung zu erzielen. Alles, was zählt, ist der Glaube des anderen, daß der Machthaber die Fähigkeit und die Absicht besitzt, ihn zu belohnen. Deshalb ist es möglich, Menschen mit Hilfe von Versprechungen zu manipulieren. Die wirkungsvollsten Versprechungen sind die, die eine entfernte, aber nicht zu weit entfernte Belohnung in Aussicht stellen. Deren Erfüllung wird immer wieder verschoben, bis der Machthaber sein Ziel erreicht hat. Wirkungsvolle Belohnungen sind solche, die von anderen geschätzt werden. Es ist zum Beispiel sinnlos, jemandem ein teueres Hemd zu schenken, wenn dieser sich nicht den passenden Anzug dazu leisten kann. Denken Sie daran, daß Dinge, die Sie bei einem anderen vielleicht voraussetzen, in Wirklichkeit von ihm hoch geschätzt sein können. Entsprechend ist die beste Belohnung

- preiswert für Sie selbst,
- wertvoll für den anderen.[16]

Profis im Geschäftsleben werden Ihnen gerne einen angesehenen Kunden provisionsfrei vermitteln, da sie sich aus dieser Verbindung weitere Geschäfte mit Ihnen erhoffen. Genauso kann das verlassene Landstück neben Ihrem Haus Ihnen selbst ein Dorn im Auge sein, während es von einem Nachbarn als Parkplatz heiß begehrt ist. In den Gehaltsverhandlungen ist die Gewerkschaft vielleicht bereit, ein Stück von ihren Gehaltsansprüchen abzurücken, wenn sie dafür eine weitere Flexibilisierung der Arbeitszeiten zugestanden bekommt. Das kostet das Unternehmen nicht viel und bedeutet doch einen großen Gewinn für die andere Seite. Wer nach Macht strebt, sollte vor allem eines nicht vergessen:

Warum sollte man irgend etwas verschenken, wenn man etwas dafür bekommen kann?

Finanzielle Macht

Ein Kollege von mir hatte Hühner. Solange er gelegentlich ein halbes Dutzend Eier an die Kollegen im Büro verschenkte, war alles in Ordnung. Alles änderte sich jedoch, als er begann, seine Produkte zu verkaufen. Leute, die vorher dankbar waren, vertraten jetzt die Ansicht, die Eier seien zu klein, die Schale habe die falsche Farbe, die Eidotter seien schlecht und so weiter. Ein früher erfreuliches Hobby wurde zu einer Quelle der Erbitterung. Die Moral von der Geschichte lautet:

Man bekommt nur das, wofür man bezahlt.

Der Grund dafür ist, daß Einwilligung im Grunde berechenbar ist, das heißt, die einzige Motivation desjenigen, gegen den sich die eigene Macht richtet, besteht darin, die Belohnung zu erhalten. So kämpfen Söldner beispielsweise nur solange sie bezahlt werden. Arbeiter leisten zusätzliche Arbeit nur, wenn ihre Überstunden vergütet werden.

Berechenbare Einwilligung beeinflußt die Beziehung zwischen dem Machthaber und dem „Opfer" seiner Macht. Wird die Belohnung als ungerecht erachtet, führt sie zu Feindseligkeit. Werden Belohnungen regelmäßig vergeben, werden sie zunehmend als Zwang empfunden.[17] So dienen Provisionen beispielsweise primär der Motivationssteigerung. Der, dem die Anwendung diese Machtmittels gilt, fürchtet sie vielleicht als Maß der Bewertung seiner Leistung. Genauso hat die Belohnung eines Schulkindes zwei Seiten, denn auch hier kann die Belohnung vergangener Leistungen als Markierung zukünftiger Erwartungen empfunden werden.

Berechnete Einwilligung und wie Sie damit fertig werden

Trotz ihrer Grenzen hat die finanzielle Belohnung einen entscheidenden Einfluß auf die Einstellung des anderen. Der Grund, warum Buchläden noch immer mit Slogans im Stil „Drei Bücher zum Preis von einem" werben, ist schlicht der, daß sie funktionieren. Wie alt und phantasielos sie auch immer sein mögen – sie sind extrem wirkungsvoll. Ihre Wirkung beruht auf ihrem Appell an die Habgier des Menschen. Habgier übt eine hypnotisierende Wirkung aus: Man sieht nur die Belohnung und nicht den Preis, zu dem man akzeptiert. Vorsicht ist jedoch unentbehrlich, um die Kontrolle zu behalten und die durch sie gebotenen Möglichkeiten zu optimieren.

Berechnete Einwilligung bedeutet für den Machthaber:

1. Lassen Sie sich nicht durch Freundlichkeit trügen.
2. Zeigen Sie niemals, daß Sie nichts mehr zu bieten haben.
3. Stellen Sie sicher, daß die Leistung erbracht wurde, bevor die Belohnung erfolgt.
4. Verlangen Sie stets für alles eine Gegenleistung; schenken Sie niemals etwas einfach weg.
5. Ein Appell an die menschliche Habgier verfehlt nur selten seine Wirkung.

Denken Sie daran:

Der Hund wedelt mit dem Schwanz, weil er den Keks möchte, nicht, weil er Sie so sympathisch findet.

Wenn Menschen etwas haben möchten, schmeicheln sie sich bei jedem ein, der die Macht hat, es ihnen zu geben. Es ist trügerisch zu glauben, der Bittende mag den anderen und wird sich loyal verhalten oder ihm einen Gefallen oder eine gewährte Unterstützung zurückzahlen. Die Wahrheit ist, daß er insgeheim vermutlich verbittert ist. Sicher ist jedoch folgendes:

Sobald er von Ihnen bekommen hat, was er wollte, wird er Sie im Stich lassen. Wer keine Belohnungen mehr zahlen kann, hat keine Macht mehr. Daraus ergibt sich, daß es im Interesse des Machthabers ist, den anderen mit einem Versprechen so lange wie möglich in der Schwebe zu halten. Hat er die Belohnung erst einmal erhalten, können Sie die Kontrolle nur noch behalten, indem Sie an seine Habgier appellieren, das heißt weitere Belohnungen versprechen. Belohnen Sie niemals in Voraussicht einer Leistung oder um jemanden zu beschwichtigen. Tun Sie es doch, wird der andere „Vielen Dank" sagen und seinen Teil der Abmachung vergessen. Und nebenbei bemerkt, wenn eine andere Person etwas von Ihnen will:

Nutzen Sie die Wünsche der anderen, um Ihrerseits etwas dafür zu bekommen.

Belohnungen verschleudern

Eine zu große Belohnung ist genauso schlecht wie eine zu kleine. Menschen schätzen selten etwas, das sie

- als unverdient empfinden[18] oder
- nicht erwidern können.

Hinsichtlich des ersten Punktes sollten Belohnungen immer im richtigen Verhältnis zu Mühe und Leistung stehen, da andernfalls der Belohnte diese beiden Aspekte nicht miteinander in Beziehung setzen kann. Sie können gerne jederzeit mehr geben, als Sie versprochen haben, aber wahren Sie die Proportionen. Was den zweiten Punkt anbelangt, so ist die Sache am Ende ausgeglichen. Laden Sie einen Kollegen zu einem billigen Mittagessen ein, so fühlt er sich vielleicht verletzt. Laden Sie ihn andererseits zu einem teueren Menü ein, so wird ihm das möglicherweise peinlich sein, wenn von ihm erwartet wird, die Gastfreundschaft zu erwidern. Die Wahl hängt davon ab, welche Beziehung Sie zu dem anderen aufbauen möchten. Besteht das Ziel einzig und allein darin, Macht zu erzeugen und zu betonen, dann seien Sie freigiebig und übernehmen die Rechnung. Wollen Sie jedoch eine solide persönliche oder berufliche Beziehung aufbauen, dann sollten Sie Großzügigkeit und Beschränkung kombinieren. Wählen Sie zum Beispiel ein ausgezeichnetes Mittagessen in einer besseren Gaststätte oder eine Einladung zum Kaffee in einem luxuriösen Hotel.

Vermeiden Sie es, selbst manipuliert zu werden

Seien Sie auf der Hut bei vagen, zuckersüßen Äußerungen wie „Sie könnten in zwei oder drei Jahren ein Kandidat für eine Beförderung sein". Solche Äußerungen sind dazu gedacht, Sie bei der Stange zu halten, weil andere daraus Nutzen ziehen. Ob es ehrlich gemeint ist, können Sie daran erkennen, ob Taten folgen, die zu diesen Worten passen. Ursprünglich bedeuteten Verlobungsringe beispielsweise das Versprechen, sich bis zur Hochzeit die Treue zu halten. Glauben Sie schönen Worten nur, wenn Sie auf einer handfesten Unterschrift basieren. Seien Sie besonders argwöhnisch, wenn entfernte Aussichten mit Bemühungen und/oder Opfern in der Gegenwart verbunden sind.

Macht durch Symbole

Warum Geld nicht alles ist

Symbole sind potentiell stärker als finanzielle Belohnungen. Sie erhalten ihre Stärke aus dem Bedürfnis nach:

- Wertschätzung,
- Zugehörigkeit,
- Eigentum.[19]

Sind die Grundbedürfnisse nach Nahrung, einem Dach über dem Kopf und materieller Sicherheit erfüllt, überwiegen nach Maslow die sogenannten „höheren Bedürfnisse“.[20] Die Erfüllung dieser höheren Bedürfnisse erklärt, warum Menschen ihre Zeit ehrenamtlichen Aktivitäten widmen und Tätigkeiten akzeptieren, die wenig Bezahlung, aber hohe persönliche Befriedigung bieten. Wie zu Beginn des Kapitels erklärt, lassen sich hochmotivierte Menschen nicht durch Zwang und materielle Belohnungen motivieren. Die beste Belohnung für sie ist die persönliche Bestätigung.

Ich habe beispielsweise Arbeiter gekannt, die nur für ein T-Shirt mit Werbeaufdruck beim Aufbau eines Sportgerätes geholfen haben und sich geweigert hätten, eine Vergütung ihrer Überstunden anzunehmen. Der Grund dafür war, daß ihre freiwillige Teilnahme ihre Bedürfnisse nach Wertschätzung und Zugehörigkeit erfüllte und ihnen damit erlaubte, sich persönlich mehr mit der damit in Verbindung stehenden Wohltätigkeitsveranstaltung zu identifizieren, als es ihnen als bezahlte Arbeitskräfte möglich gewesen wäre. Das T-Shirt unterstützte diese Gefühle stärker, als es durch Geld möglich gewesen wäre. Aus diesem Grund achten Wohltätigkeitsorganisationen sorgsam darauf, ein System an Auszeichnungen aus Zertifikaten, Medaillen für treue Dienste und Belohnungen für herausragende Leistungen zu entwickeln. Auch die Armee benutzt die Macht der Symbole in Form von Medaillen für Feldzüge, Auszeichnungen für Tapferkeit und dergleichen. Um Menschen zu belohnen, bedarf es keiner aufwendigen Mittel. Die einfachsten und oft am höchsten geschätzten Symbole zur Manipulation anderer sind

- Lob,
- Anerkennung,
- Beachtung.

Lob sollte nicht zu oft ausgesprochen werden, da der andere sonst Verdacht schöpfen würde. Die einzige Ausnahme von diesem Grundsatz gilt für Menschen, die wirklich sehr feindlich gesonnen und provokativ sind. Der Umgang mit ihnen erfordert eine Überbezahlung in Form von Lob. Belohnen Sie jedoch niemals schlechtes Verhalten, da jede Form von Beachtung Genugtuung bedeuten kann. Mit Hilfe von Symbolen läßt sich Verhalten dadurch kontrollieren, daß es dem anderen das Gefühl gibt, beteiligt und wichtig zu sein. Nach der Geburt eines zweiten Kindes wird Müttern immer geraten, dem ersten Kind das Gefühl zu geben, im Zusammenhang mit dem Baby gebraucht zu werden, und es dann mit besonderer Beachtung zu belohnen. Erwachsene unterscheiden sich davon nur wenig.

Lassen Sie Geld aus dem Spiel

Es ist ein Fehler, Menschen, die wirklich helfen wollen, Geld anzubieten. Ein Hauseigentümer, der streikenden Bergarbeitern Unterschlupf und Gastfreundschaft gewährte, hätte eine ganz andere Beziehung zu ihnen gehabt, wenn er dafür bezahlt worden wäre. In den Augen der Bergleute wäre er damit zum Profiteur ihrer Ziele geworden. So erhielt er später eine Grubenlampe als Geschenk. Auszeichnungen und Geld sollten deutlich voneinander getrennt werden. Der Grund, warum Auszeichnungen wie „Verkäufer des Jahres" Zynismus und Hohn hervorrufen, liegt darin, daß sie zu eng mit Profit und anderen finanziellen Aspekten in Verbindung gebracht werden können. Auszeichnungen funktionieren am besten, wenn sie an Gefühle wie Sicherheit, Erziehung und Ausbildung appellieren – Bereiche, in denen Geschenke und Feierlichkeiten als Ausdruck von Ehrungen das Gefühl der Verpflichtung betonen.

Symbolische Gesten

Symbolische Gesten können Menschen sehr anrühren. Am Schluß des anläßlich des Heldengedenktages in der Albert Hall gehalten Gottesdienstes fallen Mohnblumen zu Boden, eine für jedes Opfer. Es gibt keinen unter den Anwesenden, den dieser Akt, der ergreifender ist als die Veröffentlichung jeder Statistik, nicht zutiefst bewegen würde. Auch im negativen Fall üben Symbole eine genauso große Macht aus.

Michael Foot, der frühere Vorsitzende der Labour-Partei, verlor alle Unterstützung, als er am Ehrengrab in einer alten Dufflecoat-Jacke erschien. Die alten Veteranen fühlten sich verletzt, weil Foot ihrer Meinung nach seine eigene Bequemlichkeit oder Ideologie über den Respekt vor den Toten gestellt hatte.

Symbole, Glück und Wohlstand

Symbole können Glauben erzeugen, und Glaube ist Macht, weil er Menschen davon überzeugt, daß sich ihr Schicksal zum Guten oder Schlechten wenden wird. Eine solche Wendung des Schicksals wird oft auf Wappen dargestellt. Zum Beispiel erhielt ein Baron, der seinen König davor bewahrte hatte, von einem Eber angegriffen zu werden, als Dank dafür die Grafenwürde. Der Eber ist dann als Glückssymbol und zur Erinnerung in Form des Wappens erhalten geblieben. Ähnlich verhält es sich mit einem überaus erfolgreichen Unternehmer, der sich Macht dadurch verschaffte, daß er den Namen seiner Firma aus den Namen der Leute zusammensetzte, die ihm bei der Gründung seiner Firma geholfen hatten. Daß dieses Phänomen auch umgekehrt funktioniert, beweist der Aberglaube, der die Raben am Tower von London oder den Halleyschen Kometen umgibt.

Symbole lassen sich manipulieren, um andere zu beeinflussen. Als William der Eroberer am Strand von Hastings hinfiel, war das für seine Gefolgsleute ein unheilvolles Zeichen. William jedoch kehrte ihre Gefühle ins Gegenteil, indem er ihnen erzählte, er habe England in seine Hand genommen. Auch in Unternehmen lassen sich Symbole für Hoffnung und Hoffnungslosigkeit willkürlich schaffen. Besonders in Zeiten großer Unsicherheit tendieren Menschen dazu, sehr abergläubisch zu sein. Das einfachste Bespiel dafür ist das Projekt, von dem man von Anfang an wußte, daß es klappen oder schiefgehen würde. Genauso kann man einem Besucher bei Regen Vertrauen geben, indem man ihn mit „Sie bringen das erfrischende Wasser einer Veränderung mit“ begrüßt; ist es dagegen zufällig trocken, sagen Sie: „Die Sonne lacht auf uns herab." Es so einzurichten, daß die Uhr krachend von der Wand fällt oder das Fenster in einem kritischen Moment in unheilvoller Weise aufschwingt, erfordert zwar mehr Mühe, ist vielleicht aber überaus lohnenswert, denn es ist wirklich erstaunlich, wie abergläubisch viele Leute sind!

Mit Auszeichnungen Geld verdienen

Mit Symbolen läßt sich Geld verdienen, ganz besonders dann, wenn sie eine Art Garantie für die Unsterblichkeit sind.[21] Wohltätigkeitseinrichtungen machen sich das seit langem zunutze, indem sie Personen oder Unternehmen die Möglichkeit bieten, ihren Namen durch Spenden zu verewigen. Universitäten erhielten riesige Summen als Spende, als sie Lehrstühle oder Dozenturen nach Personen oder Unternehmen benannten. Geldmittel in geringerem Umfang erhielten Zoos, indem sie die Öffentlichkeit dazu einluden, die Patenschaft für Tiere zu übernehmen; Theater haben Geld beschafft, indem sie den Sponsoren erlaubten, sich bei der Erneuerung des Daches mit ihren Namen auf einer Dachziegel zu verewigen. In ähnlicher Weise haben Unternehmen in Notfällen kostenlos ihre Dienste angeboten, um von der daraus resultierenden Öffentlichkeit zu profitieren.

Symbole bleiben bestehen

Es ist wichtig zu erkennen, daß Einzelpersonen, Gruppierungen oder ganze Völker ein Symbol, das ihnen wichtig ist, bis hin zur Anwendung von Gewalt verteidigen. Dabei spielt die strategische Bedeutung oder die Frage, ob eine solche Verteidigung nicht kontraproduktiv ist, keine Rolle. Die Verteidigung der Festung von Verdun durch die Franzosen im Ersten Weltkrieg ist ein solches Beispiel. Auf diese Gefühle Rücksicht zu nehmen zahlt sich aus. Ihre Berücksichtigung ist beispielsweise wichtig, wenn man versucht, Änderungen herbeizuführen. Mit einer Gewerkschaft, die sich der Politik „keine vorgeschriebenen Überstunden" verpflichtet hat, muß man sehr vorsichtig umgehen, wenn ein drastischer Personalabbau erforderlich ist. Umgekehrt kann es natürlich im Interesse des Machtsuchenden sein, solche Gefühle zu unterstützen, um dadurch Widerstand hervorzurufen.

Symbolischer Zwang

Der strafende Einsatz von Symbolen wird vom Empfänger oft schlimmer empfunden, als es jede Disziplinarmaßnahme oder finanzielle Strafe hätte bewirken können. Wenn man jemanden beispielsweise aus seinem eigenen Büro in ein Großraumbüro versetzt oder ihn aus dem Führungsteam ausschließt, beraubt man ihn seiner Achtung und seines Gefühls der Zugehörigkeit. Scham, Spott und Ausschluß können stärker schmerzen als wirtschaftliche Verluste durch finanzielle Strafen, da sie das Bedürfnis nach Achtung und Zugehörigkeit verletzen. Aus diesem Grund rufen diese Sanktionen den größten Widerstand hervor.

Sensibilität im Umgang mit anderen ist auch dann wichtig, wenn Veränderungen nichts mit Kritik zu tun haben. Die Umstrukturierung des Marktplatzes einer Stadt verzögerte sich um Monate, weil sich ein Mitarbeiter querstellte. Schließlich fand man heraus, daß seine Unnachgiebigkeit einzig und allein darin begründet war, daß er nach diesen Maßnahmen keine Uniform mehr tragen würde. Daraufhin gab man ihm seine Uniform, die mit goldenen Borten geschmückt war und die Aufschrift „Aufseher“ trug, wieder.

Selbst die gewöhnlichsten Gegenstände können große symbolische Bedeutung haben. Ich hörte einmal von einem Angestellten, der sich in einem Großraumbüro einen zusätzlichen Schreibtisch sicherte. Dieser Schreibtisch wurde zu einem Symbol seines höheren Dienstalters und wehe jedem, der ein begehrliches Auge auf dieses Möbel geworfen hätte.

Etwas für Nichts

Mit Hilfe von Symbolen läßt sich die Durchführung von Veränderungen vereinfachen. Es ist manchmal erstaunlich, was Menschen für einen speziell für sie reservierten Parkplatz oder für eine Zugfahrkarte erster Klasse tun würden. Auch mit Stellenbezeichnungen läßt sich manipulieren, wie beispielsweise die Umbenennungen eines Assistenten in einen Manager, des Bürovorstehers in einen Office-Manager, des Leiters des Rechnungswesens in einen Direktor Rechnungswesen und so weiter verdeutlichen. Hüten Sie sich jedoch davor, zuviel zu verkaufen: Ein Teppich-Verkäufer ist ein Teppich-Verkäufer. Ihn als Design-Berater zu bezeichnen führt nur dazu, daß der Kunde sowohl dem Titelträger mißtraut wie auch dem Unternehmen, das ihm diesen Titel verliehen hat.

Zusammenfassung

- Die drei wichtigsten Hilfsmittel, um andere zur Einwilligung zu bewegen, sind Zwang, finanzielle Belohnung und symbolische Auszeichnung.
- Die Wahl der Strategie hängt davon ab, wie sehr der andere zur Einwilligung bereit ist.
- Zwang funktioniert durch die Aufhebung der Wahlmöglichkeiten des anderen.
- Das Problem bei der Anwendung von Zwang besteht darin, daß er auch dem Machthaber alle Wahlmöglichkeiten nimmt.
- Jeder Versuch der Überredung ist sinnlos, wenn eine Anwendung von Zwang vorausging.
- Zwang erfordert Wachsamkeit, um aufrecht erhalten zu werden.
- Paradoxerweise kann die Aufhebung von Zwängen zur Einwilligung führen.
- In den meisten Situationen sollte Zwang nur vorsichtig und als letztes Mittel herangezogen werden.
- Wurde Zwang erst einmal angewendet, muß er in vollem Maße eingesetzt werden.
- Auch wenn die andere Seite beginnt, schwächer zu werden, muß der Druck unvermindert fortgesetzt werden, wobei gleichzeitig ein Ausweg aufgezeigt werden sollte.

- Sind Sie schwächer als Ihr Gegenspieler, antworten Sie nie mit Druck. Versuchen Sie es statt dessen mit
  – aggressiven Gesten,
  – Zwang in anderer Variante,
  – Umlenkung des Zwangs gegen den, der ihn ausübt.
- Verpflichten Sie sich niemals zu etwas, während Sie sich verwirrt oder ängstlich fühlen, da Sie sich mit hoher Wahrscheinlichkeit nicht wie üblich und zu ungunsten Ihrer eigenen Interessen verhalten würden.
- Menschen, die andere belohnen, sind attraktiv und deshalb mächtig.
- Eine Belohnung ist wirkungsvoll, wenn der andere sie wertschätzt.
- Wo Geld im Spiel ist, erhalten Sie nur das, wofür Sie bezahlen.
- Wenn Belohnungen regelmäßig erfolgen, können sie als Zwang empfunden werden.
- Belohnungen erkaufen nur Liebenswürdigkeit, niemals Loyalität oder Dankbarkeit. Menschen ärgern sich oft über diejenigen, die die Macht haben, sie zu belohnen.
- Schlagen Sie Kapital aus allem, was Sie besitzen. Wenn jemand etwas von Ihnen will, lassen Sie ihn dafür bezahlen.
- Ein Appell an die menschliche Habgier schlägt selten fehl.
- Menschen schätzen nur selten Belohnungen, die sie als unverdient empfinden oder nicht erwidern können.
- Lassen Sie sich niemals durch vage, zuckersüße Versprechungen manipulieren.
- Symbole wirken besser als finanzielle Belohnungen, wenn der Empfänger die Erfüllung höherer Bedürfnisse sucht.
- Beispiele für symbolische Belohnungen sind Anstecknadeln, Medaillen, Zertifikate und nicht zuletzt Lob, Anerkennung und Beachtung.
- Es ist ein Fehler, Menschen zu bezahlen, die wirklich helfen wollen.
- Auszeichnungen und Geld sollten voneinander getrennt werden.
- Symbole haben große Macht, Menschen zu rühren und sie zur Treue zu bewegen – in guten und in schlechten Zeiten.

- Mit Symbolen läßt sich Geld verdienen.
- Menschen kämpfen am härtesten für Dinge, die für sie eine symbolische Bedeutung haben.
- Mit Hilfe von Symbolen lassen sich Veränderungen leichter herbeiführen: zum Beispiel durch die Verleihung eines angesehenen Titels.

Fragebogen zum Thema Machtanwendung

Nachdem Sie das Kapitel gelesen haben, testen Sie sich nochmals selbst:

1. Ein Kollege einer anderen Abteilung hat Sie gefragt, ob er für mindestens drei Monate zwei Ihrer unproduktivsten Mitarbeiter „haben“ kann. Was tun Sie?

a) Sie sagen ihm, daß Sie versuchen werden, sie zu einem Abteilungswechsel zu überreden.

b) Sie versuchen zunächst, sie zu überreden, doch wenn das nicht gelingt, zwingen Sie sie zum Abteilungswechsel.

c) Sie erteilen ihnen die Anweisung zum Abteilungswechsel, versprechen aber gleichzeitig, nach drei Monaten ihre Rückkehr nochmals zu erwägen.

d) Sie erteilen ihnen die Anweisung zum Abteilungswechsel und freuen sich, daß Sie sie endlich losgeworden sind.

2. Eine Abteilung soll aufgelöst werden. Einem der Mitarbeiter haben Sie drei neue Positionen angeboten, die er allesamt abgelehnt hat. Was tun Sie?

a) Sie fragen ihn, was er will.

b) Sie fragen ihn, was er an den drei angebotenen Tätigkeiten auszusetzen hatte.

c) Sie machen ihm ein weiteres Angebot und betonen dabei, daß dieses jetzt das letzte sei.

d) Sie weisen ihn an, sich um neun Uhr am kommenden Montag zu einer Arbeit, die seiner letzten Tätigkeit entspricht, zu melden.

3. Sie haben in einer Diskothek eine Geburtstagsparty organisiert. In letzter Minute weigert sich der Geschäftsführer, Ihnen seinen Club für den Abend zu überlassen, wenn Sie ihm nicht zusätzlich einen bestimmten Betrag zahlen. Was tun Sie?

a) Sie zahlen.

b) Sie fragen ihn, ob er es sich leisten kann, einen guten Kunden zu verlieren.

c) Sie laufen zur nachsten Telefonzelle.

d) Sie ergreifen den Club-Besitzer am Kragen und drohen ihm.

4. Zur Einführung eines neuen Verfahrens benötigen Sie die Zustimmung des Betriebsrates. Der zuständige Vertreter sagt, er sei so lange nicht bereit, mit Ihnen darüber zu diskutieren, wie Sie nicht einer Neuregelung beim Ausgleich von Überstunden zugestimmt haben. Was tun Sie?

a) Sie bestehen darauf, daß es keine Diskussion über eine Neuregelung geben wird, solange es keine Zustimmung zum neuen Verfahren gibt.

b) Sie fordern ihn auf, die ganze Sache zu vergessen.
c) Als wohlwollende Geste kommen Sie seinen Wünschen nach.
d) Sie verpflichten ihn dazu, die Diskussion zu einem bestimmten, festgelegten Zeitpunkt mit Ihnen zu führen, bevor Sie seiner Forderung zustimmen.

5. Sie sind mit einer Ausstellung spät dran. Wie gehen Sie mit Ihren Mitarbeitern um?
a) Sie sagen ihnen, daß sie Überstunden machen müssen.
b) Sie fragen, wer freiwillig Überstunden machen möchte.
c) Sie bitten um ihre Hilfe und geben ihnen hinterher als Dank ein kleines Geschenk.
d) Sie bitten um ihre Hilfe und bezahlen sie hinterher dafür.

6. Ihre Firma hat unerwarteten Gewinn gemacht. Wenn er nicht anderweitig verwendet wird, hält das Finanzamt die Hand auf. Was tun Sie?
a) Sie finanzieren damit Ausbildungsstipendien für die Kinder Ihrer Mitarbeiter.
b) Sie geben eine Party für die Führungskräfte.
c) Sie geben eine Party für Führungskräfte und alle anderen Mitarbeiter.
d) Sie suchen einen Weg, auf dem Sie das Geld auf Ihr privates Konto schmuggeln können.

7. Sie planen, Ihr Unternehmen in eine andere Stadt zu verlagern. Welche Prioritäten würden Sie für die ersten Monate danach setzen?
a) Sie kümmern sich vor allem um die Geschäfte.
b) Sie bemühen sich, Mitglied in den Ortsausschüssen und -verbänden zu werden.
c) Sie nehmen Kontakt zu ortsansässigen Geschäftsleuten und einflußreichen Persönlichkeiten auf.
d) Sie bringen Ihr Firmenlogo an der Eisenbahnbrücke an, die die Hauptstraße der Stadt überquert.

8. Sie sind der Besitzer einer kleinen Kleiderfabrik. Wie halten Sie es mit den Geschenken für Mitarbeiter, die in den Ruhestand gehen?
a) Egal.
b) Sie erlauben dem Mitarbeiter, an seinem letzten Tag eine Stunde eher nach Hause zu gehen.
c) Sie verdoppeln sein letztes Gehalt.
d) Sie schenken ihm eine silberne Ehrennadel.

9. Wie würden Sie mit einem Ihnen unterstellten, unkooperativen Mitarbeiter verfahren?
a) Sie nehmen ihm seine Sekretärin weg.
b) Sie drohen ihm mit Kündigung.
c) Sie kürzen seine leistungsorientierte Bezahlung.
d) Sie bezahlen jemanden dafür, daß er ihn ins Krankenhaus bringt.

10. Sie sind der Leiter einer lokalen Theatergruppe. Bei der immer schon bedenklichen Finanzlage ist das Theater mal wieder in ernsthafte finanzielle Schwierigkeiten geraten. Welche Strategie würden Sie bevorzugen, um an Geld zu gelangen?
a) ein Wohltätigkeitsbasar
b) Preiserhöhung der Eintrittskarten
c) Mal sehen, ob sich nicht ein ansässiger Industrieller bereit erklärt, ein ganz neues Theater zu finanzieren.
d) Sie laden die Ortsbewohner ein, als Sponsoren einen Theatersessel zu finanzieren, auf dem dafür ihr Name steht.

Die Antworten finden Sie auf der nächsten Seite.

Antworten auf den Fragebogen

1. c – Es löst das Problem und erlaubt dem anderen, sein Gesicht zu wahren, ohne daß es Sie zu etwas verpflichtet.
2. d – Der Mitarbeiter spielt mit Ihnen. Sie haben alles getan, was man von Ihnen erwarten kann. Es ist sinnlos, weitere Angebote an Menschen zu machen, die sie auch weiterhin ablehnen werden.
3. b – Man versucht, Sie auf den Arm zu nehmen. Wenn der Platz für den Abend gebucht ist, wer wird ihn dann jetzt noch einnehmen? d ist die Sprache, die der Geschäftsführer jetzt verstehen würde, wovon jedoch abzuraten ist.
4. a.
5. c.
6. a – Sie werden damit für immer ein gutes Gefühl haben.
7. d – Sie müssen sich selbst und der Welt zeigen, daß Sie angekommen sind. Die anderen sind auch alle wichtig, ganz besonders jedoch a. Vernachlässigen Sie es, wird das Logo noch da sein, nachdem Sie wieder gegangen sind.
8. d – c wäre ein schöner Zusatz. Der Mensch lebt nicht vom Brot allein, doch ein zusätzlicher Laib ist immer willkommen.
9. a – Sie sollten natürlich mit ihm auch über seine Leistungen sprechen. Doch es gibt andere Wege, Menschen zu ändern.
10. c – Wenn es möglich ist, vereinfacht es alles. Wenn es mißlingt, versuchen Sie d.

Rechnen Sie die Punkte zusammen, die Sie erzielt hatten, bevor Sie das Kapitel gelesen haben: __________

Rechnen Sie die Punkte zusammen, die Sie erzielt haben, nachdem Sie das Kapitel gelesen haben: __________

Literatur zu Kapitel 5

1. *Etzioni, A.* (1975) A comparative Analysis of Complex Organisations, Collier Macmillan, London.
2. *Etzioni,* op. cit.
3. *Wrong, D.H.* (1979) Power: Its Forms, Bases and Uses, Basil Blackwell, Oxford.
4. *Ng, S.H.* (1980) The Social Psychology of Power, Academic Press, London.
5. *Bacharach, P. and Baratz, M.S* (1970) Power and Poverty: Theory and Practice, Oxford University Press, New York.
6. *Wrong,* op. cit.
7. *Gilbert, M.* (1983) Finest Hour: Winston S. Churchill 1939-41, Heinemann, London.
8. *Kissinger, H.* (1979) The White House Years, Weidenfeld & Nicholson and Michael Joseph, London.
9. *Kissinger,* op. cit.
10. *Watzlawick, P., Weakland, J.H., Fisch, R.* (1974) Change: Principles of Problem Formation and Resolution, Norton, New York, S. xi.
11. *Watzlawick* et al., op. cit.
12. *Staw, B.M., Ross, J.* (1987) „Behaviour in escalation situations: antecedents, prototypes and solutions." In: Research in Organization Behaviour, JAI Press, London, 9, S.39-78.
13. *Sargant, W.* (1957) Battle for the Mind, Heinemann, London.
14. *Tennyson-Jesse, F.* (1957) Trials of Timothy John Evans and John Reginald Halliday Christie, Wm. Hodge, London.
15. *Drummond, H.* (1990) Managing Difficult Staff, Kogan Page, London.
16. *Fisher, R., Ury, W.* (1983) Getting to Yes, Hutchinson, London.
17. *Wrong,* op. cit.
18. *Adams, J.S.* (1965) „Inequity in Social Exchange". In: Berkowitz (Hg.) (1965), Advances in Experimental Psychology, Academic Press, New York.
19. *Etzioni,* op. cit.
20. *Maslow, A.H.* (1954) Motivation and Personality, Harper & Brother, New York.
21. *Ng,* op. cit.

Kapitel 6

Wissen ist Macht

Fragebogen über den Umgang mit Informationen

Testen Sie sich selbst, indem Sie die folgenden Fragen beantworten:

1. Sie stehen mit einem Unternehmen in Verhandlung. Welche der folgenden Unterlagen würde Sie am meisten interessieren?
a) der Jahresbericht
b) der vertrauliche Revisionsbericht
c) die Korrespondenz mit der Bank
d) das private Tagebuch des Vorstandsvorsitzenden

2. Ihr Chef hat eine neue Sekretärin. Was tun Sie?
a) Sie stellen ihr eine Menge Fragen.
b) Sie fragen sie, wie um Himmels willen er das alles schafft.
c) Sie sagen ihr, wieviel besser der Chef jetzt organisiert zu sein scheint.
d) Sie fragen sie nach seinen Schwierigkeiten aus.

3. Als Sie sich einer Tür nähern, hören Sie von drinnen zornige Stimmen. Was tun Sie?
a) Sie husten laut.
b) Sie halten inne und hören zu.
c) Sie drehen sich um und gehen weg.
d) Sie gehen geradewegs hinein.

4. Ein Auto, das Sie erst vor neun Monaten gekauft haben, ist ständig kaputt. Was tun Sie?
a) Sie reparieren es weiterhin.
b) Sie bringen es zum Händler zurück und beschweren sich.
c) Sie bringen es zum Händler zurück und sagen, daß Ihnen der Wagen nicht gefällt.
d) Sie erklären dem Händler, daß Sie nach einem kostspieligeren Modell suchen, da Sie zu Geld gekommen sind.

5. Welche der folgenden Gegenstände haben Sie immer bei sich?
a) Terminkalender und Kugelschreiber
b) Taschenrechner
c) Diktiergerät
d) ein Gerät zum Aufzeichnen von Telefonaten

6. Machen Sie sich, wenn es um Geschäfte oder Anfragen geht, Notizen bei Telefongesprächen?
a) immer

b) manchmal
c) selten
d) nie

7. In einer Zeitungsannonce wird eine interessante Stelle angeboten; eine Telefonnummer für Rückfragen ist dabei. Was tun Sie?
a) Sie bewerben sich und warten, ob Sie in die engere Wahl gezogen werden.
b) Sie nehmen sofort den Hörer in die Hand und informieren sich.
c) Sie nutzen die Nummer, um sich direkt am Telefon so gut wie möglich zu verkaufen.
d) Sie machen sich schnell einige Stichpunkte und rufen dann an.

8. Sie sind für eine Besprechung zu spät dran. Was tun Sie?
a) Sie gehen direkt dorthin.
b) Sie gehen im Büro vorbei, um Unterlagen mitzunehmen.
c) Sie bitten Ihre Sekretärin, anzurufen und mitzuteilen, Sie kämen gleich.
d) Sie sagen ab.

9. Sie treffen einen neuen Vertragspartner zum ersten Mal. Was tun Sie?
a) Sie machen sich während der Besprechung ausgiebig Notizen.
b) Sie hören konzentriert zu, aber schreiben hinterher einige Punkte auf.
c) Sie bitten Ihre Sekretärin, Notizen zu machen.
d) Sie verstecken ein Aufnahmegerät im Raum.

10. Sie stellen fest, daß ein Werk, von dem Sie behauptet haben, daß es mit großen Verlusten arbeite, in Wirklichkeit gute Gewinne gemacht hat. Die Fehleinschätzung beruht auf Unzulänglichkeiten in Ihrer eigenen Abteilung. Was tun Sie?
a) Sie stürmen aus dem Büro und verbreiten die gute Nachricht.
b) Sie erklären, daß neue Informationen aufgetaucht sind, aufgrund derer die Situation dieses Werkes nicht so schlecht ist, wie befürchtet wurde.
c) Sie sagen nichts und lassen weiterhin jeden im Glauben, daß der Betrieb Verluste macht.

Informationen sind Macht, da

- sie Unsicherheit verringern,
- Leuten, die nach Macht streben, die Möglichkeit geben, andere zu manipulieren,
- sie den Schwächeren vielleicht in die Lage versetzen, den Stärkeren zu besiegen.

In Machtbeziehungen sind unvollständige Informationen unvermeidbar. Erfolg basiert darauf, möglichst weite Überlegenheit durch Ausnutzung aller vorhandenen Hilfsquellen zu erzielen. Folgende Charaktereigenschaften sind hierbei hilfreich:

- neugierig,
- fleißig,
- ruhig,
- geduldig,
- wachsam,
- verschwiegen.

Sie sollen nun nacheinander besprochen werden.

Macht durch Neugier

Einstein soll seinen Erfolg auf seine Neugier zurückgeführt haben. Neugier ist wichtig für die Entwicklung der Intelligenz, da sie zu Entdeckungen führt. Lassen Sie Ihrer Neugier Freiheit, und folgen Sie ihr.

Die Macht Ihres eigenen Wissens sollte nicht unterschätzt werden, egal, wie klein Ihre Rolle auch immer sein mag. In China lag die gesamte Verwaltung einige Jahrhunderte lang in den Händen der Büroangestellten, da nur sie allein die Arbeitsweise der Bürokratie kannten.[1] Genauso weiß vielleicht ein jüngerer Mitarbeiter lange vor allen anderen, daß ein älterer Manager abgeschoben werden soll, da man sich an ihn mit der Bitte um eine Schätzung der Pensionszahlungen gewendet hatte.

Informationen, die routinemäßig durch Ihre Hände wandern, sind eine Quelle der Macht, da andere keinen Zugang zu ihnen haben. Der Blick in eine Akte, Überprüfung der merkwürdigen Rechnung, das Lesen von Briefen und so weiter ist sinnvoll verbrachte Zeit. Selbst wenn die Information Ihnen heute nichts sagt; eines Tages kann sie wichtig sein. Ein Regierungsbeamter hat einmal auf ein Formular gekritzelt: „Es ist wichtig, keinen Schwarzen einzustellen." Der Personalbeamte, der den anderen nicht mochte, bemerkte diese Notiz. Der neue Stelleninhaber war inkompetent. Es fand eine Untersuchung statt, im Rahmen derer mit Hilfe des Formulars bewiesen wurde, daß der Regierungsbeamte ernsthaft gegen die Disziplin verstoßen hatte, da er durch die Einstellung entgegen geltendem Gesetz andersfarbige Bewerber diskriminiert hatte.

Es ist natürlich möglich, Zugang zu Daten zu haben, auch ohne hierzu befugt zu sein. Aber Daten müssen irgendwo aufbewahrt werden und bieten somit Angriffsfläche für kleinere Spionageakte. Nur wenige Büros sind richtig sicher. Es ist in der Tat erstaunlich, wenn man sieht, wieviel vertrauliche Informationen auf den Schreibtischen liegengelassen oder in unverschlossenen Schubladen und Schränken aufbewahrt werden. Ein regelmäßiger Spaziergang nach Dienstschluß durch das Gebäude kann sich auszahlen; ein neugieriger Ruck an einem Aktenschrank kann einen Schatz offenbaren, der dann gelegentlich nochmals aufgesucht werden sollte. Textverarbeitungssysteme geben Informationen auf bloßen Knopfdruck frei; bei Computerdisketten zahlt sich heimliches Kopieren aus. Vermeiden Sie jedoch, dabei erwischt zu werden. Es gibt Leute, die unglaublich weit gehen, um an Informationen zu gelangen. Der Autorin waren Mitarbeiter bekannt, die die Büros der anderen regelmäßig und systematisch durchsuchten – inklusive Papierkörbe, Notizblöcke, lose Blätter, Schreibunterlagen, Notizblöcke, Schreibtischschubladen und so weiter. Wie ekelhaft das auch immer klingen mag, es passiert – seien Sie also vorsichtig.

Nützlicher Arbeitseifer

Es gibt auf jeden Fall sehr viele Informationen, die nur darauf warten, von Leuten abgerufen zu werden, die bereit sind, die hierfür notwendige Zeit und Mühe zu investieren. Zum Beispiel:

> Zwei Gruppenleiter, A und B, streiten über die Raumververgabe auf einer neu hinzugekommenen Etage. Beide behaupten, daß ihre Mitarbeiter unter beengten Bedingungen arbeiten. Sie werden vom Abteilungsleiter zu sich gerufen, der mit ihnen das Problem besprechen möchte. Gruppenleiter A erscheint, bereit, die anderen zur Durchsetzung seines Willens einzuschüchtern. Sobald die Besprechung beginnt, wettert er über den fehlenden Platz, beschreibt, wie seine Mitarbeiter sich beschweren, und besteht darauf, den zusätzlichen Raum zu erhalten.

Wie hätten Sie darauf reagiert, wenn Sie Manager B wären?

Nun, Gruppenleiter B argumentierte nicht. Statt dessen legte er zwei Etagenpläne vor, aus denen hervorging, daß die Mitarbeiter von Gruppenleiter A schon jetzt zweimal soviel Platz hatten wie die von Gruppenleiter B.

Was glauben Sie, wer die Auseinandersetzung gewann? Wie dieser Fall zeigt, ist Wissen in der Tat Macht – jedoch nur, wenn Sie bereit sind, danach zu suchen. Die meisten von uns tragen sehr viel Wissen in ihren Köpfen herum. Oft verzichten wir jedoch auf jeden sich daraus ergebenden Vorteil, weil wir es versäumen, die richtigen Schlußfolgerungen aus dem zu ziehen, was wir wissen. Das ist bedauerlich, da Wissen uns in die Lage versetzen kann, das Verhalten anderer vorherzusagen.[2] Vergleichen Sie beipielsweise die beiden folgenden Lebensläufe:

Lebenslauf A

Alter:	44
Formale Qualifikation:	Abgeschlossenes Hochschulstudium
Gegenwärtige Tätigkeit:	Leiter der Finanzbuchhaltung
Frühere Tätigkeiten:	Mitarbeiter in der Finanzbuchhaltung in leitender Funktion 7 Jahre Mitarbeiter in der Finanzbuchhaltung 4 Jahre

	Bereichsleiter
	3 Jahre
	Kaufmännischer Angestellter

Lebenslauf B

Alter:	33
Qualifikationen:	Diplom-Kaufmann, MBA, Mitglied im Architektenverband
Gegenwärtige Tätigkeit:	Geschäftsführer
Frühere Tätigkeiten:	Stellvertretender Geschäftsführer
	2 Jahre
	Werksleiter
	2 Jahre
	Assistent des stellvertretenden Geschäftsstellenleiters
	4 Jahre
	Abteilungsleiter Rechnungswesen
	2 Jahre
	Mitarbeiter im Rechnungswesen
	2 Jahre

Wer von beiden wird in einer Krisensituation vermutlich härter um seine Stellung kämpfen? Der Besitzer von Lebenslauf A hat eine hochqualifizierte Stellung ohne entsprechende formale Qualifikation. Sein Karrieremuster deutet an, daß er sich von der untersten Unternehmensebene hochgearbeitet hat. Vermutlich hätte er reichlich Gelegenheit gehabt, sich weiter zu qualifizieren. Warum hat er es nicht getan? Oder hat er es versucht und versagt? Verweist das vielleicht auf einen intellektuellen Mangel? Falls das der Fall ist, kompensiert er es wahrscheinlich, indem er sich besonders konform verhält. Seine Karrieremöglichkeiten sind vermutlich begrenzt, da seine mangelnde Qualifikation und irgendwie langweiligen Erfahrungen ihn daran hindern, von anderen Unternehmen in die engere Wahl gezogen zu werden.

Der Besitzer von Lebenslauf B kann sich potentiell besser vermarkten. Sein einziger Schwachpunkt ist die Tatsache, daß er jede Tätigkeit nur zwei Jahre lang ausgeübt hat. Aus diesem Grund wird er vermutlich seine Position weniger stark verteidigen als der andere; er weiß, daß er leicht woanders Arbeit finden kann. Der andere muß an seiner Position festhalten und wird sehr wahrscheinlich hierfür seine biederen Fähigkeiten bis an die Grenze der Skrupellosigkeit einsetzen.

Auch aus Teilinformationen läßt sich viel ableiten. Der Leiter des Rechnungswesens hat beispielsweise ein Problem mit einem seiner Mitarbeiter, jemand mit dem Gesicht eines Schuljungen und großen Ohren. Fachlich gesehen leistet dieser sehr gute Arbeit: Er ist intelligent und arbeitet hart. Das Verhältnis zu seinen Kollegen ist jedoch schlecht, da sie ihn für zynisch und anmaßend halten. Auch der Abteilungsleiter ist sich dessen mehr als respektloser Einstellung ihm gegenüber bewußt. Ein Blick in die Personalakte des Rechnungsprüfers offenbart folgende Abschlußnoten der Abiturprüfung:

Chemie:	4
Physik:	2
Biologie:	2

Die Fächerkombination verweist sofort auf jemanden, der vielleicht Naturwissenschaften studieren wollte. Die Note 4 in Chemie hat ihn aufgrund des somit schlechteren Gesamtnotendurchschnitts wahrscheinlich den Studienplatz gekostet. Wenn das stimmt, erklärt es, warum er sich in seine gegenwärtige Rolle nur schlecht einfügen kann und seine Frustration an anderen ausläßt. Wahrscheinlich ist er zornig und unglücklich.

Schweigen ist Gold

Im allgemeinen reden Menschen lieber, als daß sie schweigen. Wer nach Macht strebt, verhält sich genau umgekehrt, das heißt, er

- teilt anderen so wenig wie möglich über sich selbst mit,
- er konzentriert sich aufs Zuhören und Fragen.

Je weniger andere über Sie selbst wissen, und je mehr Sie über die anderen wissen, desto besser. Im Gespräch werden Informationen mitgeteilt. Selbst Leute, die es eigentlich besser wissen müssen, können sehr indiskret sein. Zum Beispiel:

Immobilienmakler:
„Lavendel 22? Ja, das ist gerade wieder auf dem Markt. Das einzige Problem damit ist der Keller, da muß noch was gegen die Feuchtigkeit gemacht werden. Der Besitzer ist aber bereit, dies zu zahlen."
Käufer:
„Ist das Haus frei?"
Immobilienmakler:
„Ja, der Besitzer arbeitet in der Schweiz."
Käufer:
„Gut, ich werde es mir mal ansehen. Aber es erscheint mir angesichts des Zustandes etwas teuer."
Immobilienmakler:
„Ich denke, der Verkäufer wird mit sich reden lassen."

Sehen Sie sich an, was diese zwanglose Unterhaltung verrät: Der Immobilienmakler enthüllt, daß ein früherer Verkauf bereits fehlgeschlagen ist, und daß der Besitzer heute weit entfernt lebt. Das deutet an, daß dieser die Verantwortung für diesen Besitz vielleicht gerne los sein und den Erlös anderweitig anlegen möchte. Weiterhin verpflichtet der Immobilienmakler den Verkäufer zur Bezahlung von Reparaturarbeiten, die andernfalls vielleicht der Käufer bereit gewesen wäre, zu tragen. Und das Schlimmste: Er plaudert schon vorher aus, daß der Verkäufer bereit ist, über den Preis zu verhandeln. In Wirklichkeit wollte der Käufer das Haus unbedingt haben und wäre bereit gewesen, dafür einen höheren Preis zu zahlen. Seine Vorsicht und die Achtlosigkeit des Immobilienmaklers haben ihm ungefähr DM 20000,– eingebracht. Was könnten Sie alles mit DM 20000,– anfangen?

Um Vertrauen aufzubauen, damit der andere sich in Ihrer Gegenwart wohlfühlt, ist es wichtig, daß Sie ihm auch etwas über sich selbst mitteilen. Planen Sie aber im voraus, was Sie über sich selbst offenbaren wollen. Am besten hält man sich an allgemeine Dinge. Und vor allem:

Zeigen Sie niemals, daß Sie unter Druck stehen.

Wenn Sie anderen zeigen, daß Sie ein Geschäft abschließen müssen, das heißt, daß Sie sich in ein Haus verliebt haben, daß die Bank Sie bedrängt, daß man Sie entlassen will und Sie noch keine neue Arbeit haben und so weiter, werden die anderen diese Informationen gegen Sie verwenden.

Verschwiegenheit

Auch wenn es wichtig ist nachzuforschen, läßt sich manchmal durch Schweigen mehr ernten. Wenn jemand zu reden beginnt, vermeiden Sie es, ihn zu unterbrechen; Sie können Ihre Fragen hinterher immer noch stellen. Wenn ein anderer Ihnen wichtige Dinge offenbart, versuchen Sie, nicht interessiert auszusehen – andernfalls bemerkt er vielleicht seine Indiskretion und verschließt sich wieder. Das gilt ganz besonders für Sekretärinnen. Es lohnt sich, dauerhaften Umgang mit Sekretärinnen zu pflegen. Sie tendieren dazu, in einem Netzwerk zu arbeiten und mit anderen Sekretärinnen einen Handel mit Informationen zu betreiben. Wenn irgend jemand weiß, wer pro Tag eine Flasche Whisky trinkt, wessen Stern langsam verglüht und umgekehrt, dann sind sie es. Bedrängen Sie niemals jemanden, um Informationen zu erhalten. Seien Sie einfach höflich, nehmen Sie sich Zeit für eine kurze Plauderei, entwickeln Sie eine Beziehung und hören Sie zu. Sie werden erstaunt sein, was schließlich zutage tritt. Haben sich regelmäßige Berichte erst einmal etabliert, läßt sich der Informationsfluß durch folgende Fragen anregen:

1. Ist der Chef im Haus?

Das kann dazu führen, daß Ihnen seine Aufenthaltsorte für die nächsten beiden Wochen mitgeteilt werden. Es ist immer gut zu wissen, was andere Leute vorhaben.

2. In welcher Stimmung ist er?

Ist der Chef unter Druck, ist das der Weg, um herauszufinden, mit wem er die Messer wetzt, und was dabei herauskommt.

3. Lohnt es sich, ... zu riskieren. Was glauben Sie?

Wenn diese Frage auch selten Informationen hervorlockt, so schmeichelt sie dennoch dem Machtgefühl der Sekretärin. Schmeichelei ist für die Mitteilung vertraulicher Informationen höchst förderlich. Neue Sekretärinnen lassen sich, nebenbei bemerkt, dadurch erweichen, daß sie hören, wieviel besser die Dinge jetzt organisiert sind, und wieviel umgänglicher der Chef geworden ist, seit sie da sind.

4. Wie geht's?

Die Frage ist das Stichwort, um alle Verbitterung loszuwerden. Sie lockt im allgemeinen die neuesten Neuigkeiten hervor.

Wenn Sie eine Sekretärin haben, können Sie sicher sein, daß sie auch Informationen über Sie selbst weitergibt. Begegnen Sie dem durch den Anschein gegenseitiger Verantwortung und Vertrauen, während Sie gleichzeitig die Weisheit des Narren befolgen: Verschweig', was Du weißt – immer!

Die Macht der Wachsamkeit

Da überall um uns herum Verbrechen begangen werden, gibt es auch überall um uns herum Hinweise auf Verbrechen, die gerade begangen werden. Erfolgreiche Polizisten sind im allgemeinen wachsam und schnell in der Interpretation von Beobachtungen.

Ein Auto, dessen Scheibenwischer bei trockenem Wetter für mehr als einige Sekunden in Bewegung sind, deutet auf einen Fahrer, der mit der Technik nicht vertraut ist, und darauf, daß der Wagen vielleicht gestohlen wurde. Ein altes verbeultes Nummernschild, das nachlässig an einem teueren Wagen befestigt wurde, ist ähnlich verdächtig.[3]

Solche Anzeichen gibt es auch in einem Unternehmen. Sie sind oft zuverlässiger als das, was Menschen sagen.[4] Jemand, der beispielsweise regelmäßig Ringe unter den Augen hat und dessen Hände zittern, steht unter Druck – egal, ob er das abstreitet oder nicht. Wenn eine hochrangige Führungskraft selbst am Kopierer steht, weist das vielleicht auf eine so vertrauliche Angelegenheit hin, daß sie nicht einmal der Sekretärin anvertraut werden sollte. (Nebenbei gesagt: Versuchen Sie, die Unterlagen zu finden; ein Blatt ist vielleicht sogar auf dem Kopiergerät liegengeblieben.) Beobachten Sie auch das Verhalten der Leute um Sie herum. Zu Beginn der kubanischen Raketenkrise zeigten die Gesichtsausdrücke zum Beispiel genau, welche Beamten Bescheid wußten und welche nicht.[5] Eine plötzliche Anhäufung von Besprechungen, viel Hin und Her, Leute, die sich in ihren Büros vergraben, Mitarbeiter, die die Köpfe zusammenstecken – das alles signalisiert eine Krise.

Auf der persönlichen Ebene kann es sich auszahlen, Anzeichen für einen Stimmungswandel sorgfältig zu beobachten. Entdecken Sie das Barometer, und beobachten Sie es. So einfache Dinge wie eine offene oder geschlossene Tür können ein Anzeichen dafür sein, ob jemand gestört werden möchte oder nicht. Die Wahl des Anzugs kann darauf hinweisen, welche Bedeutung einer Besprechung beigemessen wird. Selbst die Wahl des Schreibgerätes kann wichtig sein. Ich kannte jemanden, der immer zwischen einem Kugelschreiber und einem Füllfederhalter wechselte. Ersterer signalisierte Ungehaltenheit und Vielbeschäftigung, wohingegen letzterer auf eine eher nachdenkliche Stimmung verwies. Wenn man etwas schnell unterschrieben haben wollte, war es am besten, sich an einem „Kugelschreiber-Tag“ an ihn zu wenden. Um ihn in eine Diskussion zu verwickeln, mußte man warten, bis der Füllfederhalter ans Tageslicht kam. Solche kleinen Dinge können über Erfolg oder Mißerfolg entscheiden.

Es ist wichtig, die Cliquen und Klüngeleien in einem Unternehmen zu kennen. Ein Besuch der vorzugsweise zum Mittagessen aufgesuchten Restaurants ist ein sehr wirkungsvolles Mittel, um herauszufinden, wer mit wem spricht. Beachten Sie jedoch, daß Leute, die miteinander verkehren, sich nicht zwangsläufig mögen müssen. Viele Verbindungen entstehen aus Angst. Das Wissen um die verborgenen Gefühle kann zum eigenen Vorteil gereichen. Ein Mitarbeiter wollte beispielsweise ein Kopiergerät. Er wußte, daß der Verwaltungsleiter gegen den Kauf eines Kopiergerätes war. Über die Verwendung des Geldes bestimmte jedoch der Leiter der Finanzabteilung, und der wiederum mochte den Verwaltungsleiter nicht. Der Mitarbeiter wußte das und unterbreitete seine Bitte deshalb dem Leiter der Finanzabteilung in der Hoffnung, dieser würde den Kauf veranlassen, um seinen Kollegen zu provozieren. Drei Tage später wurde der Kopierer geliefert.

Sich näher kommen

„Um jemanden meuchlings zu ermorden, müssen Sie ihm zuerst nahe kommen." Durch Nähe verschafft man sich Informationen, da Vertrauen geschaffen und Schwächen offenbart werden. Mit offenen Augen und Ohren durch ein Großraumbüro zu gehen, ist eine Form von Nähe. Je öfter Sie es tun, um so besser. Es gibt Belege dafür, daß Chefs Informationen mehr glauben, wenn sie von Leuten stammen, die sie oft sehen, als von Leuten, die sie nur selten zu Gesicht bekommen.[6] Das bedeutet natürlich, daß Sie nicht von Mitarbeitern hintergangen werden, die sich Ihnen gegenüber ganz offen feindlich und unkooperativ zeigen, sondern von diesen ständig lächelnden, immer freundlichen Individuen, denen Sie einen Verrat am wenigsten zugetraut hätten.

Persönliche Datenbank

Wissen ist nur dann Macht, wenn man es sich dann ins Gedächtnis zurückrufen und verwenden kann, wenn es gebraucht wird. Die meisten Menschen vergessen, was immer sie hören. Wie oft ist es Ihnen in Besprechungen beispielsweise nicht gelungen, Ihren Standpunkt zu vertreten, weil Ihnen wichtige Informationen fehlten. Denken Sie daran: Das Glück begünstigt den, der darauf vorbereitet ist. Sie müssen darauf vorbereitet sein, glückliche Umstände zu Ihrem Vorteil zu nutzen, indem Sie sich Ihre eigene Datenbank schaffen. Das bedeutet:

1. potentiell wichtige Informationen speichern;
2. die gespeicherten Daten leicht abrufen können;
3. die aufgezeichneten Daten leicht verarbeiten und Vergleiche anstellen können.

Macht und Erfolg entstehen, indem man ein kleines bißchen mehr als andere tut. Der erste Schritt besteht darin, es sich anzugewöhnen, Notizen zu machen. Wenn Sie etwas Interessantes entdecken oder eine potentiell wichtige Unterhaltung führen, zeichnen Sie sie auf. Die wichtigste Zeit für Notizen ist:

- in der Anfangsphase einer (gewagten) Unternehmung,
- wenn Sie jemandem zum ersten Mal begegnen.

Viele Leute sind zu Beginn eines Projektes oder wenn sie jemanden das erste Mal treffen, zu mitteilsam, weil sie nicht sofort die Absichten der anderen Seite erkennen. Die Verhandlungen beginnen oft lange, bevor Sie merken, was passiert. In dem Moment, da Sie beispielsweise den Ausstellungsraum eines Autohauses betreten, ist das Spiel bereits im Gange. Der Verkäufer, der augenscheinlich in ein Blatt mit Zahlen vertieft ist, beobachtet Sie und hört Ihnen vermutlich genau zu. Genauso verwickelt Sie jemand vielleicht in eine Unterhaltung, weil er beabsichtigt, sich um die Stelle zu bewerben, die in Ihrer Abteilung frei werden soll.

Die ersten Eindrücke sind es immer wert, aufgezeichnet zu werden. Es überrascht, wieviel Informationen Menschen in einer zwanglosen Unterhaltung preisgeben. Sobald sie jedoch bemerken, daß Sie etwas von ihnen wollen, werden sie vermutlich mehr darauf achten, was sie sagen, und wie sie sich verhalten. Der Lohn für diese Notizen steht in keinem Verhältnis zur hierfür aufgewendeten Zeit. Der Teilhaber einer Beratungsfirma hat beispielsweise einem freiberuflich arbeitenden Berater einmal erzählt, daß seine Firma verstärkt mit Freiberuflern zusammenarbeitet. Der Berater notierte sich diesen Punkt. Zwei Monate später wollte der Teilhaber ihn fest einstellen. In den Gehaltsverhandlungen versuchte er, die Forderungen des anderen zu drücken, indem er behauptete, er engagiere nur selten Freiberufler und würde ihm mit diesem Stellenangebot sozusagen einen Gefallen tun. Wie verlegen war er, als der Berater die frühere Unterhaltung fast wörtlich wiederholte. Genauso erwähnte einmal ein Immobilienmakler in einer der ersten Gespräche über den Kauf eines Hauses einen Riß in der Wand. Diese überaus wichtige Information wäre vielleicht inmitten der anderen Einzelheiten über Raumgrößen, Teppiche, Vorhänge und so weiter verlorengegangen, wenn der Käufer sie sich nicht notiert hätte.

Sich selbst kontrollieren

Eine sehr wichtige, doch häufig vernachlässigte Datenbasis ist das eigene Ich. Es zahlt sich aus, von Zeit zu Zeit folgende Punkte zu notieren und zu überprüfen:

1. Was mache ich gerade und warum?
2. Was habe ich erreicht und was nicht?
3. Welche Vorbehalte hege ich, und wovor habe ich am meisten Angst?

Schon das Fixieren solcher Einzelheiten auf Papier erzeugt Macht, da es eine Basis für Planung und Bewertung ist.[7] Es verschafft auch Vorteile gegenüber Menschen, die einfach in den Tag hineinleben, niemals die langfristigen Folgen ihrer scheinbar harmlosen Entscheidungen erkennen – bis es zu spät ist.[8,9]

Wichtige Ausstattung

1. Ein Notizblock mit Kugelschreiber und Taschenrechner
Das klingt vielleicht selbstverständlich, doch ein schottisches Sprichwort besagt: „Das Verhalten bei Tisch kann einen ruinieren." Taschenkalender sind sehr wirkungsvolle Notizblöcke, da sie als eine Art Mini-Datenbank den schnellen Zugriff auf Adressen, Notizen, Ideen und Vergleiche erlauben. Alle Informationen an einer Stelle abrufen zu können, ermöglicht es Ihnen, Verbindungen zu erkennen und ihre Auswirkungen auf ein Angebot auszurechnen, noch während Sie zum Beispiel telefonieren. Wie wichtig es ist, schnell zu sein, kann nicht genug betont werden. Ein Taschenrechner erlaubt beispielsweise, die Ansprüche anderer noch während der Besprechung an Ort und Stelle zu überprüfen. Notebook-Computer sind hierzu eine leistungsfähige Alternative.

2. Ein Taschendiktiergerät
Diese sind nützlich für schnelle Notizen und die Aufzeichnung von Telefonaten. Beachten Sie jedoch, daß die Aufzeichnung von Gesprächen ohne Wissen des anderen illegal ist.

3. Ein durchdachtes Akten- und Querverweissystem
Selbst sorgfältigstes Aufzeichnen und Lesen sind Zeitverschwendung, wenn Sie

a) Informationen nicht finden können,
b) Informationen nicht abrufen können.

Im Idealfall sollte das Büro die Funktion einer Datenbank haben. Dennoch wissen viele Führungskräfte nicht, welche Informationen sie besitzen und wo sie zu finden sind. Die Lösung liegt in einem manuellen oder automatisierten Querverweis-Index-System. Noch einmal: Der Lohn übersteigt bei weitem die in die Installierung eines solchen Systems investierte Zeit. Die meisten Führungskräfte verlassen sich einfach auf ihre Sekretärinnen, wenn es darum geht, Akten einzurichten und in ihnen nachzuschlagen. Diese Fähigkeit selbst zu besitzen ist jedoch ein weiteres Mittel, sich Vorteile zu schaffen.[10]

Was sollte aufgezeichnet werden?

Jede Form von Aufzeichnung ist besser als gar keine. Die beste Form der Aufzeichnung ist jedoch die, die es gestattet, Daten noch Monate oder gar Jahre später präzise und umfassend abzurufen. Notieren Sie immer so grundlegende Daten wie Datum, Uhrzeit und Ort, Namen der Anwesenden, die Namen von Leuten, die raus- und reingingen und so weiter. Solche Informationen können entscheidend sein. Ein leitender Mitarbeiter widersetzte sich beispielsweise einer Umstrukturierung der Abteilung und beklagte sich darüber, nicht vorher gefragt worden zu sein. Da die ersten Gespräche darüber schon vor über einem Jahr stattgefunden hatten, konnte sich niemand mehr so recht daran erinnern, ob man ihn befragt hatte oder nicht – abgesehen von der Tatsache, daß sein Name auf allen Gesprächsprotokollen in diesem Zusammenhang auftauchte. (Ein kleiner Hinweis: Sie sollten immer einen A4-Block bei sich haben.)

Es wäre ein Fehler, jedes Gespräch wörtlich mitschreiben zu wollen. Umfangreiche Notizen lenken von den wesentlichen Inhalten ab. Die Kunst besteht darin, ein Ohr für die Schlüsselpunkte zu entwickeln. Hier ein Beispiel:

> „Ehrgeiz, oh, ich bin nicht wirklich ehrgeizig. Ich meine, ich hätte nichts dagegen einzuwenden, wenn irgend jemand mir einen Direktorenposten anbieten oder eine bescheidene Verdienstmedaille oder ähnliches überreichen würde. Aber, na ja, das ist alles Zukunftsmusik, ich meine, ich bin nicht wirklich besorgt über das, was passiert. Es würde mir nichts ausmachen, wenn ich in zehn Jahren noch immer hier wäre. Ich habe hier und da die Lage mal etwas sondiert."

Dieses ist ein höchst wichtiges Gespräch, das wie folgt effizient aufgezeichnet werden sollte:

Gesprächsnotiz – ARS, 4.6.91

Ort: sein Büro. Anwesend: persönlich.
Thema: Ehrgeiz.

ARS machte deutlich:

1. sucht Direktorenposten,
2. Verdienstmedaille,
3. verfolgt Ziel aktiv, d.h. „sondiert ein bißchen".

NB. ARS scharrte mit den Füßen, als er behauptete, er sei nicht ehrgeizig.

Diese Form der Notizen beschreibt nicht nur deutlich, was stattfand, sondern erleichtert durch den sparsamen Umgang mit Worten auch den Abruf der Informationen. Einer der Vorteile dieser Art der Kurznotizen liegt darin, daß sie Ihnen erlauben, Ihr Gegenüber zu studieren. Wie sich der andere verhält, kann wichtiger sein als das, was er sagt. In unserem Beispiel bemerkte der Schreiber, daß der andere mit den Füßen scharrte, als er verneinte, ehrgeizig zu sein. Das ist ein extrem auffälliges Verhalten, da die Signale, die er aussendet, mit seinen Worten und Absichten nicht übereinstimmen. Menschen senden in der Tat Signale aus, und es ist wichtig, sie zu bemerken und über sie nachzudenken. Die einzige Rechtfertigung für langatmige Kritzeleien ist der Gewinn von Zeit zum Nachdenken.

Die Macht wird verstärkt, wenn der andere nicht bemerkt, daß Sie sich Notizen gemacht haben. Es zahlt sich aus, das eigene Gedächtnis zu trainieren und wichtige Punkte einfach zu behalten. Das ist nicht so schwierig, wie es sich anhört, da Geschäfte selten mehr als sechs oder sieben Themen behandeln. Falls das nicht möglich ist, besteht ein guter Kompromiß darin, sich Einzelheiten wie Preise, Liefertermine und Produkteigenschaften zu notieren. Dann, wenn der andere außer Sicht ist, schreiben Sie ein paar der Dinge nieder, die er erwähnt hat.

Ein paar alte Tricks

Genau wie jede andere Machtquelle müssen auch Informationen nicht der Realität entsprechen, um Wirkung zu zeigen. Was zählt, ist **nicht, was Sie wissen, sondern was der andere glaubt, daß Sie wissen.**

So zu tun, als besäße man wichtige Informationen ist ein hervorragendes Mittel, um andere aus dem Konzept zu bringen. Das erklärt, warum die Polizei Verdächtige einzeln befragt. Sie können diese Isolation nutzen, um vorzugeben, der andere hätte gestanden, oder daß sie mehr wüßten, als es in Wirklichkeit der Fall ist.

Im Bereich des Management besteht eine Möglichkeit, sich Vorteile zu verschaffen, darin, sich in schwierigen Situationen ostentativ mit Büchern, Akten und mindestens zwei Dutzend deutlich erkennbaren Lesezeichen in Ihren Unterlagen zu bewaffnen, wenn Sie sich in eine Besprechung begeben. Der andere, im Glauben Sie hätten Ihre Hausaufgaben gemacht, wird plötzlich weniger zuversichtlich sein. Ein anderer Trick ist auch, mitten in der Diskussion in seinen Unterlagen zu suchen und mit triumphierendem Gesichtsausdruck darauf zu blicken. Der Effekt besteht darin, das Selbstvertrauen des anderen unmittelbar zu erschüttern, da er nun glaubt, Sie seien kurz davor, einen Beleg zu präsentieren, der ihn unglaubwürdig erscheinen läßt. Er weiß ja nicht, daß Sie sich ein unbeschriebenes Blatt Papier angesehen haben.

Die meisten von uns waren irgendwann einmal in der Situation, den Bericht für eine Besprechung nicht gelesen zu haben, und machen sich nun Sorgen, daß sie Fragen nicht beantworten können. Die Lösung des Problems besteht darin, einige willkürlich ausgewählte Abschnitte mit Textmarker zu kennzeichnen und einige verwirrend aussehende Bemerkungen an den Rand zu schreiben. Wenn Sie das getan haben, und das Dokument dann auf dem Tisch offen vor sich hinlegen, wird niemand es wagen, Ihnen irgendwelche Fragen zu stellen, aus Angst, Sie könnten ihm mit scharfer Kritik darauf antworten. Die Tatsache, daß Sie vielleicht völlig unwichtige Teile aus dem Bericht markiert haben oder „Blödsinn" neben absolut vernünftige Passagen geschrieben haben, unterstützt Ihre Stärke, da es andere glauben läßt, daß Ihre Analyse gründlicher sei als die eigene.

Über den Umgang mit Informationen

Die Kunst, Informationen zu kontrollieren, hängt davon ab, daß Sie wissen, welche Informationen Sie weitergeben, und daß Sie unvorteilhafte Daten für sich behalten.

In Zweifelsfällen behalten Sie Dinge lieber für sich. Zum Beispiel hörte ein junger Büroangestellter in einem inoffiziellen Gespräch mit einem Kollegen aus dem Betriebsrat, daß die Kündigung eines bestimmten, inkompetenten leitenden Angestellten der erste Schritt in Richtung Aufgabe des Kundendienstes sei. Der Büroangestellte entschied sich dafür, diese Information nicht an den stellvertretenden Direktor weiterzugeben, da er diesen nicht leiden konnte. Später wurde der bewußte leitende Angestellte entlassen. Daraufhin kam es zu einer drastischen Verschlechterung des Arbeitsklimas zwischen Arbeitgeber und Arbeitnehmer, worüber sich der stellvertretende Direktor sehr sorgte und was ihm eine Menge zusätzlicher Arbeit verschaffte, weil er darauf nicht vorbereitet war.

Wenn es notwendig ist, unvorteilhafte Informationen weiterzugeben, helfen vielleicht die folgenden Strategien:

1. Seien Sie es, der die Informationen weitergibt, bevor es ein anderer tut.

Beschränken Sie den Schaden, indem Sie Verantwortung übernehmen. Es ist besser, wenn die anderen die Geschichte von Ihnen selbst als von anderen hören.

2. Schicken Sie schlechten Neuigkeiten gute voran.

Sie könnten beispielsweise sagen: „Bevor wir mit dieser Besprechung beginnen, lassen Sie mich erklären, was wir getan haben." Dann führen Sie einige Leistungen im einzelnen an. Hierdurch wird Kritik gemildert.

3. Übermitteln Sie schlechte Nachrichten schrittweise.

Plötzliche Schocks sind gefährlich: Nutzen Sie Ihre Kontrolle über die Information, um sie Stück für Stück weiterzugeben. Auf diese Weise erkennt vielleicht sogar niemand, daß ein Fehler begangen wurde, ganz zu schweigen von seinem Ausmaß. Ein Finanzangestellter erkannte beispielsweise einmal, daß er den Gewinn und Verlust eines größeren Projektes völlig falsch berechnet hatte. Anstatt nun einen Schlaganfall zu verursachen und sich selbst die Kündigung zu verdienen, paßte er die Konten Monat für Monat heimlich solange an, bis sie die tatsächliche Situation widerspiegelten.

Gesegnete Unwissenheit

Obwohl Wissen Macht ist, kann Unwissenheit manchmal zum Erfolg führen, weil der Unwissende sich nicht durch die Angst vor Versagen eingeengt fühlt. Während es beispielsweise hilfreich sein kann, wenn man weiß, wer bei einer offenen Stelle noch in die engere Wahl gezogen wurde oder sich an einer Ausschreibung beteiligt hat, kann dieses Wissen auch kontraproduktiv sein, wenn es das eigene Selbstvertrauen untergräbt.

Menschen, die einer Gefahr gegenüber blind sind oder bestehende Konventionen nicht kennen, haben manchmal genau deshalb Erfolg, weil sie sich aufgrund dieser Tatsache in Bereiche wagen, in die sich andere aus Angst nicht hineintrauen. Für einen überaus erfolgreichen Unternehmer kam der Wendepunkt in seiner Karriere, als er mit neunzehn Jahren als Kundendienstmitarbeiter mit einer neuen Erfindung in Form eines rohrförmigen Verbandes[11] in der Tasche in ein Krankenhaus in Kopenhagen marschierte. Er glaubte, ein sehr nützliches Produkt zu haben, wußte aber nicht, an wen er sich damit wenden sollte. Er verlangte deshalb, den Direktor zu sprechen. Dieser erschien, und kurz darauf fand sich der Kundendienstmitarbeiter in einem Wagen mit Chauffeur wieder, der ihn quer durch die Stadt zu Auftragsbesprechungen fuhr. Dennoch hatte er erkannt, daß erfahrene Führungskräfte nur selten neunzehnjährige Kundendienstmitarbeiter empfangen und daß er ohne Termindruck vielleicht nicht gefragt hätte.[12]

Zusammenfassung

- Informationen sind Macht.
- In Machtbeziehungen sind die Informationen beider Seiten über die jeweils andere Seite gewöhnlich unvollständig.
- Informationen, zu denen Sie routinemäßig Zugang haben, sind eine Machtquelle.
- Folgen Sie, wohin Ihre Neugier Sie führt.
- Nur wenige Büros sind gut verschlossen. Erkundungsgänge nach Büroschluß können sich lohnen.
- Es gibt viele Informationen, die nur darauf warten, daß man sie sich aneignet. Wer nach Macht strebt, wendet gerne die Mühe auf, sie zu seinem Vorteil zu nutzen.
- Sorgen Sie dafür, daß Ihr Büro sicher ist – inklusive Papierkorb.
- Hören Sie zu, statt zu reden.
- Zeigen Sie niemals, daß Sie unter Druck stehen.
- Manchmal kann man mehr erfahren, wenn man keine Fragen stellt oder uninteressiert erscheint. Das gilt insbesondere, wenn es um Sekretärinnen geht.
- Seien Sie auf der Hut, wenn Sie ungewöhnliche Aktivitäten oder Verhaltensweisen beobachten.
- Finden Sie heraus, wer mit wem spricht und welche Leute sich nicht leiden können.
- Die wirkungsvollste Methode, um über eine Person oder eine Situation etwas herauszufinden, ist, sich ihr zu nähern.
- Macht verlangt, daß Informationen
  - aufgezeichnet werden,
  - leicht abgerufen werden können,
  - einfach zu handhaben sind.
- Der wichtigste Zeitpunkt für die Aufzeichnung von Informationen ist zu Beginn eines Projektes oder die erste Begegnung.

- Auch die Aufzeichnung des ersten Eindrucks, der Ziele, Pläne und größten Ängste erzeugt Macht.
- Tragen Sie immer wenigstens ein Notizbuch, einen Kugelschreiber und einen Taschenrechner bei sich.
- Querverweise sind für den Zugang zu und Abruf von Informationen wichtig.
- Notizen sollten sich auf das Wesentliche beschränken.
- Schlechte Neuigkeiten müssen auf die richtige Weise mitgeteilt werden, das heißt:
  - Ergreifen Sie die Initiative.
  - Stellen Sie der Eröffnung gute Neuigkeiten voran.
  - Übermitteln Sie die Informationen stückweise.
- Unwissenheit kann ein Segen sein.

Fragebogen über den Umgang mit Informationen

Nachdem Sie das Kapitel gelesen haben, testen Sie sich nochmals selbst:

1. **Sie stehen mit einem Unternehmen in Verhandlung. Welche der folgenden Unterlagen würde Sie am meisten interessieren?**
   a) der Jahresbericht
   b) der vertrauliche Revisionsbericht
   c) die Korrespondenz mit der Bank
   d) das private Tagebuch des Vorstandsvorsitzenden

2. **Ihr Chef hat eine neue Sekretärin. Was tun Sie?**
   a) Sie stellen ihr eine Menge Fragen.
   b) Sie fragen sie, wie um Himmels willen er das alles schafft.
   c) Sie sagen ihr, wieviel besser der Chef jetzt organisiert zu sein scheint.
   d) Sie fragen sie nach seinen Schwierigkeiten aus.

3. **Als Sie sich einer Tür nähern, hören Sie von drinnen zornige Stimmen. Was tun Sie?**
   a) Sie husten laut.
   b) Sie halten inne und hören zu.
   c) Sie drehen sich um und gehen weg.
   d) Sie gehen geradewegs hinein.

4. **Ein Auto, das Sie erst vor neun Monaten gekauft haben, ist ständig kaputt. Was tun Sie?**
   a) Sie reparieren es weiterhin.
   b) Sie bringen es zum Händler zurück und beschweren sich.
   c) Sie bringen es zum Händler zurück und sagen, daß Ihnen der Wagen nicht gefällt.
   d) Sie erklären dem Händler, daß Sie nach einem kostspieligeren Modell suchen, da Sie zu Geld gekommen sind.

5. **Welche der folgenden Gegenstände haben Sie immer bei sich?**
   a) Terminkalender und Kugelschreiber
   b) Taschenrechner
   c) Diktiergerät
   d) ein Gerät zum Aufzeichnen von Telefonaten

6. **Machen Sie sich, wenn es um Geschäfte oder Anfragen geht, Notizen bei Telefongesprächen?**
   a) immer

b) manchmal
c) selten
d) nie

7. In einer Zeitungsannonce wird eine interessante Stelle angeboten; eine Telefonnummer für Rückfragen ist dabei. Was tun Sie?

a) Sie bewerben sich und warten, ob Sie in die engere Wahl gezogen werden.
b) Sie nehmen sofort den Hörer in die Hand und informieren sich.
c) Sie nutzen die Nummer, um sich direkt am Telefon so gut wie möglich zu verkaufen.
d) Sie machen sich schnell einige Stichpunkte und rufen dann an.

8. Sie sind für eine Besprechung zu spät dran. Was tun Sie?

a) Sie gehen direkt dorthin.
b) Sie gehen im Büro vorbei, um Unterlagen mitzunehmen.
c) Sie bitten Ihre Sekretärin, anzurufen und mitzuteilen, Sie kämen gleich.
d) Sie sagen ab.

9. Sie treffen einen neuen Vertragspartner zum ersten Mal. Was tun Sie?

a) Sie machen sich während der Besprechung ausgiebig Notizen.
b) Sie hören konzentriert zu, aber schreiben hinterher einige Punkte auf.
c) Sie bitten Ihre Sekretärin, Notizen zu machen.
d) Sie verstecken ein Aufnahmegerät im Raum.

10. Sie stellen fest, daß ein Werk, von dem Sie behauptet haben, daß es mit großen Verlusten arbeite, in Wirklichkeit gute Gewinne gemacht hat. Die Fehleinschätzung beruht auf Unzulänglichkeiten in Ihrer eigenen Abteilung. Was tun Sie?

a) Sie stürmen aus dem Büro und verbreiten die gute Nachricht.
b) Sie erklären, daß neue Informationen aufgetaucht sind, aufgrund derer die Situation dieses Werkes nicht so schlecht ist, wie befürchtet wurde.
c) Sie sagen nichts und lassen weiterhin jeden im Glauben, daß der Betrieb Verluste macht.

Die Antworten finden Sie auf der nächsten Seite.

Antworten auf den Fragebogen

1. d – Es sagt Ihnen mehr als alles andere zusammen.
2. c – Konzentrieren Sie sich zuerst darauf, eine Beziehung aufzubauen.
3. b.
4. c. – Zeigen Sie nicht, daß Sie den Wagen unbedingt loswerden wollen. Niemals d; wenn Leute Geld riechen, versuchen sie, es Ihnen wegzunehmen.
5. Wenn Sie Ihre Karriere ernst nehmen, besitzen Sie alles.
6. a.
7. d. – Je besser Sie vorbereitet sind, desto mehr werden Sie erfahren.
8. c – Sie benötigen nicht nur die Information, sondern müssen auch Ihr Gedächtnis auffrischen. d schadet nur Ihrem Ruf.
9. b.
10. c – Das sind vielleicht gute Neuigkeiten, aber sie sind auch ein schneller Bumerang, der auf Sie zurückkommt. a macht die Dinge nur noch schlimmer.

Rechnen Sie die Punkte zusammen, die Sie erzielt hatten, bevor Sie das Kapitel gelesen haben: __________

Rechnen Sie die Punkte zusammen, die Sie erzielt haben, nachdem Sie das Kapitel gelesen haben: __________

Literatur zu Kapitel 6

1. *Sterba, R.L.A.* (1978) „Clandestine management in imperial Chinese bureaucracy“, Academy of Management Review, 3(1), S.69-78.
2. *Neurstadt, R.E., May, E.R.* (1986) Thinking in Time: The Uses of History for Decision Makers, Free Press, London.
3. *Powis, D.* (1977) The Signs of Crime: A Field Manual for Police, McGraw-Hill, London.
4. *Webb, E.J., Campbell, T.D., Schwartz, R.D. and Secherst, L.* (1966) Unobtrusive Measures: Non-Reactive Research in the Social Sciences, Rand McNally, Chicago. Enthält eine faszinierende Darstellung der verschiedenen Typen von Anzeichen beim Menschen, und was daraus geschlossen werden kann.
5. *Kennedy, R.* (1965) Thirteen Days: A Memoir of the Cuban Missile Crisis, Norton, New York.
6. Vgl. *Drummond, H.* (1991) Effective Decision Making: A Practical Guide for Management, Kogan Page, London, über den Umgang mit Informationen und Gefühlen im Entscheidungsprozeß.
7. *Neustadt und May,* op. cit.
8. *Lindblom, C.E.* (1959) „The science of muddling through“, Public Administration Review, XIX,(2), S.79-88.
9. *Becker, H.S.* (1960) „Notes on the concept of commitment“, American Journal of Sociology, 66, S.32-40.
10. *Stibic, V.* (1980) Documentation for Professionals: Means and Methods, North Holland, Amsterdam. Enthält nützliche Ideen über die Einrichtung eines Informationsabfragesystems.
11. „How innovation enabled Seton to put its finger on a healthy new market“, Financial Times, (1982), November 12, S. 13.
12. Private Unterhaltung.

Kapitel 7

Die Macht von Experten

Fragebogen über den Umgang mit Experten

Testen Sie Ihre Fähigkeiten, indem Sie die folgenden Fragen beantworten:

1. Sie haben ein neues Software-Paket gekauft und benötigen jetzt noch die entsprechende Hardware. Die Firma, die Ihnen die Software verkauft hat, könnte auch die Hardware liefern. Was tun Sie?

a) Sie fragen nach Einzelheiten und vergleichen Preise und Leistungsmerkmale mit den Produkten anderer Anbieter.
b) Sie fragen, was man Ihnen empfehlen würde.
c) Sie bitten um ein Angebot für Hard- und Software zusammen.
d) Sie fragen nach dem Rabatt, den man Ihnen gewähren würde.

2. Sie kaufen ein Haus. Der Immobilienmakler bietet Ihnen an, sich für Sie um Notar und Finanzierung zu kümmern. Was tun Sie?

a) Sie bedanken sich bei ihm dafür, daß er Ihnen die Mühe ersparen will.
b) Sie sagen ihm, daß Sie sich selbst darum kümmern werden.
c) Sie deuten an, daß Sie bereit wären, Angebote entgegenzunehmen.
d) Sie danken ihm und fragen, ob er Ihnen auch eine Kapitallebensversicherung vermitteln könnte.

3. Sie wollen einige neue Geräte kaufen. Ein Distributor ruft Sie an und bietet Ihnen 25 Prozent Rabatt für eine bekannte Marke, falls er den Auftrag noch heute erhält. Was tun Sie?

a) Sie sorgen dafür, daß er ihn bekommt.
b) Sie bitten ihn, Ihnen eine ausführliche technische Beschreibung per Fax zuzusenden.
c) Sie fragen ihn nach dem Grund für seine Eile.
d) Sie sagen ihm, daß er für 30 Prozent Rabatt den Auftrag hätte.

4. Sie haben eine Auseinandersetzung wegen der Verletzung von Patentrechten. Die andere Seite teilt Ihnen mit, daß sie nach Meinung eines Rechtsanwaltes im Recht sei. Was tun Sie?

a) Sie schlagen eine außergerichtliche Einigung vor.
b) Sie fragen, worauf diese Einschätzung basiert.
c) Sie holen selbst den Rat eines Rechtsanwaltes ein.
d) Sie sagen: „Wir sehen uns vor Gericht."

5. Sie wollen einen hochangesehenen Gutachter mit der Durchführung einer Studie über die Verwendungsmöglichkeiten eines alten Warenlagers beauftragen.
Was sagen Sie ihm?
a) Sie bitten ihn um eine Schätzung der Kosten.
b) Sie vereinbaren eine genaue Beschreibung und Kostenaufstellung.
c) Sie setzen einen Kostenrahmen fest.
d) Sie geben ihm freie Hand, das Notwendige durchzuführen.

6. Sie haben einen Unternehmensberater damit beauftragt, Ihren Bedarf im Bereich informationstechnischer Ausstattung zu untersuchen und entsprechende Vorschläge zu unterbreiten. Der Bericht, dessen Erstellung drei Monate dauerte, hat keine Ähnlichkeit mit den örtlichen Gegebenheiten und ist völlig nutzlos.
Was tun Sie?
a) Sie weigern sich, zu zahlen.
b) Sie verlangen einen Preisnachlaß.
c) Sie sagen ihm, er solle nochmal von vorne beginnen.
d) Sie zahlen und verbuchen es unter Erfahrung.

7. Sie haben den Bericht eines Gutachters über ein Besitztum erhalten, das Sie gerne kaufen würden. Der Bericht erwähnt einen Riß in der Außenwand und gibt folgende Erklärung: „Er könnte durch Untergrundabsenkung verursacht worden sein." Viel wahrscheinlicher ist jedoch, daß er auf eine Erschütterung kurz nach dem Bau des Gebäudes zurückzuführen ist.
Was tun Sie?
a) Sie geben den Kauf auf – er erscheint zu riskant.
b) Sie fragen den Besitzer, was er darüber denkt.
c) Sie sprechen mit dem Gutachter.
d) Sie kaufen.

8. Sie wollen eine Hühnerfarm eröffnen und erwarten Widerstand sowohl von Umweltschützern als auch von ansässigen Geschäftsleuten, die das Grundstück ebenfalls erwerben wollen. An wen würden Sie sich wegen Rat und Baugenehmigung wenden?
a) an einen ansässigen Immobilienmakler
b) an das Büro des Gemeinderates
c) an eine darauf spezialisierte Firma in Berlin
d) Sie bewerkstelligen die Sache selbst.

9. Sie sprechen mit dem Intendanten eines Theaters. Er weigert sich, mehr als ein bekanntes Stück pro Saison aufzuführen, da, wie er sagt, andernfalls die künstlerische Qualität leiden würde.
Was tun Sie?

a) Sie sagen ihm, daß es Ihrer Meinung nach keinen Unterschied machen würde.
b) Sie sagen ihm, daß es um das Überleben des Theaters geht.
c) Sie schlagen ihm vor, selbst die Verantwortung für die Finanzen zu übernehmen.
d) Sie fragen: „Haben Sie noch mehr von diesem langweiligen Blödsinn auf Lager?"

10. Sie wurden gebeten, für Ihre Abteilung einen Plan für das kommende Jahr zu erstellen.
Wie äußern Sie sich?

a) Sie „freuen sich auf das kommende Jahr".
b) Sie „freuen sich auf die Herausforderungen des kommenden Jahres".
c) Sie sagen: „Das kommende Jahr wird für uns von entscheidender Bedeutung sein."
d) Sie sagen: „Es ist unwahrscheinlich, daß wir im nächsten Jahr noch im Geschäft sind."

Die Macht des Fachmannes basiert auf Vertrauen. Vertrauen bedeutet in diesem Zusammenhang: **Der Empfänger glaubt, daß es dem Fachmann um die Interessen des Kunden geht und nicht um seine eigenen.**[1]

Dieser Glaube ist extrem mächtig. Er hält Menschen davon ab, zu erkennen, daß sie sich beim Umgang mit Experten in einer Machtbeziehung befinden und damit anfällig dafür sind, manipuliert zu werden. Im allgemeinen glauben Patienten zum Beispiel, daß die verschriebene Arznei die bestmögliche Behandlung ihrer Krankheit ist. Es kommt ihnen wahrscheinlich niemals in den Sinn, daß sie vielleicht als Versuchskaninchen dienen könnten, oder daß die Verschreibungsgewohnheiten des Arztes von den Pharmaunternehmen beeinflußt sein könnten, die den Ärzten verschwenderische „Seminare" im Ausland finanzieren.

Wie in jeder Machtbeziehung, so ist es auch im Umgang mit Fachleuten möglich, sich besser oder schlechter zu schlagen. Sich darüber bewußt zu sein, daß man möglicherweise das Opfer von Ausnutzung werden kann, verhilft dazu, das Gleichgewicht wieder herzustellen. Bewußtsein beginnt mit der Erkenntnis, daß Fachwissen potentiell als Vorwand dient, um etwas zu verkaufen.

Dieses etwas kann eine Religion sein, ein Moralverständnis, eine Arbeit, eine Idee, ein Geschäft und so weiter. Egal, worum es geht: **Wenn Sie einen Fachmann um Rat fragen, wird er Ihnen verkaufen, was immer Sie hören wollen.**

Einigen Verkäufern geht es wirklich nur um die Interessen ihrer Kunden. Derartige Uneigennützigkeit entspricht jedoch keineswegs dem Normalfall. Auf die Frage, warum er seinen derzeitigen Job aufgeben wolle, antwortete der ernüchterte Angestellte eines Einzelhändlers:

„Wenn uns ein Kunde um Rat fragt, welches Fernsehgerät er kaufen soll, dann sind wir angewiesen, ihm eines zu verkaufen. Das macht mich krank, denn wenn sie auch billig sind, sie sind Schrott, gehen ständig kaputt, und der Kunde muß dann monatelang auf Ersatzteile warten. Dennoch müssen wir so tun, als ob sie gut seien, und das nur, weil die Gewinnmarge hoch ist."

Immobilienmakler werben damit, daß sie gerne bereit sind, einen Notar, eine Finanzierung oder eine Lebensversicherung zu empfehlen. Natürlich tun sie das angesichts der Provisionen, die sie dafür erhalten, gerne. Auf „individuelle Bedürfnisse zugeschnittene" Finanzierungen sind oft solche mit höchsten Gewinnen und von höchst zweifelhafter Redlichkeit.[2]

Auch Experten selbst sind jedoch nicht davor sicher, von anderen ausgenutzt zu werden. Tierärzte rühmen beispielsweise die Vorteile einer Krankenversicherung für Tiere, weil sie in Wirklichkeit eine uneingeschränkte Vollmacht für umfangreiche Behandlungen bedeutet – unabhängig vom medizinischen Nutzen. Sie erleichtert auch eine gewisse Aufrundung von Rechnungen. Auch der Tierarzt wird gerne eine bestimmte Versicherungsgesellschaft empfehlen, nämlich eine, die ihm eine hohe Provision zahlt.

Die Macht von Experten wird in allen Lebensbereichen ausgenutzt. Sie wird noch verstärkt, wenn man sie mit einer gewissen moralischen Verpflichtung kombiniert. Schwangeren Müttern erzählt man beispielsweise: „Wir wollen doch das Beste für das Baby, nicht wahr?" In Wirklichkeit bedeutet es, daß wir das wollen, was dem medizinischen Personal am besten paßt, indem wir an die von der Mutter empfundene Verpflichtung appellieren, ihre eigene Bequemlichkeit zugunsten dessen zu opfern, was sie glaubt für das Kind das Beste zu sein.

Mit der Macht von Experten fertig werden

Experten wissen nicht alles

Hat man erst einmal die Existenz von Machtbeziehungen erkannt, besteht der nächste Schritt in der Erkenntnis, daß diejenigen, die Fachwissen bekunden, vielleicht unrecht haben. Fachwissen basiert nicht darauf, was jemand weiß, sondern darauf, was andere glauben, daß er weiß.

Der erste und am weitesten verbreitete Grund, warum sich Menschen in die Irre führen lassen, besteht darin, daß in vielen Situationen niemand Bescheid weiß.

Professionelle Wettberater erwecken beispielsweise Vertrauen durch sogenannte „todsichere Tips". Doch: Woher können sie wissen, welches Pferd das Rennen gewinnt? Auch die Bewertung von Häusern basiert auf Schätzungen, wie sicher sich der Immobilienmakler vielleicht auch immer anhört. Oft ist es unmöglich vorauszusagen, wie ein Gerichtsverfahren ausgeht, egal, wie kompetent der Rechtsanwalt sein mag. Es ist möglich, daß Sie von ein und demselben Anwalt unterschiedliche Meinungen hören werden, je nachdem, ob Sie der Kläger oder der Beklagte sind. Der Wert eines Gebrauchtwagens ist extrem unterschiedlich, je nachdem, ob der Käufer oder der Verkäufer in die Liste schaut. Selbst die Schlußfolgerungen in Naturwissenschaften basieren bis zu einem gewissen Grad auf Vermutungen. Viele Ergebnisse in der Medizin sind beispielsweise alles andere als hundertprozentig zuverlässig, auch wenn sie dem Patienten in einem Ton mitgeteilt werden, als wären sie es.

Klüger als der Fachmann

Wenn Sie Rat einholen oder auf Empfehlungen hören, sollten Sie sich selbst fragen: **Woher weiß er das?**

Je weniger er wirklich wissen kann, desto wichtiger wird es, daß

- Sie eigene Forschungen und Bewertungen anstellen,
- Sie sich eine eigene Meinung bilden.

Forschung ist das wichtigste Mittel, um sich Macht anzueignen. Der beste Mensch zur Wahrung Ihrer Interessen sind Sie selbst. Die Zeit, die Sie selbst in das Studium der Pferde, den Vergleich von Hauspreisen, in technische Beschreibungen und so weiter investieren, ist gut verbracht. Es ist der zuverlässigste Weg, um ein gutes Geschäft zu machen oder wenigstens ein schlechtes zu vermeiden. Es vermittelt darüber hinaus die Befriedigung, später in der Lage zu sein, mit gleicher oder gar größerer Kompetenz über das Thema zu sprechen als der Verkäufer.

Erheben Sie immer den Anspruch, ein kleines bißchen mehr zu forschen, als nötig erscheint. Das Ziel besteht darin, durch Gespräche mit Leuten, die Sammlung von Daten und so weiter ein Gefühl für die Sache zu entwickeln. Es ist wichtig, potentielle Forderungen vorauszusehen und sich mit möglichen Fallen vertraut zu machen. Wenn man einen Computer kauft, zahlt es sich aus, vorher zu überlegen, welche Anforderungen an die Verarbeitung von Informationen bestehen. Genauso ist es beim Kauf von Maschinen wichtig, die Kosten für Ersatzteile direkt zu berücksichtigen. Einige Hersteller verkaufen beispielsweise gute Maschinen relativ preiswert. Sie verraten jedoch nicht, daß die Kosten für ein Ersatzteil höher sein können als der ursprüngliche Kaufpreis.

Lassen Sie sich von Fachausdrücken und Fachsprache nicht abschrecken. Sie können damit genauso wie jeder andere umgehen. Das Kleingedruckte vieler Versicherungspolicen kann man zum Beispiel sehr wohl verstehen, wenn man sich die Mühe macht, es zu lesen. Lesen allein reicht jedoch nicht aus. Sie müssen überlegen, was die Worte ausdrücken. Eine Unfallversicherung beispielsweise, die die „vorübergehende vollständige Invalidität" abdeckt, welche definiert ist als „Invalidität, die den Versicherten vollständig von der Ausübung seines erlernten Berufes abhält", deckt keinen Autounfall ab, durch den der Versicherte sofort und dauerhaft daran gehindert ist, in seinen Beruf zurückzukehren. Der Grund dafür ist, daß die Invalidität nicht vorübergehend ist. Natürlich sollte man solche Fußangeln entdecken, bevor man den Vertrag abschließt.

Sie sollten sich auch keinesfalls von der Menge, die es zu lernen gilt, einschüchtern lassen. Beachtliche Einsichten können entweder durch kurze intensive Studien gewonnen werden oder durch den „öfter-ein-bißchen-Ansatz". Nur 20 Minuten pro Tag über einen Zeitraum von, sagen wir, einem Monat reichen aus, um sich zu den meisten Themen ein Grundwissen anzueignen.

Bewertung bedeutet den Vergleich von Alternativen. Man geht am besten systematisch vor, indem man eine Tabelle aufstellt, in die Preise, technische Beschreibungen, Einzelheiten zur Garantie und so weiter eingetragen werden. Dieser Ansatz eignet sich für praktisch jede Art von Entscheidung, egal, ob es um den Vergleich von Stellenangeboten geht, die Einschätzung der Fähigkeiten eines Vertragspartners oder den Erwerb eines beliebigen Produktes, angefangen bei einem LKW-Wagenpark bis hin zur Waschmaschine oder Versicherungspolice. Es hört sich einfach an, es ist einfach, und auf dieser Einfachheit basiert die Mächtigkeit dieses Ansatzes. Denn das Herausarbeiten von Ähnlichkeiten und Unterschieden führt zu einer Analyse, die

- objektiv und
- zuverlässig ist.

Eine solche Analyse ist jedoch nur dann sinnvoll, wenn sie wirklich die Grundlage einer Entscheidung bildet. Ignorieren Sie unbegründete Ansprüche wie: „Diese Maschinen sind die besten, die es auf dem Markt gibt." *Sie* wissen, welche Maschinen den besten Gegenwert für Ihr Geld bieten. Informationen sind auch eine mächtige Basis für Verhandlungen. Makler, Verkäufer, Angestellte, Vertragsnehmer und so weiter sind sehr oft bereit, ihr Angebot zu überdenken, wenn sie mit dem eindeutigen Beweis konfrontiert werden, daß es nicht wettbewerbsfähig ist. Interessanterweise zeigen Analysen oft, daß die teuersten Produkte nicht immer die besten sind. Das gilt insbesondere für „optische Konsumgüter" wie Kleidung, Autos, Schreibinstrumente und andere Gegenstände von hohem Prestigewert. Besonders bei sogenannten „Packages" zahlt sich Sorgfalt aus. Verkäufer nutzen die weitverbreitete Ansicht, daß es billiger sei, in größeren Mengen zu kaufen. Wer sich jedoch die Mühe einer genaueren Untersuchung macht, kann oft feststellen, daß diese Annahme unbegründet ist. Der größte Wert einer eigenen Bewertung liegt jedoch darin, daß Sie – was immer Sie am Ende kaufen werden – die Befriedigung haben, etwas gewählt zu haben, weil Sie es wollten, und nicht, weil ein anderer es Ihnen verkaufte.

Zwei Drittel der Gesamtpunktzahl

Jeder, der einmal Prüfungsarbeiten korrigiert hat, weiß, daß die Kenntnisse und Fähigkeiten von Fachleuten sehr unterschiedlich sind. Vor 20 Jahren wurde zu einem Studium der Zahnmedizin nur zugelassen, wer den für die Immatrikulation geforderten Notendurchschnitt besaß. Viele der damaligen Studenten sind heute praktizierende Ärzte. Aufgrund der langen, aufwendigen Ausbildung lassen Professoren nur ungern jemanden durch die Prüfung fallen. So besteht jeder, der mindestens zwei Drittel der Gesamtpunktzahl erreicht, da er sonst zum Grenzfall wird. Da die meisten Prüfer es jedoch hassen, destruktiv zu sein, signalisieren zwei Drittel der Gesamtpunktzahl nicht „gerade bestanden", sondern „bodenlos gescheitert". Ein Journalist, der Rechtsanwälte einmal nach ihren Prüfungsleistungen fragte, war über ihre gestotterten und gestammelten Antworten entsetzt. Genauso schockierend war auch die Tatsache, daß manche mit ihren eigenen Schriftsätzen so wenig vertraut waren, daß sie sich vor Gericht nicht einmal an den Namen ihrer Klienten erinnerten, geschweige denn ihren Fall vertreten konnten.[3]

Über den Umgang mit Fachleuten

Es kommt darauf an, niemals zuviel Ehrfurcht vor Fachleuten zu haben. Seien Sie statt dessen anspruchsvoll, das heißt:

1. Erledigen Sie soviel wie möglich selbst.
2. Stellen Sie Fragen.
3. Seien Sie bereit, eine zweite Meinung einzuholen.
4. Reservieren Sie Zeit zum Nachdenken, und um Einkünfte einzuholen.
5. Denken Sie immer an die zwei Drittel der Gesamtpunktzahl.

Um es nochmals zu sagen: Niemand wird Ihre Interessen besser vertreten als Sie selbst. Menschen, die leichtfertig erklären: „Oh, das überlasse ich alles Fachleuten" zahlen fast zwangsläufig einen Preis dafür, daß sie ihre eigenen Angelegenheiten vernachlässigen. Ein Grund dafür ist, daß Sie mehr über Ihre Angelegenheit wissen als jeder Fachmann. Nehmen wir den Käufer, der sich den Besitz, den er erwerben will, angesehen hat – im Gegensatz zu seinem Anwalt. Das bedeutet, daß der Käufer selbst sehr viel eher entdecken kann, daß es Einzelheiten in der Eintragung im Grundbuch gibt, die nicht korrekt sind. Denkt man einen Moment darüber nach, wird natürlich klar, daß der Anwalt das unter diesen Umständen auch gar nicht wissen kann.

Fachleute werden ungern befragt, da Befragung ihren Status als Autorität in den eines Überredenden umwandelt.[4] Doch denken Sie daran, Sie können es sich nicht leisten, vornehm zu sein. Fragen und Gespräche helfen Ihnen, die Intelligenz des Experten, seinen Einblick und sein Interesse an Ihrem Problem einzuschätzen. Und davon abgesehen machen Experten, was sie wollen, solange sie nicht angezweifelt werden. Ärzte amputieren vielleicht, weil es weniger Schwierigkeiten macht, als einen Bypass zu legen. Anwälte bedrängen ihre Klienten dazu, sich schuldig zu bekennen, da sie auf diese Weise ein leichtes Geld verdienen und nicht riskieren, ihre eigene Dummheit zur Schau zu stellen.[5]

Fachleute sind sich untereinander uneinig. Ihr Urteil ist manchmal durch Stolz, Arroganz und Bosheit beeinflußt. Und darüber hinaus basieren einige Entscheidungen, wie an früherer Stelle bereits angesprochen, in hohem Maße auf Vermutungen. Es ist wichtig, daß Sie das alles berücksichtigen und eine zweite Meinung einholen, wenn es für Sie nützlich oder beruhigend ist. Lassen Sie sich niemals zu einer Entscheidung drängen. Man weiß von Krankenhauspatienten, die sich soweit überreden ließen, daß sie einer Operation oder einer Behandlung zustimmten, ohne auch nur eine Möglichkeit zur Hinterfragung oder zum Überdenken von Alternativen gehabt zu haben. Es gibt nur wenige Dinge, die nicht ein oder zwei Tage warten könnten.

Die meisten Experten wollen beeindrucken. In der Tat: Je geringer ihre Kenntnisse, desto mehr tun sie, um diese Tatsache zu kompensieren. Ignorieren Sie die Plüschumgebung, und denken Sie an die zwei Drittel der Gesamtpunktzahl.

Schnelle Abschlüsse sind schlechte Geschäfte

Die schlechtesten Entscheidungen sind immer die, die in Eile getroffen werden. Verkäufer wissen das und nutzen dieses Wissen, um Käufer zu manipulieren. Zum Beispiel: „Achtung, eilig – dieses Angebot gilt nur heute."

Mit diesem geschickten Einsatz des Faktors Zeit soll dem Käufer jede Gelegenheit genommen zu werden, sich nach Alternativen umzusehen. Diese Technik wird in allen Lebensbereichen angewendet. Im Management hört sich das dann folgendermaßen an:

- „Ich brauche Ihre Entscheidung bis dann und dann."
- „Falls X bis dann und dann nicht erledigt ist, wird es eine Katastrophe geben."
- „Der absolut letzte Termin ist ...."

Die beste Antwort auf derartig willkürliche „Entscheiden-Sie-sich-bis-Termine" lautet:

„Wenn Sie eine schnelle Antwort wollen, ist meine Entscheidung ‚nein'. Wenn Sie mir jedoch Zeit lassen, darüber nachzudenken, dann vielleicht ..."

Bitten Sie niemals selbst um eine Frist. Das fordert andere nur dazu auf, Druck auszuüben. Wenn es eine Fristbegrenzung gibt, wird man sie Ihnen sowieso mitteilen. Manchmal gibt es günstige Angebote am Ende des Rechnungsjahres, da jetzt die Wahrscheinlichkeit, daß sie ergriffen werden, größer ist. Doch selbst dann können Termine etwas angepaßt werden; lassen Sie sich also nicht hetzen. Jeder, der Tiraden anstimmt, wie beispielsweise „Wir brauchen Ihre Entscheidung jetzt" oder „Wir können das Angebot nicht länger aufrecht halten" blufft. Genauso sollten Sie Schmähungen der Art „Es gibt noch einen anderen Interessenten" ignorieren – es gibt immer einen.

Erlauben Sie einem Verkäufer nie, das Verfahren etwas zu beschleunigen, indem er Formulare für Sie ausfüllt. Falls Sie das tun, wird der Verkäufer sein Mehrwissen dazu nutzen,

Sie dazu zu bringen, das zu kaufen, was er will, daß Sie kaufen. Wenn das Produkt Ihren Wünschen dann nicht gerecht wird, wird er sagen: „Aber das haben Sie doch bestellt, oder nicht?“ Nebenbei bemerkt, der Test für für ein gutes Geschäft ist die Frage: Wie groß ist die Bereitschaft, ein Produkt zurückzunehmen?

Die Macht der Alternative

Ceveat emptor

Eines der Grundprinzipien von Machtbeziehungen lautet: **Der Verkäufer weiß immer mehr als der Käufer.**

Da das Wissen des Verkäufers größer ist, ist auch seine Macht größer. Der Vertriebsmitarbeiter weiß, daß die Demonstrationsversion seiner Computer-Software nur 50 Einträge enthält, so daß sie natürlich schnell und effizient erscheint. Ist der Vertrag einmal unterschrieben, bleibt es dem Käufer überlassen herauszufinden, wie hoch die Leistung bei 10000 Einträgen ist. Genauso weiß der Verkäufer eines Hauses, daß die Zentralheizung kaputt ist, und daß der Brunnen zur Wasserversorgung jedes Jahr von April bis September austrocknet.

Ermessenspielräume ausnutzen

Wenn Sie, wie an früherer Stelle in diesem Kapitel vorgeschlagen, Ihre Hausaufgeben gemacht haben, trägt das viel dazu bei, Machtunterschiede abzubauen. Was soll man aber tun, wenn der Verkäufer sagt „Kaufen Sie, oder lassen Sie es bleiben!“? Bei vielen Transaktionen kommt irgendwann das Prinzip der Alternative ins Spiel.[6,7] Ein Autohändler hofft bei einem Verkauf vielleicht auf einen Gewinn von DM 3500,– . Er ist möglicherweise bereit, auch auf DM 3300,– oder DM 3000,– einzugehen. Soweit es ihn betrifft, hat es jedoch keinen Sinn, einen noch niedrigeren Preis zu akzeptieren, da er das Auto vermutlich auch dem nächsten Kunden verkaufen kann. Das bedeutet, daß es wichtig ist, in Verhandlungen realistisch zu bleiben, indem man die Grenzen des Ermessenspielraumes nutzt.

Es ist eindeutig Zeitverschwendung, in einem Supermarkt über den Preis einer Dose Bohnen zu feilschen. Der Wohlstand der anderen Kunden rechtfertigt nicht, bei einem solchen Geschäft auch nur einen Pfennig zu verlieren. Andere Geschäfte lassen mehr Freiraum zum Manövrieren. Realismus beginnt mit Planung und Intelligenz, beispielsweise durch die Überlegung, wie Sie den anderen am besten ansprechen. Weiterhin sollten Sie auf Hinweise achten, denen Sie entnehmen, wie wichtig es ihm ist, zu verkaufen. Allgemein gilt: **Je mehr der andere gezwungen ist, ein Geschäft abzuschließen, desto größer ist Ihre Macht.**

Zu Kompromissen bewegt man andere am besten Stück für Stück.

Hohe Ansprüche neigen dazu, beim anderen Ärger hervorzurufen, was dazu führen kann, daß er sich vom Geschäft zurückzieht. Im Gegensatz dazu werden kleinere Forderungen, die sich zu einer riesigen Menge anhäufen können, eher erfüllt. Seien Sie aber realistisch hinsichtlich des Preises. Beachten Sie, daß es beispielsweise bei Gehaltsverhandlungen nachteilig sein kann, zu unnachgiebig zu sein. Auch wenn der andere trotzdem den Job annimmt, so wird er keine Gelegenheit auslassen, Abkürzungen zu gehen, wo immer Sie es nicht sehen können.

Die Pferde und Männer des Königs

Fachleute leben von ihren Honoraren. Vergessen Sie, wie angesehen der Anwalt oder Vertreter der anderen Seite möglicherweise ist: Wo Sie recht haben, haben Sie recht.

Eine Begleiterscheinung hiervon ist, daß, wenn Behauptungen oder Ansprüche der anderen Seite nicht fundiert sind, daran auch kein Gutachten irgend etwas ändert. Man wird deshalb vielleicht versuchen, Sie einzuschüchtern, um Ihre Forderungen zu dämpfen. Eine beliebte Masche ist die Behauptung, daß man über diesen Fall bei Gericht nur lachen würde. Nachdem so erst einmal Zweifel gesät wurden, besteht der nächste Schritt darin, eine lächerlich geringe Geldsumme anzubieten, mit der dann alle Ansprüche getilgt sein sollen. Bei einer Variante dieser Technik versucht der Käufer, Produkte oder Dienstleistungen zu einem Bruchteil ihres tatsächlichen Wertes zu bekommen, indem er vorgibt, sie seien von nur geringem Wert.

Der einzige Weg, diesen skrupellosen Machenschaften zu begegnen, besteht darin, seine eigene Stärke zu kennen. Sie müssen Sie jedoch nicht nur kennen, sondern auch unerschütterlich daran glauben. Jeder, der wiederholt gesagt bekommt, er habe keine Aussicht zu gewinnen, ganz zu schweigen von den Kosten, die dann auf ihn zukämen, wird zwangsläufig irgendwann an sich zweifeln. Das gilt ganz besonders, wenn der andere wohlhabend, mächtig oder eine führende Autorität auf seinem Gebiet ist. Gewöhnen Sie sich an, solchen Druck zu ignorieren, und verleihen Sie Ihrem Gesicht einen harten Ausdruck. Wenn der andere so unangreifbar ist, wie er sagt, warum spricht er dann überhaupt mit Ihnen?

Ein großartiger Doppelbluff

Es gehört zu den Hauptthemen dieses Buches, daß Macht nicht wirklich vorhanden sein muß, um Wirkung zu zeigen. Eine riskante, aber überaus lohnenswerte und auf diesem Grundsatz basierende Masche besteht darin, Experten mit ihren eigenen Waffen zu schlagen, indem man ihrem Bluff mit einem Doppelbluff begegnet. Stellen Sie sich zum Beispiel vor, Sie liegen wegen eines entstandenen Schadens mit einem anderen im Streit. Sie glauben, daß Sie eine Chance von 65 Prozent haben, Ihre Forderung von DM 500000,– durchzusetzen. Die andere Seite bietet Ihnen DM 250000,– für eine außergerichtliche Einigung. Anstatt um weitere, sagen wir DM 40000,– bis DM 50000,– zu feilschen, könnten Sie das Angebot verächtlich ablehnen und sagen, daß Sie vor Gericht gehen werden, wenn nicht die ganze Summe gezahlt wird. Damit gehen Sie das Risiko ein, daß die andere Seite Sie genau das tun läßt. Wahrscheinlicher ist jedoch, daß sie davon ausgeht, daß Ihr Anspruch begründet sein muß, wenn Sie dafür offenbar sogar bereit sind zu klagen – und wird deshalb zahlen.

Lord Wellingtons bejubelte Antwort zu einem Erpresser „Veröffentlichen Sie es, und gehen Sie zum Teufel" ist ein weiteres Beispiel dieser Doppelbluff-Technik. Wieder besteht das Risiko, daß die andere Seite dieser Aufforderung tatsächlich nachkommt. Da diese Art der Erpressung jedoch auf der Angst vor Enthüllung beruht, kann verächtliches Abtun der Drohung diese Macht ebenso in Luft auflösen.

Berufliche Integrität

Besonders Angehörige der gleichen Branche tendieren dazu, sich untereinander zu unterstützen. Wenn Sie beispielsweise einen Arzt verstimmen, haben Sie alle verstimmt. Sie müssen wissen, daß der Vertreter Ihrer Bank heute mit Ihnen zu Mittag ißt und am nächsten Tag mit Ihrem Erzrivalen. Wenn Sie sich in einer anderen Abteilung oder einem anderen Unternehmen um einen Posten bewerben, kann es gut sein, daß – egal, was die Stellenanzeige über die vertrauliche Behandlung sagt – sich der dortige Abteilungsleiter mit Ihrem Chef oder irgendeinem anderen, der Sie kennt, in Verbindung setzt, um einige Erkundigungen einzuziehen. Es ist deshalb wichtig für Sie zu erkennen, daß **die eigenen Interessen bei jedem an erster Stelle stehen.**

Dieses Verhalten läßt sich praktisch nicht vermeiden. Der beste Ratschlag lautet:

- Erkennen Sie, wo die Interessen liegen,
- versuchen Sie vorauszusehen, welchen Einfluß sie vermutlich auf das Verhalten des anderen haben werden.

Sie müssen erkennen, daß andere versuchen, Sie zu überreden oder gar zu zwingen, Ihre Interessen zugunsten deren Interessen zu opfern. Ein Immobilienmakler ist entgegen allen

Behauptungen in Hochglanzbroschüren zum Beispiel nicht daran interessiert, den höchstmöglichen Preis für das Haus eines Kunden zu erzielen. Alles, was ihn interessiert, ist seine Provision. Bei einem erfolgreichen Abschluß macht es für ihn wenig Unterschied, ob er das Haus für DM 300000,– oder DM 285000,– verkauft hat. Bei einer Provision von, sagen wir, 1,5 Prozent erhält er DM 4275,–. Das entspricht einem Verlust von DM 250,–, den er wahrscheinlich durch Aufrunden seiner Spesenrechnung ausgleicht.

Der Verkäufer hingegen ist um DM 15000,– ärmer, wenn er sich durch Äußerungen wie „Herr Schmidt, damit haben wir ein ganz ausgezeichnetes Geschäft für Sie vorbereitet; wir erhalten nicht viele Angebote dieser Art" unter Druck setzen ließ. Bleiben Sie standhaft im Umgang mit solchem Druck. Wenn es sein muß, sollten Sie brutal antworten: „Vielleicht ist es für Sie ein gutes Angebot, denn damit können Sie das Haus verkaufen und Ihre Provision mit einem Minimum an Aufwand einstecken." Machen Sie sich keine Sorgen darüber, ob Sie ihn vielleicht verletzt haben. Sobald Sie Ihre Unterschrift unter den Vertrag gesetzt haben, verlieren Verkäufer, Immobilienmakler und so weiter sowieso sofort das Interesse an Ihnen. Denken Sie daran: **Ihr Geld zählt.**

Vertraulichkeit

Obwohl Ihnen beim Umgang mit Bankangestellten, Anwälten, Maklern und anderen Fachleuten theoretisch Vertraulichkeit zugesichert wird, sollten Sie sich nicht darauf verlassen. Wählen Sie entfernter ansässige Berater aus. Wenn Sie zum Beispiel in einer kleinen Gemeinde ein sehr begehrtes Bürogebäude mieten wollen, sollten Sie sich einen Anwalt in der Nachbarstadt suchen.

Blankoschecks

Wenn es um Geld geht, kommt irgendwann Habgier hinzu. Fachleute und Verkäufer werden Sie gleichermaßen „ausziehen", wenn sie die Möglichkeit dazu erhalten. Sie unterscheiden sich voneinander nur darin, daß Fachleute ihre Rechnung falten, bevor sie sie Ihnen überreichen. Begibt sich ein Kunde in die Hände des anderen, indem er ihm einen Blankoscheck ausstellt, wird er ausgenutzt. Solche Blankoschecks sind beispielsweise:

1. Die Aufforderung „Tun Sie, was nötig ist!"
Solche Aufforderungen sind besonders gefährlich, wenn der Kunde unter den gegebenen Umständen nicht weiß, für was er bezahlt. Bitten Sie den Fachmann statt dessen um eine ausführliche Übersicht über die zu erwartenden Kosten, und stellen Sie dazu eigene Nachforschungen an.

2. Angebot statt Kostenvoranschlag
Verlangen Sie immer ein Angebot und vergeben Sie niemals eine Arbeit auf der Basis eines Kostenvoranschlages. Falls Sie das tun, wird die Rechnung bestenfalls das obere Ende der veranschlagten Kosten widerspiegeln; wahrscheinlich wird sie dieses jedoch erheblich überschreiten.

3. Vorgegebener Kostenrahmen
Erwarten Sie kein anderes Verhalten, wenn Sie jemanden auf dieser Basis für eine Arbeit verpflichten. Man wird Ihr gesamtes Budget ausgeben und Ihnen dann sagen, daß für die Beendigung der Arbeit weiteres Geld benötigt wird.

4. Speisekarten ohne Preisangabe
Sie sind sichere Anzeichen für Wucher, der gewöhnlich durch Snobismus unterstützt wird. Nachfragen werden durch hochmütige Äußerungen der Art „Wer bei uns ißt, dem ist der Preis egal" abgewiesen.

5. Schlechte oder gar keine genaueren Angaben
Angebote alleine sind nicht ausreichend. Sie müssen folgende Angaben detailliert enthalten:

- Art der auszuführenden Arbeiten,
- Zeitpunkt,
- durch wen sie aufgeführt werden,
- welcher Norm sie entsprechen.

Es kann schwierig sein, diese Informationen zu erhalten, da Fachleute, Vertragspartner und Kaufleute sich nicht gerne auf etwas festlegen lassen. Lassen Sie sich jedoch keinesfalls abweisen. Selbst eine so einfache Aufgabe wie die Umzäunung einer Weide birgt ein Potential für Einsparungen, merkwürdige Unterverträge und so weiter. Solange die gesamte Arbeit nicht peinlich genau und detailliert beschrieben ist, bestimmt der Auftragnehmer – und nicht der Kunde –, ob Holz- oder Metallpfähle verwendet werden, wie tief sie in die Erde kommen, welche Qualität der Draht hat und so weiter.

Verstecken Sie alle Spuren von Wohlstand und Status, wenn Sie Arbeiten vergeben, da diese die Rechnung garantiert um 25 Prozent erhöhen.

Zahlen Sie nicht

Wenn die Rechnung zu hoch ist oder Sie betrogen worden sind, ist eine gerichtliche Klage nur der letzte Ausweg. Sehr viel besser ist es, wenn Sie Ihre Macht dazu benutzen, Ihre Zahlung zurückzuhalten. Nichts beschäftigt den anderen mehr als eine offene Rechnung. Geben Sie Druck nicht nach. Eine Beratungsfirma erhielt beispielsweise den Auftrag, eine ausführliche Empfehlung hinsichtlich der Leitung und Koordination von öffentlichen Einrichtungen in einer der ärmsten Gegenden der Stadt abzugeben. Der daraus entstandene Bericht zu einem Preis von DM 280000,– war schändlich. Er bestand aus einer oberflächlichen Beschreibung der bereits bekannten sozialen Probleme und ließ jede Art von Analyse oder Empfehlung vermissen. Der Leiter des zuständigen Gremiums machte aus der Tatsache, daß ihn dieser Bericht mehr als verärgerte, keinen Hehl. Wie entsetzt waren sie, als der Geschäftsführer der Beratungsfirma sie daraufhin mit den Worten attackierte: Ich bin es leid, solche negativen Äußerungen zu hören. Dieser Bericht ist alles, was Sie haben, und Sie sollten besser anfangen, das zu realisieren." Gücklicherweise hatte man den ursprünglichen Wortlaut des Auftrags gut aufbewahrt, so daß die Mängel des Berichtes leicht nachzuweisen waren.

Wo die geleistete Arbeit unbefriedigend, aber dennoch brauchbar ist, hat man die Möglichkeit, einen Teil der Rechnungssumme zu zahlen und es dem anderen zu überlassen, den Rest einzuklagen. Im allgemeinen hört man nie wieder etwas von ihm. Der Verlust wird gleichmütig hingenommen und der Rechnung des nächsten Kunden zugeschlagen. (Dieser Ansatz funktioniert besonders gut bei kleinen Bauunternehmen.)

Erfolgreiche Beziehungen zu Fachleuten aufbauen

Da trotz allem, was in diesem Kapitel bisher gesagt wurde, Fachleute oft benötigt werden, zahlt es sich aus, wenn man eine gute Beziehung zu ihnen hat. Dabei sollten Sie vor allem die Macht, die Sie als Kunde haben, auch ausspielen:

Seien Sie ein schwer zu gewinnender Kunde.

Ihre Kundschaft wird sehr viel höher geschätzt, wenn der andere wirklich arbeiten muß, um Sie als Kunden zu gewinnen. Besuchen Sie Ihren potentiellen Berater, bevor Sie ihn verpflichten. Erklären Sie ihm, daß die Angelegenheit wichtig für Sie ist, und daß es für Sie von größter Bedeutung ist, jemanden zu finden, dem Sie uneingeschränkt vertrauen können. Ich habe einen Freund, der sogar einen praktischen Arzt befragt, bevor er sich bei ihm anmeldet. Weit davon entfernt, es ihm übelzunehmen, weckt solche Absicherung im allgemeinen das Interesse des anderen. Meldet sich der Patient später bei ihm an, fühlt sich der Arzt geschmeichelt. Und vor allem hat er gelernt, den Patienten zu respektieren.

Der Rat eines Experten wird oft in Form von Berichten oder anderen schriftlichen Dokumenten zum Ausdruck gebracht. Es ist immer gut, sich mit dem Autor zu unterhalten, da er Ihnen mündlich vielleicht Dinge mitteilt, auf die er sich schriflich nicht festlegen kann. Ein Architekt kann Ihnen inoffiziell vielleicht sagen, ob der von Ihnen beabsichtigte Kauf ein Gewinn oder eine Belastung werden wird. Obwohl, wie früher schon erwähnt, Fachleute nicht gerne befragt werden, reden sie jedoch im allgemeinen gerne über ihre Arbeit. Sie werden auf Anfragen positiv reagieren, wenn sie angemessen formuliert sind. Gehen Sie dabei folgendermaßen vor:

1. Beginnen Sie die Entwicklung einer Beziehung zu Ihrem Berater, indem Sie ihm für seine Arbeit danken.
2. Fragen Sie ihn vorher, ob er Zeit hat, ein paar Minuten mit Ihnen zu sprechen.
3. Deuten Sie an, daß es Sie freuen würde, wenn er Ihnen ein oder zwei Punkte erläutern könnte.
4. Beginnen Sie mit einigen einfachen Fragen zum Sachverhalt.
5. Wenn das Vertrauen wächst, lenken Sie das Gespräch in die Richtung, die Sie wirklich interessiert.

Auf vertrautem Gelände kämpfen

Eine beliebte Masche ist das sogenannte „fachliche Urteil". Wissen wird genutzt, um etwas abzublocken oder um eine Veränderung herbeizuführen. Ärzte praktizieren sie beispielsweise, um sich durchzusetzen, indem sie verkünden, daß „der Patient sterben wird, wenn nicht ..." (in medizinischen Kreisen bekannt als „mit dem Leichentuch winken"). Dagegen können Sie sich zur Wehr setzen, indem Sie **das Thema umformulieren.**

Wenn Sie sich in eine Auseinandersetzung über fachliche Themen verwickeln lassen, haben Sie verloren. Wechseln Sie auf ein für Sie günstigeres Kampfgelände, indem Sie behaupten, daß alles nur eine Frage der Organisation sei.

Experte werden

Die Macht eines Experten ist so groß, daß die Menschen seinen Rat auch dann befolgen, wenn sie glauben, daß er

Unrecht hat.[8] Als Experte anerkannt zu werden hat deshalb Vorteile. Das erste Gesetz lautet:

Lassen Sie niemals etwas zu leicht erscheinen.

Wenn Anwälte davon sprechen, „das Schriftstück genauestens nach Schwachstellen im Kaufvertrag zu untersuchen", deuten sie damit an, daß die Erfüllung der Aufgabe Stunden an konzentrierter und präziser Arbeit benötigt. Eigentlich bedeutet es jedoch nur die Überprüfung, ob der Name des potentiellen Käufers, die Anschrift des Hauses und der Kaufpreis korrekt eingetragen wurden. Genauso sollen Klienten glauben, daß das Aufsetzen von Schriftstücken Stunden intensiver Arbeit bedarf, obwohl die meisten Dokumente standardisiert sind.[9]

Derartige Scharaden sind notwendig, um Macht und Mythos zu erhalten. Im wesentlichen basiert diese Technik nur auf dem geschickten Umgang mit der Sprache, wie beispielsweise:

- „... bedarf einer vollständigen Analyse."
- „... bedarf einer umfangreichen Neubewertung."
- „... hat entscheidende Auswirkungen auf... ."
- „... untermauert unsere gesamte Strategie."

Vielleicht wissen Sie, daß „vollständige Analyse" oder „umfangreiche Neubewertung" ein schneller Blick auf ein paar Notizen oder einige Zusätze oder Streichungen bedeutet. Die andere Seite weiß das nicht und wird deshalb akzeptieren, was Sie sagen, und beeindruckt sein.

Als Fachmann anerkannt zu werden, bedeutet darüber hinaus: **die Fähigkeit besitzen, kompetent zu klingen.**

Kompetent klingen heißt einfach, sich so anzuhören, als habe man recht. Wenn Sie sich vertrauenerweckend anhören, werden andere Vertrauen zu Ihnen haben, selbst dann, wenn Sie Unsinn reden. Diese einfache Masche ist deshalb so erfolgreich, weil sie Sicherheit erzeugt. Der Philosoph Becker hat argumentiert, daß die letztendliche Quelle aller Macht die Angst des Menschen vor dem Tod sei. Becker behauptet, daß im Laufe der gesamten Geschichte Menschen immer wieder ihr Schicksal denjenigen überließen, die versprachen, die Dinge in die Hand zu nehmen.[10] So liefert sich beispielsweise der Held in Shakespeares Macbeth für das Versprechen, sein Schicksal zu bestimmen und ihn unsterblich zu machen, den Hexen aus.

Zusammenfassung

- Die Macht eines Fachmannes beruht auf dem Glauben, daß es ihm um die Interessen des Kunden geht – nicht um seine eigenen.
- Wenn Fachleute Macht ausüben, bedeutet das den Verkauf von Produkten und Dienstleistungen, Religion, medizinischer Behandlung oder moralischer Verpflichtung.
- Für viele Entscheidungen ist das Ergebnis eigener Recherche so wichtig wie das eines jeden Experten.
- Fachwissen ist oft mehr Schein als Sein. Denken Sie an die zwei Drittel der Gesamtpunktzahl.
- Seien Sie anspruchsvoll, wenn Sie mit Fachleuten verkehren, das heißt:
  - Stellen Sie Fragen.
  - Holen Sie eine zweite Meinung ein.
  - Lassen Sie sich nicht drängen.
- Bitten Sie andere niemals, Ihnen Fristen zu nennen, und wenn sie es tun, ignorieren Sie sie.
- Es gibt immer einen anderen Interessenten.
- Erlauben Sie niemals einem Verkäufer, ein Vertragsformular für Sie auszufüllen.
- Wie gut ein Geschäft wirklich ist, läßt sich durch die Frage prüfen, wie gerne der Verkäufer bereit ist, ein Produkt zurückzunehmen.
- Der Verkäufer weiß immer mehr als der Käufer.
- Hat der Verkäufer hinsichtlich des Preises Ermessensspielraum, sorgen Sie dafür, daß er ihn zu Ihren Gunsten nutzt.

- Je mehr die andere Seite ein Geschäft abschließen muß, desto mehr Macht haben Sie.
- Gehen Sie schrittweise vor, wenn der andere Ihnen entgegenkommen soll.
- Wer Alternativen besitzt, hat die größte Macht.
- Lassen Sie sich niemals durch Fachleute der Gegenseite einschüchtern. Wenn Sie recht haben, haben Sie recht.
- Poker spielen kann riskant sein; es kann sich aber auch reichlich auszahlen.
- Auch wenn Fachleute an einen strengen Verhaltenskodex gebunden sind, müssen sie sich ihren Lebensunterhalt verdienen. Lernen Sie ihre Interessen kennen und versuchen Sie, die Auswirkungen auf ihr Verhalten vorauszusehen.
- Verlassen Sie sich niemals auf Vertraulichkeit.
- Geben Sie niemandem einen Blankoscheck. Verlangen Sie beispielsweise selbst für die Ausarbeitung eines Kostenvoranschlages oder die Erstellung eines Gutachtens immer ein genaues Angebot.
- Wenn Sie betrogen wurden, liegt es in Ihrer Macht, nicht zu bezahlen; nutzen Sie sie und überlassen Sie alle Arbeit der Gegenpartei.
- Machen Sie es Fachleuten schwer, einen Auftrag von Ihnen zu erhalten.
- Lassen Sie sich niemals in eine Auseinandersetzung über fachliche Themen verwickeln. Kämpfen Sie auf Ihrem eigenen Territorium.
- Es zahlt sich aus, selbst als Experte anerkannt zu werden.
- Diese Anerkennung erfordert
  - die Fähigkeit, Dinge extrem schwierig aussehen zu lassen,
  - kompetent zu klingen.

Fragebogen über den Umgang mit Experten

Nachdem Sie das Kapitel jetzt gelesen haben, prüfen Sie sich nochmals selbst:

1. **Sie haben ein neues Software-Paket gekauft und benötigen jetzt noch die entsprechende Hardware. Die Firma, die Ihnen die Software verkauft hat, könnte auch die Hardware liefern. Was tun Sie?**
   a) Sie fragen nach Einzelheiten und vergleichen Preise und Leistungsmerkmale mit den Produkten anderer Anbieter.
   b) Sie fragen, was man Ihnen empfehlen würde.
   c) Sie bitten um ein Angebot für Hard- und Software zusammen.
   d) Sie fragen nach dem Rabatt, den man Ihnen gewähren würde.

2. **Sie kaufen ein Haus. Der Immobilienmakler bietet Ihnen an, sich für Sie um Notar und Finanzierung zu kümmern. Was tun Sie?**
   a) Sie bedanken sich bei ihm dafür, daß er Ihnen die Mühe ersparen will.
   b) Sie sagen ihm, daß Sie sich selbst darum kümmern werden.
   c) Sie deuten an, daß Sie bereit wären, Angebote entgegenzunehmen.
   d) Sie danken ihm und fragen, ob er Ihnen auch eine Kapitallebensversicherung vermitteln könnte.

3. **Sie wollen einige neue Geräte kaufen. Ein Distributor ruft Sie an und bietet Ihnen 25 Prozent Rabatt für eine bekannte Marke, falls er den Auftrag noch heute erhält. Was tun Sie?**
   a) Sie sorgen dafür, daß er ihn bekommt.
   b) Sie bitten ihn, Ihnen eine ausführliche technische Beschreibung per Fax zuzusenden.
   c) Sie fragen ihn nach dem Grund für seine Eile.
   d) Sie sagen ihm, daß er für 30 Prozent Rabatt den Auftrag hätte.

4. **Sie haben eine Auseinandersetzung wegen der Verletzung von Patentrechten. Die andere Seite teilt Ihnen mit, daß sie nach Meinung eines Rechtsanwaltes im Recht sei. Was tun Sie?**
   a) Sie schlagen eine außergerichtliche Einigung vor.
   b) Sie fragen, worauf diese Einschätzung basiert.
   c) Sie holen selbst den Rat eines Rechtsanwaltes ein.
   d) Sie sagen: „Wir sehen uns vor Gericht."

5. **Sie wollen einen hochangesehenen Gutachter mit der Durchführung einer Studie über die Verwendungsmöglichkeiten eines alten Warenlagers beauftragen.**
   Was sagen Sie ihm?
   a) Sie bitten ihn um eine Schätzung der Kosten.
   b) Sie vereinbaren eine genaue Beschreibung und Kostenaufstellung.
   c) Sie setzen einen Kostenrahmen fest.
   d) Sie geben ihm freie Hand, das Notwendige durchzuführen.

6. **Sie haben einen Unternehmensberater damit beauftragt, Ihren Bedarf im Bereich informationstechnischer Ausstattung zu untersuchen und entsprechende Vorschläge zu unterbreiten. Der Bericht, dessen Erstellung drei Monate dauerte, hat keine Ähnlichkeit mit den örtlichen Gegebenheiten und ist völlig nutzlos.**
   Was tun Sie?
   a) Sie weigern sich, zu zahlen.
   b) Sie verlangen einen Preisnachlaß.
   c) Sie sagen ihm, er solle nochmal von vorne beginnen.
   d) Sie zahlen und verbuchen es unter Erfahrung.

7. **Sie haben den Bericht eines Gutachters über ein Besitztum erhalten, das Sie gerne kaufen würden. Der Bericht erwähnt einen Riß in der Außenwand und gibt folgende Erklärung: „Er könnte durch Untergrundabsenkung verursacht worden sein." Viel wahrscheinlicher ist jedoch, daß er auf eine Erschütterung kurz nach dem Bau des Gebäudes zurückzuführen ist.**
   Was tun Sie?
   a) Sie geben den Kauf auf – er erscheint zu riskant.
   b) Sie fragen den Besitzer, was er darüber denkt.
   c) Sie sprechen mit dem Gutachter.
   d) Sie kaufen.

8. **Sie wollen eine Hühnerfarm eröffnen und erwarten Widerstand sowohl von Umweltschützern als auch von ansässigen Geschäftsleuten, die das Grundstück ebenfalls erwerben wollen. An wen würden Sie sich wegen Rat und Baugenehmigung wenden?**
   a) an einen ansässigen Immobilienmakler
   b) an das Büro des Gemeinderates
   c) an eine darauf spezialisierte Firma in Berlin
   d) Sie bewerkstelligen die Sache selbst.

9. **Sie sprechen mit dem Intendanten eines Theaters. Er weigert sich, mehr als ein bekanntes Stück pro Saison aufzuführen, da, wie er sagt, andernfalls die künstlerische Qualität leiden würde.**
   Was tun Sie?
   a) Sie sagen ihm, daß es Ihrer Meinung nach keinen Unterschied machen würde.
   b) Sie sagen ihm, daß es um das Überleben des Theaters geht.
   c) Sie schlagen ihm vor, selbst die Verantwortung für die Finanzen zu übernehmen.
   d) Sie fragen: „Haben Sie noch mehr von diesem langweiligen Blödsinn auf Lager?"

10. **Sie wurden gebeten, für Ihre Abteilung einen Plan für das kommende Jahr zu erstellen.**
    Wie äußern Sie sich?
    a) Sie „freuen sich auf das kommende Jahr".
    b) Sie „freuen sich auf die Herausforderungen des kommenden Jahres".
    c) Sie sagen: „Das kommende Jahr wird für uns von entscheidender Bedeutung sein."
    d) Sie sagen: „Es ist unwahrscheinlich, daß wir im nächsten Jahr noch im Geschäft sind."

Die Antworten finden Sie auf der nächsten Seite.

Antworten auf den Fragebogen

1. a – Wenn Sie irgend etwas anderes tun, werden Sie erhalten, was der andere Ihnen verkaufen will. Sie können später immer noch verhandeln – dann aber aus einer Machtposition heraus, weil Sie Ihre Hausaufgaben gemacht haben.
2. b – Bewahren Sie sich Ihre Unabhängigkeit.
3. b – Finden Sie heraus, was genau man Ihnen zuerst anbietet.
4. d wird ihnen den Wind aus den Segeln nehmen.
5. b – Alles andere würden Sie teuer bezahlen, egal, wie gut angesehen die Firma ist.
6. a.
7. c – Sie müssen wissen, was „viel wahrscheinlicher" bedeutet.
8. c – Wählen Sie a oder b, und die Neuigkeiten werden sich über die gesamte Stadt verbreiten.
9. b – Lassen Sie sich nicht auf eine Auseinandersetzung nach seinen Spielregeln ein. Sagen Sie d, und er wird niemals mehr mit Ihnen reden.
10. c hört sich schwierig an, ohne dabei einen negativen Klang zu haben. Sagen Sie niemals d, auch wenn es wahr ist: Man wird Ihnen kündigen und jemand anderen finden, der das sagt, was sie hören wollen.

Rechnen Sie die Punkte zusammen, die Sie erzielt hatten, bevor Sie das Kapitel gelesen haben: ________

Rechnen Sie die Punkte zusammen, die Sie erzielt haben, nachdem Sie das Kapitel gelesen haben: ________

Literatur zu Kapitel 7

1. *Wrong, D.H.* (1979) Power: Its Forms, Bases and Uses, Basil Blackwell, Oxford.
2. *Clarke, M.* „The regulation of estate agency". Paper presented at the Liverpool Conference on Fraud, Corruption and Business Crime, April 1991.
3. *Zander, M.* (1989) A Matter of Justice: The Legal System in Ferment, Oxford University Press, Oxford.
4. *Wrong,* op. cit.
5. *Hazell, R.* (1978) The Bar on Trial, Quartet Books, London.
6. *Pruit, D.G.* (1981) Negotiation Behaviour, Academic Press, New York.
7. *Rafia, H.* (1982) The Art and Science of Negotiation, Harvard University Press, Cambridge, Mass.
8. *Schwenck, C.R.* (1988) „Effects of devil's advocacy on escalating commitment", Human Relations, 41 (10), S. 769-82.
9. *Joseph, M.* (1955) The Conveyancing Fraud, Michael Joseph, London.
10. *Becker, E.* (1975) Escape from Evil, Collier Macmillan, London.

Kapitel 8

Die Macht der Diplomatie

Fragebogen zum Thema Diplomatie

Eignen Sie sich als Mitglied des diplomatischen Korps? Finden Sie es heraus, indem Sie folgenden Fragen beantworten.

1. Ein Kollege hat gerade einen Bericht herumgehen lassen, der eine einzige Katastrophe ist. Er begegnet Ihnen auf dem Flur und fragt Sie, was Sie davon halten. Was antworten Sie ihm?

a) „Gut, hervorragend; das ist genau, was wir gebraucht haben."
b) „Ihr Bericht ist schrecklich."
c) „Ausgezeichnet. Ich habe da noch ein oder zwei winzige Vorschläge, die Sie vielleicht interessieren."
d) „Ich hatte noch keine Zeit, ihn zu lesen."

2. Sie haben einen imkompetenten Mitarbeiter zur Kündigung gezwungen. Was tun Sie anläßlich seiner Verabschiedung?

a) Sie halten ein Rede, in der Sie seine Arbeit würdigen und Ihr Bedauern zum Ausdruck bringen, daß gesundheitliche Gründe ihn zum vorzeitigen Ausscheiden zwingen.
b) Sie halten eine vergnügliche Rede, jedoch ohne Bezug auf seine Arbeit zu nehmen.
c) Sie lassen die Rede weg.
d) Sie erfinden eine diplomatische Krankheit und lassen jemand anderen eine Rede halten.

**3. Ein Kollege mit gleichem Aufgabengebiet versucht, eine neue Abteilung ins Leben zu rufen. Er fragt, welche Position Sie einnehmen wollen, falls er damit Erfolg hat.
Was antworten Sie ihm?**

a) Sie sagen ihm, daß Sie an einer Verbindung interessiert seien, und übermitteln ihm einen schriftlichen Entwurf für die Zusammenführung Ihrer beiden Funktionen.
b) Sie wünschen ihm alles Gute und bekunden Ihr Interesse an weiteren Gesprächen zum gegebenen Zeitpunkt.
c) Sie teilen ihm mit, daß Sie mit Ihrer gegenwärtigen Situation zufrieden sind.
d) Sie sagen ihm, daß er damit keinen Erfolg haben wird.

4. Vor einem Jahr haben Sie ein Stellenangebot abgelehnt, da die Position an einen Wohnortwechsel gebunden war. Seither haben Sie Ihre Entscheidung jedoch bereut. Heute erhalten Sie die telefonische Anfrage, ob Sie noch immer an der Position interessiert seien, da diese überraschend wieder frei geworden ist. Was sagen Sie?

a) „Ja, ich nehme zu den bekannten Bedingungen an."

b) „Ich nehme nur an, wenn der Wechsel des Wohnortes nicht zur Bedingung gemacht wird."
c) „Welches Angebot können Sie mir machen?"
d) „Ich wäre bereit, mit Ihnen darüber zu reden."

5. Als Hundezüchter werden Sie von einem Ihrer Kunden nach Ihrer Lieblingsrasse gefragt. Was antworten Sie?
a) Sie sagen: „Ich liebe alle Hunde" und wechseln dann das Thema.
b) Sie nennen Ihre Lieblingsrasse.
c) Sie nennen die Lieblingsrasse Ihres Kunden.
d) Sie sagen: „Ich hasse alle Hunde."

6. Bei der letzten Beförderung sind Sie von einem Rivalen, der sehr viel weniger qualifiziert ist und weniger Erfahrung als Sie besitzt, geschlagen worden. Was tun Sie?
a) Sie reichen Beschwerde ein.
b) Sie stellen die Qualifikation und Fähigkeiten des anderen öffentlich in Frage.
c) Sie gratulieren ihm schriftlich.
d) Sie bitten ihn um einen Job.

7. Ein Freund lädt Sie ein, damit Sie seinen neuen Sportwagen bewundern. Sie haben noch nie etwas so Häßliches gesehen. Was sagen Sie?
a) „Wieviel sagtest Du, hast Du dafür bezahlt?"
b) „Es ist ein schöner Vertreter dieses Typs."
c) „Ich beneide Dich."
d) „Ich nehme nicht an, daß Du ihn mir verkaufen würdest?"

8. Sie suchen eine neue Stellung, da Sie es leid sind, mit unzureichenden Mitteln zu arbeiten. Was würden Sie zukünftigen neuen Arbeitgebern sagen?
a) Sie sagen ehrlich, warum Sie die alte Firma verlassen wollen.
b) Sie sagen nichts, solange Sie nicht gefragt werden. Falls man Sie fragt, antworten Sie jedoch ehrlich.
c) Sie erklären, daß eines der Dinge, die Sie an Ihrer derzeitigen Stelle mögen, die Herausforderung ist, mit minimalen Ressourcen auskommen zu müssen.
d) Sie versuchen, Ihren potentiellen neuen Arbeitgeber nicht zu Wort kommen zu lassen.

9. Ein neuer Mitarbeiter hat Ihnen gerade eine Kostenaufstellung vorgelegt. Sie entspricht jedoch nicht Ihren Vorstellungen. Was sagen Sie?
a) „Das ist ganz gut; sie muß nur noch etwas besser strukturiert werden."

b) „Offenbar habe ich mich nicht verständlich ausgedrückt, als ich Sie bat, diese Arbeit zu erledigen."
c) „Das ist kompletter Blödsinn."
d) „Sie sind entlassen."

10. Sie sind überzeugt, daß eine Ihrer Zweigstellen zuviele Mitarbeiter beschäftigt, fühlen sich jedoch außerstande, es aus dieser Entfernung zu überprüfen. Würden Sie:
a) die Mitarbeiter der Zweigstelle stärker in Ihre eigenen Besprechungen integrieren?
b) einige der Mitarbeiter in die Zentrale versetzen, wo Sie sie stärker unter Kontrolle haben?
c) Besprechungen zukünftig in der Zweigstelle abhalten?
d) ein Unternehmensberatungsteam dorthin schicken?

Dank eines unerfahrenen Offiziers hatte sich eine Kompanie im offenen Gelände hoffnungslos verirrt. Da die Nacht hereinbrach und die Kompanie ohne Schutz viele Kilometer von ihrem Basislager entfernt war, wurde die Situation immer bedrohlicher. Sein Stolz verbot es dem Offizier jedoch, seine Inkompetenz offen zuzugeben. Die Disziplin der Kompanie wiederum machte es irgendeinem anderen unmöglich, die Leitung zu übernehmen. Am Ende konnte diese mißliche Situation dadurch gelöst werden, daß der Feldwebel zum Offizier sagte: „Dürfte ich vielleicht einmal Ihren Kompaß sehen. Ich glaube, mit ihm stimmt etwas nicht."

Allgemein ausgedrückt, drückt sich ein Diplomat allgemein aus. Diplomatie bedeutet jedoch mehr, als taktvoll zu sein, wenn auch Takt sicherlich zu den wichtigsten Eigenschaften eines Diplomaten gehört. Diplomatie hat damit zu tun,

- Situationen so zu sehen, wie sie wirklich sind.
- zu erkennen, was Menschen wirklich wollen.

Die Wirklichkeit erkennen

Das Erkennen der Wirklichkeit ist der Schlüssel für eine geschickte Navigation durch die Gewässer des Lebens. Es erfordert die Fähigkeit, sich selbst zu distanzieren und die Dinge so zu sehen, wie sie wirklich sind, und nicht so, wie andere wollen, daß man sie sieht. Die entscheidende Frage lautet: **Womit haben Sie es zu tun?**

Medizinstudenten müssen zum Beispiel erkennen, daß es bei ihnen nicht um die Heilung von Menschen geht, sondern um das Bestehen von Prüfungen.[1] Bei einem Fahrschüler geht es nicht darum, sich im eigentlichen Sinne beibringen zu lassen, wie man Auto fährt, sondern, wie man eine Fahrprüfung besteht, in der verlangt wird, daß sie ein Fahrzeug mit 50 km/h geschickt manövrieren und alle Verkehrsregeln beachten. Polizisten sind in ähnlicher Weise oft in der Situation, zufriedenstellende Statistiken aufstellen zu müssen, statt Verbrechen zu bekämpfen.

Das Spiel spielen

Wer die Wirklichkeit erkennen und herausfinden möchte, unter welchen Zwängen Menschen stehen, der muß die Dinge als ein Spiel betrachten – und entsprechend spielen. Der Schlüssel zum Erfolg besteht darin, **zu tun, was gewünscht ist.**

Was immer beispielsweise ein Bürgermeister über seine Arbeit zum Wohle der Allgemeinheit sagen mag, sein größtes Interesse besteht darin, wiedergewählt zu werden und, wenn möglich, im Stadtrat Macht zu haben oder zu erhalten. Das letzte, was er hören möchte, ist, daß der Unterhalt der Schwimmhalle in seinem Bezirk ein Vermögen kostet. Alles, was er will, sind Fakten darüber, wie die Existenz dieser Schwimmhalle zu rechtfertigen ist. Ein geschickter Sekretär wird versuchen, sie ihm zu verschaffen.

Die gleichen Spielregeln gelten im Management. Wichtig ist, daß man herausfindet, wie das Spiel heißt, und es dann richtig spielt. Lautet die oberste Priorität Expansion, werden Berichte über potentielle Kosteneinsparungen wohl kaum geschätzt. Geht es andererseits nur um das Überleben, werden sich die anderen durch Gerede über Expansion nur irritiert fühlen.

Beim Spielen des Spieles gesehen werden

Das Spiel nur zu spielen reicht nicht aus. Was zählt, ist, beim Spielen gesehen zu werden. Anerkennung erhält man

- nicht für das, was man tut oder versucht zu tun, sondern
- für Taten, bei denen man gesehen wird.

Anerkennung wird selten denen zuteil, die ihr Licht unter den Scheffel stellen. Wenn auch harte Arbeit und entsprechende Leistungen vielleicht für sich selbst sprechen, zahlt es sich dennoch aus, wenn man andere zwingt, einen zu bemerken.

Weiterhin:

Der Beweis für eine Leistung und die Leistung selbst sind nicht notwendigerweise dasselbe.

Ein Offizier der Armee bestand beispielsweise darauf, daß jeden Freitagnachmittag die Schreibtische aufgeräumt sein sollten. Ein schlauer Obergefreiter erkannte, daß alles, was der Offizier sehen wollte, ein leerer Schreibtisch war. Anstatt deshalb eine halbe Stunde damit zu verbringen, Unterlagen aufzuräumen, stopfte er einfach alles in einen großen Briefumschlag, den er an sich selbst adressierte. Bei der Kontrolle sagte dann der Offizier gewöhnlich: „Das sehe ich gerne, ein aufgeräumter Schreibtisch." Ein Vertriebsleiter erhält vielleicht die Aufgabe, ein neues Provisionssystem zu erarbeiten. Wenn er nachweisen kann, daß entsprechende Verhandlungen stattgefunden haben, und daß man sich auf ein offenbar vernünftiges System geeinigt hat, ist fast alles andere unwichtig. Keiner wird sich Sorgen darüber machen, ob das neue System langfristig klug ist, über die Machenschaften, die zur Einigung geführt haben, oder darüber, ob die Verhandlungen einen Nachmittag oder sechs Wochen gedauert haben.

Viele Menschen sind nicht sehr effizient, weil sie versuchen, alles auf dem schwierigen Weg zu erreichen. Das ist vermutlich kulturell bedingt, denn die westliche Arbeitsmoral läßt die Menschen gegenüber allem, was nach Glück aussieht, mißtrauisch sein.[2] Dennoch, wenn ein Kunde oder ein Vorgesetzter sich beispielsweise eine Kiste Äpfel wünscht: Warum sollte man den ganzen Tag damit verbringen, sie vom Baum zu pflücken, wenn es sehr viel schneller und einfacher wäre, einfach das Fallobst vom Boden aufzulesen?

Das Spiel zu spielen bedeutet, **abliefern, was der andere haben will, oder sagen, was er hören möchte.**

Wenn jemand höhere Umsätze sehen will, dann will er sehen, daß die Umsätze gesteigert werden. Er wird ungeduldig gegenüber Leuten, die ihm nur erzählen, mit welchen Problemen das verbunden ist. Umgekehrt wird er Sympathien für die empfinden, die ihm schnelle und einfache Lösungen präsentieren.

Lösungen anzubieten bedeutet, sehr genau zuzuhören und zu ergründen, was der andere wirklich sucht. Das Wort „wirklich" ist wichtig, da das wahre Ziel des anderen vielleicht verdeckt ist. Wenn jemand beispielsweise höhere Umsätze sehen will: Will er dann sehen, daß das Unternehmen effizienter arbeitet, oder will er einfach sehen, daß aus fünf Prozent vielleicht zehn Prozent werden? Der Unterschied ist von entscheidender Bedeutung: Das Schlimmste, was ein unerfahrener Enthusiast tun kann, ist, die gesamte Abteilung zu verärgern, indem er eine umfangreiche Überprüfung durchführt, wenn sich das Ziel auch durch eine geschickte Abschreibung erreichen ließe.

In den Augen einiger Leser ist das vielleicht unehrlich. Das Problem ist jedoch, daß man Sie andernfalls vielleicht als unpassend und nicht sehr hilfreich einstuft. Darüber hinaus wird einem anderen, der tut, was man von ihm erwartet, alle Anerkennung zuteil. Die wahren Spitzbuben sind die Leute, die andere zum Betrug auffordern; sie kriegen nur, was sie verdienen.

„Will mich denn niemand befreien?"

Ein Anwalt hat einmal zu einem Klienten gesagt: „Lassen Sie mich Ihr Problem nochmals zusammenfassen." Der Klient entgegnete: „Ich will keine Zusammenfassung des Problems; ich will es loswerden." Die Moral der Geschichte lautet: Menschen suchen oft nach Lösungen, die sie aus einer Zwickmühle befreien.

Der Betriebsrat muß beispielsweise versuchen, seine Mitglieder zufriedenzustellen, ohne sich dabei zu verzetteln und ohne sich durch die Verfolgung sowieso hoffnungsloser Fälle in Verruf zu bringen. Menschen, die nach Macht streben, erkennen, daß das Problem des anderen auch das eigene Problem ist. Zum Beispiel:

> Nach langen Diskussionen und mehreren Vertagungen gibt die Geschäftsleitung bekannt, daß sie es schätzt, daß der Betriebsrat die Interessen seiner Mitglieder so energisch vertritt. Trotzdem ist man der Ansicht, daß es grundsätzlich falsch ist, im vorliegenden Fall eine Ausnahme zu machen.

Dieses Protokoll ist mehr als die bloße Mitteilung einer Entscheidung. Die wahre Absicht besteht darin, dem Betriebsrat etwas in die Hand zu geben, mit dessen Hilfe er seinen Mitgliedern nachweisen kann, ihre Angelegenheiten mit allen nur erdenklichen Anstrengungen vertreten zu haben. Ein anderes Beispiel:

> „Ich beziehe mich auf das Telefonat am Dienstag, bei dem es um die beantragte Höhergruppierung von Herrn Schmitz ging. Das Thema wurde in zwei Anhörungen vorgetragen, welche beide eindeutig zur Ablehnung des Antrags führten. Die Angelegenheit wurde umfassend behandelt und wird deshalb als abgeschlossen erachtet."

Was hier fast wie eine Rüge aussieht, hat in Wirklichkeit einen völlig anderen Hintergrund. Folgende Unterhaltung hätte Herrn Schmitz wahrscheinlich sehr überrascht.

Betriebsratsvertreter:
„Ich habe schon wieder Bernd Schmitz am Hals wegen dieser blöden Höhergruppierung. Gibt es irgend etwas, das Sie für mich tun können?"
Geschäftsführer:
„Ich mache Ihnen einen Vorschlag: Ich schreibe Ihnen einen Brief, der besagt ‚abgelehnt'. Sie können ihm den Brief zeigen und haben dann vielleicht Ruhe."
Betriebsratsvertreter:
„Gute Idee."
Geschäftsführer:
„Ich mache einen Entwurf und lese ihn Ihnen am Telefon kurz vor, was halten Sie davon?"
Betriebsratsvertreter:
„Großartig. Mir ist alles recht, was ihn mir vom Hals schafft."

Dinge so sehen, wie die anderen sie sehen

Menschen geben nicht immer so ehrlich wie dieser Betriebsratsvertreter zu, unter welchem Druck sie stehen. Eine Möglichkeit, die Wahrheit selbst herauszufinden, besteht darin, sich in die Lage des anderen zu versetzen.

Die Idee besteht darin, sich buchstäblich in den anderen hineinzudenken, ähnlich wie Schauspieler, die versuchen, sich in die Charaktere zu verwandeln, die sie spielen. Diese Technik ist sehr wirkungsvoll, da sie Machtsucher in die Lage versetzt,

1. Perspektiven realistisch einzuschätzen,
2. das eigene Verhalten entsprechend anzupassen,
3. Reaktionen des anderen vorherzusagen,
4. alternative Szenarien zu entwickeln,
5. Resultate vorauszusehen.

Der erste Punkt dieser Liste ist der wichtigste, da sich alles andere daraus ergibt. Eine tiefe Verbundenheit mit bestimmten Angelegenheiten oder einfach der Wirrwarr des Alltags verfälscht die Wahrnehmung. Es ist nur allzu leicht, nur das zu sehen, was wir sehen wollen, und zu glauben, was wir glauben wollen, ungeachtet dessen, was uns die objektiven Bedingungen signalisieren. Der Liebhaber redet sich beispielsweise ein, daß seine Partnerin erfreut sein wird, ihn zu sehen – trotz der Tatsache, daß er vor zwei Jahren die Beziehung abrupt beendete und sich seitdem nicht mehr sehen ließ. Ebenso stellt sich ein Mitarbeiter vielleicht vor, daß sein Vorgesetzter einer schnellen Bearbeitung seines Gehaltsanspruches die gleiche Bedeutung beimißt wie er selbst.

Fehleinschätzungen führen zu unangemessenen Handlungen und ungerechtfertigten Erwartungen, welche wiederum Fehler oder gar Katastrophen nach sich ziehen. Der Liebhaber, auf einen kühlen Empfang nicht vorbereitet, geht verärgert weg und zerstört damit jede Hoffnung auf Versöhnung. Der Mitarbeiter nimmt an, nachdem er seine Forderung eingereicht hat, daß sich sein Vorgesetzter nun eilig an die Bearbeitung begibt, und unternimmt deshalb für einige Zeit nichts mehr. Viel später muß er mit Erschrecken feststellen, daß sich sein Antrag noch immer in der Ablage befindet.

Machtsucher versuchen, solche Fehler zu vermeiden, indem sie über ihre Ziele nachdenken, und darüber, wie sie den anderen beeinflussen. Ein Verhandlungsführer hat vielleicht den Eindruck, daß der Betriebsrat ihm mißtraut. Er erkennt, daß es einige Zeit dauern wird, bis er wieder ein gutes Verhältnis aufgebaut hat, und verschiebt deshalb die Diskussion wichtiger Angelegenheiten auf einen späteren Zeitpunkt. Die Zwischenzeit verwendet er darauf, bei weniger wichtigen Themen Zustimmung zu erhalten, baut so langsam Vertrauen auf und pflastert damit den Weg für zukünftige Erfolge.

Resultate lassen sich durch die folgenden beiden Fragen einfach und schnell voraussehen:

1. Was ist für den anderen drin?
2. Steht der Einsatz im richtigen Verhältnis zum Gewinn?

In Kapitel fünf wurde betont, daß Belohnungen ganz besonders zur Unterstützung der Motivation beitragen. Auch der umgekehrte Fall trifft zu: Es ist völlig unrealistisch, von einem anderen Bemühung und Verpflichtung zu erwarten, wenn sich das in keiner Weise für ihn auszahlt. Die einfachsten mathematischen Grundlagen lehren uns, daß es unmöglich ist, von nichts etwas wegzunehmen und dafür etwas zu erhalten. Dennoch ist es nur allzu einfach, sich selbst der Illusion hinzugeben, daß man ein positives Resultat erwarten kann, obwohl die nötigen Voraussetzungen nicht gegeben sind. Shakespeare hat die unausweichliche Konsequenz eines solchen Selbstbetrugs vorausgesehen:

> König Lear: „Das ist nichts, Narr."
> Narr: „Dann ist's gleich dem Wort eines unbezahlten Advocaten; Du gabst mir nichts dafür."

Die eigene Einstellung ist ein kostenloses Gut. Die wirkungsvollste Einstellung ist eine positive.[3]

Das bedeutet, auf Dinge optimistisch zu reagieren und sie ebenso optimistisch zu präsentieren. Eine positive Einstellung bedeutet, über alles und jeden etwas Gutes sagen zu können. Ein Angestellter dachte beispielsweise folgendes über seine Arbeit:

> Ich halte es nicht länger aus. Mein Chef hört niemals zu. Seine Mitarbeiter sind ihm gleichgültig, er ist unfähig, eine Beziehung zu ihnen aufzubauen und das Beste aus ihnen herauszuholen. Offenbar denkt er, daß wir ein Heer von Arbeitern sind, das nur dazu da ist, das zu tun, was er will. Das wäre noch nicht einmal so schlecht, aber er ändert alle fünf Minuten seine Meinung. Seit sechs Wochen nehme ich Beruhigungstabletten.

Sein Kündigungsschreiben las sich hingegen folgendermaßen:

> Ich möchte die Gelegenheit wahrnehmen, Ihnen für die Unterstützung zu danken, die Sie mir in den vergangenen zwei Jahren zuteil werden ließen. Ich habe gerne bei Ihnen gearbeitet und viel von Ihnen gelernt.

Das gleiche gilt für Bewerbungsgespräche. Nennen Sie immer einen positiven Grund dafür, warum Sie im zukünftigen Unternehmen arbeiten möchten, und äußern Sie sich immer positiv über Ihre derzeitige Tätigkeit:

1. „Ja, es ist richtig, daß ich in meiner alten Position nicht mehr gebraucht werde. Deshalb suche ich eine neue Aufgabe. Meine Arbeit ist mir jedoch sehr wichtig, so daß ich keinesfalls irgendeine Stellung annehmen möchte. Was mir an dieser Tätigkeit besonders gefällt, ist ..."
2. „Meine derzeitige Tätigkeit macht mir Spaß, und ich habe keine Eile, sie aufzugeben. Gleichwohl habe ich das Gefühl, mein Bestes gegeben und alles gelernt zu haben, was ich lernen konnte, so daß es Zeit ist, mich nach einer neuen Herausforderung umzusehen."
3. „Ich habe meine derzeitige Tätigkeit immer als Übergangslösung angesehen. Als ich den Vertrag unterschrieb, war ich mir der Tatsache bewußt, daß er in vieler Hinsicht nicht meinem Ideal entsprach. Dennoch haben die Erfahrungen, die ich dadurch sammeln konnte, die Nachteile mehr als wettgemacht, und ich bin sehr froh, die sich damals bietende Gelegenheit ergriffen zu haben. Nachdem ich hier jedoch mein Bestes gegeben und die entsprechenden Erfahrungen gesammelt habe, bin ich bereit, neue Herausforderungen anzunehmen."

Vermitteln Sie selbst in zwanglosen Unterhaltungen immer den Eindruck, daß es Ihnen bestens geht. Zeigen Sie niemals irgend etwas, das als Verzweiflung interpretiert werden könnte, sei es Verzweiflung über eine Kündigung, der verzweifelte Druck, einen Vertrag unterzeichnen oder neue Geschäftspotentiale finden zu müssen, und so weiter. Eine solche Schutzmaßnahme führt zu Einsamkeit. Sie ist jedoch der Preis, den

Menschen, die nach Macht streben, gerne bereit sind zu zahlen. Vermeiden Sie aber auch das andere Extrem: Wirken Sie nie zu sicher oder erfolgreich, da das nur den Neid der anderen wachrufen würde.

Verhalten Sie sich in der Öffentlichkeit stets tadellos. Wenn ein anderer den Job erhält, den Sie eigentlich wollten, machen Sie ein Ereignis aus Ihrer Gratulation, egal, wie ärgerlich oder enttäuscht Sie sind. Offenbaren Sie niemals Ihre negativen Gefühle, da es andere nur zur Vorsicht mahnen oder es ihnen ermöglichen würde, Sie auszunutzen, indem sie mit Ihren Gefühlen spielen.

Sich alle Möglichkeiten offenlassen

Ein Kollege bittet Sie um die Zustimmung für eine von ihm vorgeschlagene Umstrukturierung der Abteilung, die ihn – was für ein Zufall – gleichzeitig befördern würde. Es scheint eine gute Idee zu sein, besonders da er davon sprach, daß es auch für Sie Vorteile haben würde. Am gleichen Nachmittag präsentiert Ihnen jedoch auch ein anderer Kollege seinen Plan für eine Umstrukturierung, die ihn zum Abteilungsleiter machen würde. Auch er bittet um Ihre Unterstützung und sagt etwas über einen zuverlässigen Vertreter. Was würde ein Machtsucher angesichts dieser aufeinandertreffenden Appelle an die Loyalität tun?

Unternehmen sind von Mehrdeutigkeit und Unsicherheit durchsetzt. Keiner kann voraussagen, wie sich die Dinge entwickeln werden. Mit solchen Unbekannten können viele Menschen nicht umgehen. Sie suchen Stabilität, indem sie sich an denjenigen verpfänden, der ihnen Sicherheit verspricht. Mit einem Szenario wie das oben beschriebene konfrontiert, werden sie sich eiligst auf die eine oder andere Weise verpflichten. Menschen, die nach Macht streben, lieben jedoch die Spannung und versuchen, von ihr zu profitieren. Sie sind in der Lage, sich zu distanzieren und zu erkennen, daß Menschen für alle Arten von Projekten und aus allen möglichen Gründen um Unterstützung werben. Sie erkennen weiterhin, daß die anderen dabei nur ein Ziel haben, nämlich **die eigene Reichweite auszudehnen.**

Ausgerüstet mit dieser grundlegenden Einsicht in die menschliche Natur, überlebt und gedeiht der Machtsucher, indem er sich immer **alle Möglichkeiten offenhält.**
Wir werden im folgenden untersuchen, was das bedeutet.

In die eine Richtung schauen und in die andere rudern

Sich Möglichkeiten offenzuhalten bedeutet, die Realität in Form von Veränderungen und die sich daraus für die eigene Person ergebenden Konsequenzen zu erkennen. Sentimentalität und Loyalität sind teuere Luxusgüter, wenn die Eisdecke dünner wird. Während sich die Gesundheit des alten Königs verschlechtert, verhalten sich beispielsweise seine Barone ihm gegenüber loyal, während sie gleichzeitig bereits dem Nachfolger ihre Aufmerksamkeit schenken.

Sich Möglichkeiten offenzuhalten bedeutet, auf alle denkbaren Szenarien vorbereitet zu sein, egal, wie wenig schmackhaft sie auch immer sein mögen. Ist beispielsweise die Firma, für die Sie arbeiten, nicht erfolgreich, dann ist es gut möglich, daß auch Sie eines Tages überflüssig werden. Diese Situation ist vielleicht ungeplant, doch man muß ihr ins Auge sehen. Diejenigen, die für alle Eventualitäten vorgesorgt haben, haben die größte Chance zu überleben und können die Katastrophe vielleicht sogar zu ihrem Vorteil nutzen. Ignorieren Sie Vorhersagen der Art: „Das wird niemals geschehen." Es sind die Menschen, die ihren Kopf auf diese Weise in den Sand stecken, die zum Opfer der Ereignisse werden.

Für unterschiedliche Szenarien zu planen bedeutet, alternative Ergebnisse vorauszusehen. Menschen bleiben typischerweise in „Entweder/oder-Möglichkeiten" stecken. Wenn sich zwei Athleten oder Pferde um den ersten Platz in einem Lauf oder Rennen streiten, bemerken nur wenige den Herausforderer, der sich von hinten heranschiebt. Machtsucher bleiben gegenüber dieser Möglichkeit stets wachsam. Der Ort, an dem man nach Überraschungen suchen sollte, ist immer in irgendeiner seltsamen Ecke im Unternehmen verborgen. Es wird beispielsweise vorhergesagt, daß der Dritte Weltkrieg nicht durch eine Konfrontation der sogenannten „Supermächte“ hervorgerufen wird, sondern durch einen Aufstand in einem entfernten Teil der Erde.[4]

„Ja“ sagen, ohne sich zu verpflichten

Wenn Machtsucher sich Möglichkeiten offenhalten, halten sie damit andere in der Schwebe, während sie sich gleichzeitig ihr eigenes Nest bauen. Das nützlichste Wort für diesen Zweck lautet „vielleicht“, eng gefolgt von „bald“ und „zum richtigen Zeitpunkt“. Interesse ermutigt andere, Ihnen die eigenen Pläne zu offenbaren, ohne daß Sie sich zu etwas verpflichten. Vor allem sollten Sie sich niemals auf etwas festlegen, bevor es nicht absolut keine andere Alternative mehr gibt. Das gilt selbst für den Fall, daß Sie genau wissen, welches die richtige Entscheidung ist. Alles verändert sich im Lauf der Zeit. Das lächerliche Stellenangebot von heute ist eine potentiell goldene Möglichkeit für morgen. Ebenso ist die glänzende Chance von heute vielleicht die Dornenkrone von morgen. Lassen Sie sich Platz, um manövrieren zu können, und denken Sie daran:

> Es gibt alte Diplomaten,
> Und es gibt verwegene Diplomaten,
> Aber es gibt keine alten und verwegenen Diplomaten.

[Anmerk. d. Übers.: Die deutsche Übersetzung basiert auf der englischsprachigen Version des französichen Originals aus Clarke, E (1973) Corps Diplomatique, Allen Lane, London.]

Tricks, um sich herauszuwinden

Hier sind einige Vorschläge für den Fall, daß es nötig sein sollte, daß Sie Ihren Kopf aus der Schlinge ziehen müssen:

Zehn Wege zur Lösung der Zwickmühle

1. „Was vor zwei Jahren richtig war (oder hätte richtig sein können), unterscheidet sich sehr von dem, was heute angesagt ist."
2. „Als diese Veränderungen vorgenommen wurden, habe ich zu keinem Zeitpunkt behauptet, der Prozeß sei abgeschlossen."
3. „Ich habe meine Entscheidung vor dem Hintergrund der ... nochmals überdacht."
4. „Wenn das zu diesem Zeitpunkt bekannt gewesen wäre, ..."
5. „Zum Zeitpunkt, als die ursprüngliche Entscheidung getroffen wurde, war das nicht vorhersehbar."
6. „Was ich sagte/meinte, war ..."
7. „Ich habe mich niemals zu ... verpflichtet."
8. „Die ursprüngliche Entscheidung mußte schnell getroffen werden. Schneller, als es mir lieb war."
9. „Es war immer bekannt, daß diese Situation nur vorübergehend sein würde."
10. „Seit damals haben sich neue Möglichkeiten ergeben, und es wäre dumm, sie zu ignorieren, auch auf die Gefahr hin, daß frühere Strategien überdacht werden müssen."

Über den Umgang mit verfeindeten Parteien

Wer mit verfeindeten Parteien umgehen muß, ist anfällig dafür, im Kreuzfeuer umzukommen. Ein früherer, älterer Kollege von mir hatte stets seinen Bleistift an beiden Seiten angespitzt. Das, so erklärte er, symbolisiere das Gesicht des Janus im Personalbüro. „Was den Betriebsrat betrifft, so unterstützen wir ihn. Was die Geschäftsleitung betrifft, so unterstützen wir sie. Was wir tatsächlich tun," sagte er, „ist dafür zu sorgen, daß wir das erhalten, was wir wollen."

In diesem Zusammenhang lautet der Schlüssel zur Macht:

Teile und herrsche.

Das bedeutet, daß man sich als Makler für beide Seiten betätigt. „Machtmakler" sind erfolgreich, wenn sie **sich insgeheim mit allen einigen und andere dabei in die Ecke boxen, in die sie sie haben wollen.**

Stellen Sie sich zum Beispiel vor, Sie werden in eine Auseinandersetzung zwischen Ihrem Chef und Ihrem Kollegen hineingezogen, in der es darum geht, ob Produkte von schlechter Qualität bei jedoch gleichzeitig hoher Gewinnspanne in das Sortiment aufgenommen werden sollen. Zu Ihrem Kollegen sagen Sie:

„Sie haben absolut Recht, wir müssen unser Qualitätsniveau wahren."

Und zu Ihrem Chef:

„Sie haben absolut Recht, wir müssen pragmatisch denken."

In der gemeinsamen Besprechung sagen Sie dann:

„Ich glaube, jeder von Ihnen vertritt einen berechtigten Standpunkt."

Das funktioniert, weil keine der beiden Seiten von der anderen weiß, daß diese Sie um Ihre Unterstützung gebeten hatte. Keiner kann Einwände machen, da Sie mit ihm übereinstimmen. Nachdem Sie beide in eine Ecke hineingeboxt haben, besteht der nächste Schritt darin, eine dritte Möglichkeit anzubieten, nämlich die von Ihnen bevorzugte Lösung.

Eine andere Anwendung der „Teile-und-Herrsche-Regel" besteht darin, beide Parteien so zu manipulieren, daß sie sich gegenseitig zerstören. Stellen Sie sich ein kleines Kanonenboot vor, das sich in der Dunkelheit zwei feindlichen Schiffen gegenübersieht. Keines der beiden Schiffe hat die Anwesenheit des jeweils anderen Schiffes bemerkt. Versuchte nun das Kanonenboot, beide Schiffe anzugreifen, würde es zerstört.

Wenn es andererseits zwischen den beiden großen Schiffe hindurchfährt und dabei in die Luft feuert, denkt vielleicht jedes der beiden Schiffe, daß es vom Feind angegriffen wird, und feuert zurück. Auf diese Weise versenken sich die beiden Schiffe möglicherweise gegenseitig.

Es ist einfach, dieses Prinzip auf Menschen anzuwenden. Eine kleine Bemerkung zu A, daß B heimlich versuche, ihn zu hintergehen, und umgekehrt, reicht vielleicht schon aus. Ebenso wirkungsvoll kann die kleine Andeutung gegenüber dem Betriebsrat sein, daß eine andere Gruppe im Begriff sei, heimlich Absprachen mit der Geschäftsführung zu treffen, um getreu dem Motto „Teile und herrsche“ ihr Ziel zu erreichen.

Diplomatisches Verhalten

Takt bedeutet, sich so zu verhalten, daß sich andere in Ihrer Gesellschaft wohl fühlen. Solche Rücksichtnahme erzeugt Macht, da jeder von uns dazu neigt, Menschen, in deren Gegenwart wir uns wohl fühlen, zu vertrauen und sie zu belohnen. Eine Schlüsselfähigkeit besteht darin, **die Schwächen anderer auszugleichen.**

König John, beispielsweise, war ein kleiner Mann. In seiner Gegenwart trugen deshalb die Diplomaten am Hofe Pantoffeln und hielten die Schultern gebeugt. Als König Edward sah, daß einer seiner ausländischen Gäste die Spitzen der Spinatblätter auf den Boden warf, tat er es ihm zugleich nach. Die Kollegen eines Mitarbeiters, der an Atemlosigkeit litt, warteten diskret, bis er ein paar Minuten im Raum war, bevor sie ihn ansprachen.

Diplomaten beherrschen es auch geschickt, sich anderen gegenüber angenehm zu verhalten, ohne dabei ihre Integrität oder ihre Autorität aufs Spiel zu setzen. Das erreichen sie, indem sie

- Kritik so formulieren, daß der andere sie akzeptieren kann;
- anderen sagen, was sie hören möchten, ohne dabei unaufrichtig zu sein.

Hinsichtlich des ersten Punktes ist Schweigen ausnahmslos das beste Mittel, um Beziehungen weiterhin aufrechtzuerhalten. Wenn das nicht möglich ist, ist es wichtig, Zurückhaltung zu üben. Stellen Sie sich zum Beispiel vor, Sie haben es mit einem Kunden zu tun, der ein Auto in Zahlung geben möchte, das bereits einige kleinere Unfälle hinter sich hat. Am diplomatischsten wäre es jetzt, so zu tun, als hätten Sie die Beulen und Kratzer nicht gesehen. Wenn es jedoch nötig ist, seine Erwartungen etwas zu dämpfen, reicht eine einfache Bemerkung der Art „Na, der war wohl im Krieg." Den Wagen als „Streitwagen" zu bezeichnen wird nicht empfohlen. Auf diplomatische Weise Kritik zu üben, kann auch heißen, daß man auf den Fehler hinweist und dann die Verantwortung dafür selbst übernimmt. Zum Beispiel:

- „Offensichtlich habe ich es Ihnen nicht eindeutig vermitteln können."
- „Vielleicht habe ich mich da nicht klar ausgedrückt."
- „Es tut mir leid, wenn ich Sie verwirrt habe."
- „Vielleicht hätte ich es Ihnen besser erklären sollen."

Wenn ein Bericht oder eine andere Arbeit unvollständig ist, dann ist es vielleicht angemessen zu sagen. „Gut, soweit vorhanden." Falls er völlig unbrauchbar ist oder am Thema vorbeigeht, sagen Sie, daß Sie ihn nicht verstehen. Ist der Fall hoffnungslos, ist es besser, damit nichts zu tun haben zu müssen. Lassen Sie jemand anderen die unerfreuliche Arbeit erledigen. Falls es wichtig ist, daß Sie sich offen negativ äußern, sollten Sie nach folgendem Schema (mit Beispielen) vorgehen:

1. Sprechen Sie zuerst ein oder zwei positive Dinge an.

Bei der Durchführung der Umstrukturierung haben Sie ausgezeichnete Arbeit geleistet. Ganz besonders hat es mich gefreut, wie Sie in vorbildlicher Weise dafür gesorgt haben, daß der Zeitplan eingehalten wurde.

2. Kümmern Sie sich dann um die schlechten Dinge.

Sie müssen noch lernen, daß leicht Fehler passieren, wenn Sie unter Druck geraten und dabei Ihre Vorgehensweise nicht überprüfen oder die Angelegenheit nicht mit mir absprechen. Beides müssen Sie tun, wenn die Sache sehr komplex oder ungewöhnlich ist.

3. Runden Sie das Gespräch mit einem weiteren positiven Hinweis ab.

Nachdem ich das gesagt habe, bin ich erfreut über die Art und Weise, in der die ganze Sache abgelaufen ist. Ohne Sie hätten wir es nicht so schnell und gut geschafft.

Lassen Sie sich nicht in eine unproduktive Auseinandersetzung hineinziehen. Hören Sie die andere Person bis zum Ende an, und sagen Sie dann: „Ich habe dem nichts hinzuzufügen." Danach wechseln Sie das Thema.

Nichts als die Wahrheit, aber nicht die ganze Wahrheit.

Einem Menschen sagen zu können, was er hören will, ohne dabei unaufrichtig zu sein, ist eine wertvolle Fähigkeit. Der Trick dabei ist:

- etwas Positives finden und
- es dann kommentieren.

Ein Gemeindemitglied hat beispielsweise einmal den Pfarrer zur Besichtigung seines Gartens eingeladen. Der Pfarrer fand den Garten schrecklich systematisch. Da er seinen Gastgeber jedoch weder kränken noch unaufrichtig sein wollte, sagte er: „Er sieht sehr formal aus." Sein Gastgeber war erfreut, denn Förmlichkeit war genau die Wirkung, die er erzielen wollte. Genauso zeigte ein Fachmann einmal seinem Kollegen einen Mammutbericht, auf den er sehr stolz war. Letzterer dachte bei sich, daß der Bericht viel zu lang war, entgegnete jedoch: „Ich sehe jetzt, was Sie damit meinen, wenn Sie sagen, Sie wollen jeden Stein umdrehen. Es sieht so aus, als hätten Sie eine Menge Arbeit da hineingesteckt." Diese Antwort bereitete Freude, da der Autor auf seine eigene Gründlichkeit stolz war.

Voraussehen, wie Ihr Verhalten auf andere wirkt

In Zeiten nationaler und internationaler Krisen blicken für gewöhnlich alle Augen auf die Staatsmänner, da die Menschen versuchen, ihre Ansichten und Pläne an deren Worten und Verhalten zu orientieren. Das gleiche passiert im täglichen Leben. Menschen halten ständig nach Signalen Ausschau. Machtsucher müssen deshalb berücksichtigen, wie **ihre Gesten, Worte und Entscheidungen von anderen vielleicht interpretiert werden könnten.**

Es ist nur allzu leicht, sich in einem unbedachten Moment zu verraten. Die skandalöse Beziehung zwischen Prinzessin Margaret und Peter Townsend haben Beobachter dadurch entdeckt, daß sie während der Krönungsfeierlichkeiten Schuppen von seinen Schultern entfernte.[5] Ein Mitarbeiter, der das Ausfüllen eines Leistungsbewertungsformulars mit der Begründung verzögerte, „Es ändert sich sowieso alles“, hatte damit unbeabsichtigt verraten, daß er dabei war, sich nach einer anderen Tätigkeit umzusehen. Es ist wichtig, falsche Eindrücke zu vermeiden. Fragen Sie beispielsweise während eines Bewerbungsgespräches nach Urlaub und flexibler Arbeitszeit, und man wird Sie für faul halten. Wenn Sie etwas Offensichtliches extra erwähnen, wird man daraus ableiten, daß Sie über nur geringe Kenntnisse verfügen.

Es gibt kein unfehlbares Mittel, um solche Pannen zu verhindern, was nicht zuletzt darauf zurückzuführen ist, daß Menschen sich ihres Verhaltens manchmal nicht bewußt sind. Vielleicht haben auch Sie noch nicht bemerkt, daß Sie jedesmal, wenn in einer Besprechung eine bestimmte Person das Wort ergreift, Ihre Hände bis in Gesichtshöhe hochnehmen. Andere bemerken es jedoch und ziehen daraus die richtigen Schlüsse. Der beste Rat, den ich Ihnen hierzu geben kann, lautet: Denken Sie nach, bevor Sie sprechen oder handeln. Sollten Sie sich jedoch einmal unbedacht geäußert haben, dann beachten Sie, daß jeder Versuch, etwas einmal Gesagtes zurückzunehmen, die Sache nur verschlimmert. Denken Sie an das Sprichwort:

Gesagt ist gesagt!

Es ist auch wichtig, keine Kritik zu provozieren. Verbringen Sie zum Beispiel zuviel Zeit außer Haus, wird man Sie vielleicht mit einem ständig im Ausland lebenden Hausbesitzer vergleichen; verbringen Sie jedoch zuviel Zeit im Büro, wird man Sie möglicherweise als Hosenträgerbürokrat kritisieren; lassen Sie Ihnen unterstellten Mitarbeitern die Freiheit, ihrer Arbeit von Ihnen ungestört nachzugehen, wird man sagen, Sie interessieren sich für nichts. Versuchen Sie andererseits, sie zu unterstützen, wird man Sie als herrisch bezeichnen, unfähig, zu delegieren; wenn Sie Initiative zeigen, werden Sie als eigensinnig und unberechenbar abgestempelt; warten Sie auf Anweisungen, sind Sie in den Augen der anderen antriebsschwach. Der beste Weg aus dieser vertrackten Situation besteht darin, das Gespräch mit den anderen zu suchen und Vereinbarungen mit ihnen zu treffen.[6] Führt das nicht zum gewünschten Erfolg, sollten Sie versuchen, einen mittleren Kurs zu steuern.

Der diplomatische Untergebene

Der tote Lehrling

In der Dorfkirche von Rosslyn in Schottland steht eine wunderschön geschnitzte Säule. Die Geschichte besagt, daß der Bildhauer, als er den Auftrag zur Gestaltung dieser Säule erhielt, dieser Aufgabe so mit Ehrfurcht entgegensah, daß er nach Italien reiste, um die dortige Architektur zu studieren und sich inspirieren zu lassen. Während sein Meister weg war, sah sein Lehrling im Traum die fertige Säule vor sich und machte sich sogleich ans Werk. Als der Meister zurückkehrte, war die Säule bereits fertig: Ihre Schönheit überstieg alles, was er selbst hätte schaffen können. Er bedankte sich dafür bei seinem Lehrling, indem er ihn ermordete. Die Moral von der Geschichte:

Wenn Sie genauso gut wie oder gar besser als Ihr Chef sind, müssen Sie Ihre Talente sehr vorsichtig einsetzen.

Das gilt für alles: Fähigkeiten, Intelligenz, Auto, Kleidung, Verbindungen und Leistungen. Es ist erstaunlich, wie sehr sich Menschen von kleineren Eifersüchteleien beeinflussen lassen. Ein Kollege von mir hat zum Beispiel einmal seinen geheimen Ärger darüber zugegeben, daß sein Vertreter an einem Tag, an dem man hohen Besuch erwartete, einen besseren Anzug trug als er selbst – er schickte ihn deshalb auf einen Botengang an das andere Ende der Stadt.

Ihr ergebener Diener

Ein verärgerter Lehrer zum Schuldirektor:

„Wenn wir irgendwo ein besseres 'Loch' finden könnten, würden die meisten von uns sofort dorthin gehen."

Der Stellvertreter des Direktors hinterher in einer privaten Unterhaltung:

„Noch ein Wort mehr, und Sie hätten sich selbst eins gegraben."

Es ist möglich, aus einer Schlacht mit dem Chef als Sieger hervorzugehen, jedoch nicht ohne dabei den Krieg zu verlieren. Entgegen allem, was Vorgesetzte vielleicht über Mitsprache sagen, schätzen es nur wenige wirklich, wenn sie herausgefordert werden. Läßt sich Herausforderung nicht vermeiden, leiten Sie sie mit den Worten ein: „Wie Sie wissen ..." Vermeiden Sie Formulierungen der Art: „Warum machen Sie nicht ...?" Heben Sie statt dessen die Macht des anderen hervor, indem Sie sagen: „Haben Sie in Betracht gezogen ..." oder noch besser: „Würden Sie in Betracht ziehen ...?".

Die beste Art, wie Sie jemanden dazu bringen, Ihre Idee zu akzeptieren, besteht darin, ihm das Gefühl zu geben, es sei seine eigene Idee gewesen. Zum Beispiel: „Haben Sie die Alternative, die Sie eben erwähnten, nämlich ... schon verworfen?" Dabei ist es völlig gleichgültig, ob der andere den Vorschlag zum ersten Mal hört. Die meisten Menschen besitzen eine gesunde Fähigkeit zum Selbstbetrug. Auch Aufwertung ist sehr schmeichelhaft, da Menschen sich selbst gerne als Akteure auf einer großen Bühne sehen. Die Idee, etwas „verwerfen zu können" und „Alternativen" zu besitzen (ein Wort, in dem mehr Macht mitschwingt als in „Idee"), gibt ihnen das Gefühl, wichtig zu sein und Kontrolle zu besitzen, auch wenn es nur um die Auswahl der Getränke für eine abendliche Sitzung geht.

Wie Claudius überlebte

Kaiser Claudius überlebte die Messer und Giftbecher, die so viele Leben seiner Zeitgenossen verkürzten, indem er sein Stottern dazu benutzte, sich selbst als harmlosen Idioten darzustellen. Da keiner vor ihm Angst hatte, dachte niemand daran, sich gegen ihn zu verschwören.

Diese Geschichte erklärt, warum in einem Unternehmen unbedeutende Menschen oft erfolgreich sind. Eifersucht entsteht aus Angst, und Angst entsteht aus dem Gefühl persönlicher Unzulänglichkeit. Menschen reagieren negativ gegenüber anderen, die sie fürchten, und positiv bei denen, in deren Gegenwart sie sich wohl fühlen. Unbedeutende Menschen haben Erfolg, weil sie anderen das Gefühl geben, kompetent und stark zu sein. Unterschätzen Sie diese Menschen jedoch niemals. Manche sind mit Verstand vielleicht nicht gerade überlastet, viele aber sind klug genug, um ihre Intelligenz zu verstecken. Unbedeutende Menschen tendieren dazu, einen verformbaren Charakter zu besitzen; er hilft ihnen zu überleben, da sie sich jeder Änderung der Windrichtung anpassen, so daß Sturm und Unwetter ihnen niemals etwas anhaben können. Die Stolzen und Selbstgerechten sind zu dieser Flexibilität nicht fähig. Wie ein allzu starrer Turm neigen sie dazu, auseinanderzubrechen, wenn sie unter Druck geraten.

Macht und Ruhm mit anderen teilen

Wie Lady Bracknell in „The Importance of Being Ernest" *[Anmerk. d. Übers.: Es handelt sich um das Stück von Oscar Wilde, deutsche Übersetzung z.B. von Blei, F. (1920) Ernst sein ist nicht alles.]* beobachtet, „beklagen sich nur die Menschen über die Gesellschaft, die nicht dazugehören können." Das gleiche gilt für den Erfolg. Erfolg erzeugt Unmut, besonders wenn andere sich ausgeschlossen und deshalb entfremdet fühlen. Entfremdung stimuliert Zerstörungswut. Machtsuchern sei deshalb geraten, potentielle Schäden dadurch zu minimieren, daß sie ihre Erfolge mit anderen teilen. Durch Teilen, selbst in geringem Umfang, löst sich Feindschaft in Luft auf, da Zuschauer zu Verwaltern von Wetteinsätzen werden und sich somit am Spiel beteiligt fühlen. Das erklärt zum Beispiel, warum die Regierung zum Besitz von Eigentum ermutigt. Das Ziel besteht darin, möglichst viele Menschen in die Gesellschaft zu integrieren und ihnen einen Grund zu geben, sich mit den Rechten eines Eigentümers und allem, was dazugehört, zu identifizieren. In ähnlicher Weise arbeiten viele Unternehmen mit einem System, das es Mitarbeitern ermöglicht, Geschäftsanteile zu erwerben und damit persönliches Interesse am Geschäft zu wecken.

Wendet man dieses Prinzip auf den beruflichen Alltag an, bedeutet das beispielsweise, daß Sie einen Preis, den Sie erhalten, nicht nur für sich persönlich beanspruchen, sondern ihn im Namen aller Mitarbeiter des Unternehmens in Empfang nehmen. Weiterhin sollten Sie dafür Sorge tragen, daß auf dem Erinnerungsphoto auch alle Kollegen aus dem Büro oder gar die gesamte Belegschaft zu sehen ist. Ebenso wenn man Ihnen gratuliert: Betonen Sie – und achten Sie darauf, daß Sie dabei von allen gehört werden – den Anteil, den Ihre Vorgesetzten oder die anderen Mitarbeiter an allem haben. Wenn Sie eine Prüfung bestehen, teilen Sie die Freude mit anderen, indem Sie Kuchen für die Kaffeepause kaufen.

Wenn Sie mächtiger werden, lassen Sie Ihre Mitarbeiter fühlen, daß auch sie selbst mit Ihnen zusammen aufsteigen.

Geben Sie ihnen die Möglichkeit, sich mit Ihrem Erfolg zu identifizieren, und teilen Sie einige seiner Früchte. Verbreiten Sie überall, wie sehr Sie mit ihnen zufrieden sind, und lassen Sie ihnen mehr Informationen zukommen, als die Kollegen in den anderen Abteilungen erhalten. Lassen Sie den Möbel katalog herumgehen, wenn Sie sich einen neuen Schreibtisch kaufen, so daß jeder die Möglichkeit hat, davon zu profitieren. Sorgen Sie dafür, daß andere erkennen, daß Ihr Aufstieg auch ein Aufstieg für sie selbst bedeutet.

Beachten Sie jedoch, daß es Grenzen gibt für das, was sich durch Teilen von Macht erreichen läßt. Niemals sollten Sie

- Erfolg offen zur Schau tragen,
- andere, die mächtiger sind als Sie, an die Wand spielen.

Der Vorstandsvorsitzende eines Ausschusses der Labour-Partei mag vielleicht unangemessen auftreten, wenn er in einem schäbigen Datsun vorfährt. Er wird jedoch eher als derjenige überleben, der sein Jahresgehalt von zweihunderttausend Mark offen zur Schau trägt. Stolz, und daran sollten Sie denken, kommt vor den Fall.

Die Jungfrau spielen

Erwecken Sie niemals den Anschein, Macht um ihrer selbst willen zu suchen.[7] Im Wahlkampf um die Führung der Konservativen Partei 1990 gaben die Kandidaten an, daß ihre Motive zum Besten der Partei waren, zum Besten des Volkes, um dem Druck von Kollegen zu widerstehen..., alle Gründe bis auf einen: Premierminister werden zu wollen. Versuchen Sie immer, es so aussehen zu lassen, als ob Ihnen alles aufgedrängt wird. In Shakespeares Richard III. bittet die Menge den niederträchtigen Thronverräter, die Krone anzunehmen. Richard erscheint vor ihnen, gekleidet wie ein frommer Geistlicher, der mehr der Lehre Gottes denn weltlichen Dingen zugeneigt ist. Die Menge ist entzückt und drängt ihn um so mehr, die Krone anzunehmen. Richard spielt, wie er es nennt, die Jungfrau, das heißt, er sagt „Nein“, aber er akzeptiert.

Zusammenfassung

- Ein Diplomat drückt sich immer allgemein aus.
- Diplomatie hat damit zu tun, Situationen so zu sehen, wie sie wirklich sind, und zu erkennen, was Menschen wirklich wollen.
- Diplomatie gibt anderen, was sie wollen, und sagt ihnen, was sie hören möchten.
- Es kommt nicht darauf an, was Sie tun, sondern bei welchen Aktivitäten Sie gesehen werden.
- Es ist wichtig zu erkennen, welchem Druck andere ausgesetzt sind, denn die Probleme der anderen sind auch Ihre Probleme.
- Versuchen Sie, die Dinge mit den Augen der anderen zu sehen.
- Die persönliche Einstellung ist ein kostenloses Gut. Eine positive Einstellung ist sehr viel mächtiger als eine negative.
- Verhalten Sie sich in der Öffentlichkeit stets untadelig. Versuchen Sie negative Gefühle, die Sie anderen gegenüber hegen, zu verbergen.
- Halten Sie Ihre Augen offen – immer.
- Unternehmen sind von Mehrdeutigkeit und Unsicherheit durchsetzt; seien Sie auf alle Eventualitäten vorbereitet.
- Wenn andere Sie um Ihre Unterstützung bitten, um die eigene Karriere zu fördern, antworten Sie mit Worten wie „vielleicht“, „eines Tages“ und „zum richtigen Zeitpunkt“.
- Sie haben das Recht, Ihre Meinung zu ändern.
- Vermeiden Sie es, im Kreuzfeuer gefangen zu werden – teile und herrsche.
- Takt bedeutet, daß andere Menschen sich in Ihrer Gegenwart wohl fühlen.
- Es ist besser, nichts zu sagen, als zu kritisieren.

- Wenn es notwendig ist, sich negativ zu verhalten, üben Sie Zurückhaltung; weisen Sie zum Beispiel auf Fehler hin, doch übernehmen Sie dann selbst die Verantwortung dafür.
- Kritik läßt sich gut nach folgendem Schema üben:
  – Beginnen Sie mit zwei positiven Dingen.
  – Behandeln Sie dann die negative Angelegenheit.
  – Schließen Sie mit einem weiteren positiven Hinweis.
- Denken Sie, bevor Sie sprechen oder handeln. Fragen Sie sich selbst, wie andere eine Sache vielleicht sehen. Im Zweifelsfall sollten Sie eine Äußerung oder Handlung unterlassen.
- Wenn Sie etwas Taktloses gesagt haben, macht der Versuch, es zurückzunehmen, die Sache nur noch schlimmer.
- Wenn Sie so gut wie oder noch besser als Ihr Chef sind, sollten Sie Ihre Talente nur sehr vorsichtig einsetzen.
- Sie können eine Schlacht mit dem Chef gewinnen, doch nur auf Kosten eines verlorenen Krieges.
- Wirklich intelligente Leute sind klug genug, um dumm zu erscheinen.
- Lassen Sie andere an Ihrem Erfolg teilhaben. Geben Sie ihnen das Gefühl, dazuzugehören und ebenfalls erfolgreich zu sein.
- Stellen Sie Erfolg niemals offen zur Schau.
- Geben Sie sich niemals den Anschein, Macht zu wollen. Spielen Sie die Jungfrau, das heißt, sagen Sie „Nein“, aber nehmen Sie an.

Fragebogen zum Thema Diplomatie

Nachdem Sie das Kapitel nun gelesen haben, testen Sie sich nochmals selbst:

1. Ein Kollege hat gerade einen Bericht herumgehen lassen, der eine einzige Katastrophe ist. Er begegnet Ihnen auf dem Flur und fragt Sie, was Sie davon halten. Was antworten Sie ihm?

a) „Gut, hervorragend; das ist genau, was wir gebraucht haben."
b) „Ihr Bericht ist schrecklich."
c) „Ausgezeichnet. Ich habe da noch ein oder zwei winzige Vorschläge, die Sie vielleicht interessieren."
d) „Ich hatte noch keine Zeit, ihn zu lesen."

2. Sie haben einen imkompetenten Mitarbeiter zur Kündigung gezwungen. Was tun Sie anläßlich seiner Verabschiedung?

a) Sie halten ein Rede, in der Sie seine Arbeit würdigen und Ihr Bedauern zum Ausdruck bringen, daß gesundheitliche Gründe ihn zum vorzeitigen Ausscheiden zwingen.
b) Sie halten eine vergnügliche Rede, jedoch ohne Bezug auf seine Arbeit zu nehmen.
c) Sie lassen die Rede weg.
d) Sie erfinden eine diplomatische Krankheit und lassen jemand anderen eine Rede halten.

3. Ein Kollege mit gleichem Aufgabengebiet versucht, eine neue Abteilung ins Leben zu rufen. Er fragt, welche Position Sie einnehmen wollen, falls er damit Erfolg hat. Was antworten Sie ihm?

a) Sie sagen ihm, daß Sie an einer Verbindung interessiert seien, und übermitteln ihm einen schriftlichen Entwurf für die Zusammenführung Ihrer beiden Funktionen.
b) Sie wünschen ihm alles Gute und bekunden Ihr Interesse an weiteren Gesprächen zum gegebenen Zeitpunkt.
c) Sie teilen ihm mit, daß Sie mit Ihrer gegenwärtigen Situation zufrieden sind.
d) Sie sagen ihm, daß er damit keinen Erfolg haben wird.

4. Vor einem Jahr haben Sie ein Stellenangebot abgelehnt, da die Position an einen Wohnortwechsel gebunden war. Seither haben Sie Ihre Entscheidung jedoch bereut. Heute erhalten Sie die telefonische Anfrage, ob Sie noch immer an der Position interessiert seien, da diese überraschend wieder frei geworden ist. Was sagen Sie?

a) „Ja, ich nehme zu den bekannten Bedingungen an."

b) „Ich nehme nur an, wenn der Wechsel des Wohnortes nicht zur Bedingung gemacht wird."
c) „Welches Angebot können Sie mir machen?"
d) „Ich wäre bereit, mit Ihnen darüber zu reden."

5. Als Hundezüchter werden Sie von einem Ihrer Kunden nach Ihrer Lieblingsrasse gefragt. Was antworten Sie?
a) Sie sagen: „Ich liebe alle Hunde" und wechseln dann das Thema.
b) Sie nennen Ihre Lieblingsrasse.
c) Sie nennen die Lieblingsrasse Ihres Kunden.
d) Sie sagen: „Ich hasse alle Hunde."

6. Bei der letzten Beförderung sind Sie von einem Rivalen, der sehr viel weniger qualifiziert ist und weniger Erfahrung als Sie besitzt, geschlagen worden. Was tun Sie?
a) Sie reichen Beschwerde ein.
b) Sie stellen die Qualifikation und Fähigkeiten des anderen öffentlich in Frage.
c) Sie gratulieren ihm schriftlich.
d) Sie bitten ihn um einen Job.

7. Ein Freund lädt Sie ein, damit Sie seinen neuen Sportwagen bewundern. Sie haben noch nie etwas so Häßliches gesehen. Was sagen Sie?
a) „Wieviel sagtest Du, hast Du dafür bezahlt?"
b) „Es ist ein schöner Vertreter dieses Typs."
c) „Ich beneide Dich."
d) „Ich nehme nicht an, daß Du ihn mir verkaufen würdest?"

8. Sie suchen eine neue Stellung, da Sie es leid sind, mit unzureichenden Mitteln zu arbeiten. Was würden Sie zukünftigen neuen Arbeitgebern sagen?
a) Sie sagen ehrlich, warum Sie die alte Firma verlassen wollen.
b) Sie sagen nichts, solange Sie nicht gefragt werden. Falls man Sie fragt, antworten Sie jedoch ehrlich.
c) Sie erklären, daß eines der Dinge, die Sie an Ihrer derzeitigen Stelle mögen, die Herausforderung ist, mit minimalen Ressourcen auskommen zu müssen.
d) Sie versuchen, Ihren potentiellen neuen Arbeitgeber nicht zu Wort kommen zu lassen.

9. Ein neuer Mitarbeiter hat Ihnen gerade eine Kostenaufstellung vorgelegt. Sie entspricht jedoch nicht Ihren Vorstellungen. Was sagen Sie?
a) „Das ist ganz gut; sie muß nur noch etwas besser strukturiert werden."

b) „Offenbar habe ich mich nicht verständlich ausgedrückt, als ich Sie bat, diese Arbeit zu erledigen."
c) „Das ist kompletter Blödsinn."
d) „Sie sind entlassen."

10. Sie sind überzeugt, daß eine Ihrer Zweigstellen zuviele Mitarbeiter beschäftigt, fühlen sich jedoch außerstande, es aus dieser Entfernung zu überprüfen. Würden Sie:
a) die Mitarbeiter der Zweigstelle stärker in Ihre eigenen Besprechungen integrieren?
b) einige der Mitarbeiter in die Zentrale versetzen, wo Sie sie stärker unter Kontrolle haben?
c) Besprechungen zukünftig in der Zweigstelle abhalten?
d) ein Unternehmensberatungsteam dorthin schicken?

Die Antworten finden Sie auf der nächsten Seite.

Antworten auf den Fragebogen

1. d
2. a – Er wird Ihnen glauben, weil er Ihnen glauben möchte, und es ist vernünftig, sich im Guten und großzügig von anderen zu trennen; Sie wissen nie, was an der nächsten Ecke auf Sie wartet.
3. b – Stellen Sie ihm etwas in Aussicht, aber halten Sie sich Ihre Möglichkeiten offen.
4. c – Halten Sie sich alle Möglichkeiten offen.
5. a – Zeigen Sie niemals Vorlieben. Es kränkt mehr Menschen, als es gefällt.
6. c – Verhalten Sie sich in der Öffentlichkeit stets tadellos. Versuchen Sie, Feindseligkeiten zu verbergen, da andere diese nutzen werden, um zu teilen und zu herrschen.
7. b
8. c – Seien Sie positiv.
9. b
10. c – Es gibt Ihnen die Möglichkeit zu beobachten, ohne daß es danach aussieht.

Rechnen Sie die Punkte zusammen, die Sie erzielt hatten, bevor Sie das Kapitel gelesen haben: __________

Rechnen Sie die Punkte zusammen, die Sie erzielt haben, nachdem Sie das Kapitel gelesen haben: __________

Literatur zu Kapitel 8

1. *Goffman, E.* (1959) The Presentation of Self in Everyday Life, Doubleday Anchor, New York.
2. *Schlenker, B.R.* (1980) Impression Management, Brooks Cole, California.
3. *Watzlawick, P., Weakland, J.H., Fisch, R.* (1974) Change: Principles of Problem Formation and Resolution, Norton, New York.
4. *Hackett, J.* (1983) The Third World War: The Untold Story, Sidgwick & Jackson, London.
5. *Mortimer, P.* (1987) Queen Elizabeth: A Life of the Queen Mother, Penguin, Harmondsworth.
6. *Hennested, B.* (1990) „The symbolic impact of double bind leadership: Double bind and the dynamics of organization culture“, Journal of Management Studies, 27(3), S. 265-81.
7. *Galbraith, J.K.* (1984) The Anatomy of Power, Hamish Hamilton, London.

Kapitel 9

Die Macht der Realität

Fragebogen über den Umgang mit der Realität

Realität ist ein Hilfsmittel, um Macht zu erzeugen. Testen Sie Ihre Fähigkeit, sich der Realität geschickt zu bedienen, indem Sie die folgenden Fragen beantworten.

1. In einem Bewerbungsgespräch werden Sie gefragt, warum Sie keine Ihrer früheren Tätigkeiten länger als zwei Jahre ausgeübt haben. Was antworten Sie?
a) „Ich bin noch immer auf der Suche nach dem Job, die mir richtig Freude macht."
b) „Das stimmt, aber hier plane ich, für die nächsten fünf Jahre zu bleiben."
c) „Ich war immer bereit, meine persönliche Bequemlichkeit und Sicherheit zu opfern, um eine gute Chance wahrzunehmen."
d) „Es ist sicherer, eine Zielscheibe zu sein, die sich bewegt."

2. Ein Kollege in einer anderen Abteilung hat zehn Kundendienstmitarbeiter. In Ihrer Abteilung, die dreimal so groß ist, arbeiten 20 Mitarbeiter. Was bedeutet das?
a) Sie haben zu wenig Mitarbeiter.
b) In der anderen Abteilung arbeiten zu viele Mitarbeiter.
c) Nichts, da die beiden Abteilungen völlig unterschiedlich sind.
d) Das Verhältnis ist in Anbetracht der unterschiedlichen Arbeiten, die in jeder Abteilung verrichtet werden, vermutlich richtig.

3. Was ist Ihr Hauptproblem bei der Arbeit?
a) zu wenig Zeit
b) zu viel Druck
c) die anderen Abteilungen
d) die eigene Ineffizienz

4. Sie sind extrem beunruhigt, als Sie hören, daß Ihr Unternehmen durch einen speziellen Vertrag riesige Verluste erleidet. Das könnte ernsthafte Auswirkungen auf Ihre Karriere haben. Was tun Sie?
a) Sie bringen Ihren Lebenslauf auf den neuesten Stand und rufen ein paar Personalberatungsagenturen an.
b) Sie sagen und unternehmen nichts, bis Sie nicht die Zahlen gesehen haben.
c) Sie sagen: „Das entspricht dem, was ich in dieser Phase erwarten würde."
d) Sie rügen verärgert die Buchhaltung wegen ihrer Inkompetenz.

5. Welches der folgenden Projekte würden Sie bevorzugen?
a) ein Projekt, dessen Grundlagen bereits erarbeitet wurden
b) ein ganz neues und aufregendes Geschäft
c) ein relativ interessantes Projekt, das die Zusammenarbeit mit anderen Abteilungen erfordert
d) die Rettung eines Geschäftes, das in Schwierigkeiten geraten ist

6. Sie sollen den Vorsitz einer Besprechung übernehmen, in der es um die Zusammenlegung von zwei Abteilungen geht. Würden Sie
a) während der Besprechung um Themenvorschläge für die Tagesordnung bitten?
b) die Themen für die Tagesordnung vor der Besprechung sammeln?
c) eine fertige Tagesordnung vor der Besprechung herumgehen lassen?
d) eine kurze Beschreibung der Auswahlthemen vor der Besprechung herumgehen lassen?

7. Sie haben gerade mit Ihrem Vorgesetzten ein unangenehmes Gespräch geführt, bei dem es um Ihre Leistungen ging. Was tun Sie jetzt?
a) Sie versuchen, es so schnell wie möglich zu vergessen.
b) Sie machen sich eine kurze Notiz über diese Unterredung.
c) Sie schicken ihm eine kurze Gesprächsnotiz.
d) Sie beginnen, sich nach einer neuen Tätigkeit umzusehen.

8. Nach zwei Monaten ist es Ihnen endlich gelungen, einen Termin beim Geschäftsführer persönlich zu erhalten, um ihm zu erklären, warum Sie mehr Mitarbeiter brauchen. Würden Sie
a) eine kurze schriftliche Ausarbeitung vorbereiten, die Sie durch eine Präsentation ergänzen?
b) eine schriftliche Ausarbeitung vorbereiten, die Sie dann vortragen?
c) sich einige kurze Notizen machen, bevor Sie in die Besprechung gehen?
d) dort hingehen, hören, was er Ihnen sagt, und dann entsprechend darauf reagieren?

9. Wie sieht Ihre Strategie aus, wenn es um die Erstellung von Besprechungsprotokollen geht?
a) Zeitverschwendung
b) Sie versuchen, die Aufgabe an eine andere Abteilung abzuwälzen.
c) Sie schreiben das Protokoll immer direkt im Anschluß an die Besprechung.
d) Sie schreiben das Protokoll vor der Besprechung.

10. Ihr Vorgesetzter hat Sie gerade gebeten, einen neuen Entwurf für die Geschäftsstrategie Ihrer Abteilung zu entwerfen. Was werden Sie jetzt tun?

a) Nichts, und hoffen, daß er es wieder vergißt.

b) Sie kritzeln ein paar Notizen auf zwei A4-Seiten nieder.

c) Sie diktieren aus dem Kopf heraus eine lange, weitschweifige Abhandlung, gespickt mit Füllwörtern.

d) Sie stellen sorgfältige Nachforschungen an, bevor Sie eine gutdurchdachte, peinlich genaue Analyse durchführen.

Richter:

„Sagen Sie mir, was geschieht in Ihrem Land mit einem Zeugen, der nicht die Wahrheit spricht?"

Zeuge:

„Mein Gott, was soll ich darauf antworten, ... seine Seite gewinnt im allgemeinen."

[Anmerk. d. Übers.: Der englische Originaltext stammt aus Healy, M. (1939) The Old Munster Circuit, Michael Joseph, London, S. 97, mit eigenen Worten ins Deutsche übertragen.]

Alles und nichts ist Wirklichkeit

Die Wirklichkeit ist so, wie der Mensch sie für sich definiert. Die letzten Worte von König Lear, „Seht hier – seht hier!", deuten beispielsweise an, daß er vielleicht in dem Glauben gestorben ist, seine Tochter Cordelia lebe noch, während alle anderen sahen, daß sie tot war.

Warum wird eine frauenärztliche Untersuchung als klinische Situation und nicht als sexuelle Begegnung empfunden? Die Ärzte sind darauf bedacht, sie als eine rein klinische Angelegenheit zu definieren, aber ist sie es wirklich?

William Wallace, der Held der Schotten, wird von englischen Historikern oft als Verbrecher und Viehdieb bezeichnet. Ist das gerecht?

Was ist Wahrheit? Wahrheit hängt davon ab, wie Fakten interpretiert werden. Fakten erlauben vielleicht jedoch mehr als eine Interpretation. Ist die Flasche halbvoll oder halbleer? Von den meisten Menschen wird ein in Cambridge erworbener Universitätsabschluß mit Auszeichnung, gefolgt von einer Bankkarriere als Erfolg bezeichnet. Für jemand, der vielleicht Schauspieler werden wollte, ist es eine Geschichte von Frustration und Jammer. Vergleichen Sie auch die beiden folgenden Äußerungen:

Äußerung 1:

„Ich stamme aus sehr armen Verhältnissen. Wir lebten in einer Mietskaserne in einer Einzimmerwohnung ohne Bad. Es war ein feuchtes, düsteres Loch, und das Wohnzimmer hatte nur ein winziges Fenster. Verwundert es da noch irgend jemanden, daß ich nervös und deprimiert heranwuchs?"

Äußerung 2:

„Ich wurde mit einem silbernen Löffel im Mund geboren. Das Haus, in dem ich als Kind lebte, war bescheiden; doch selbst damals hatten wir schon mehr als alle anderen, da wir im gesamten Wohnblock die einzige Familie waren, die eine Toilette in der Wohnung hatte."

Diese beiden Äußerungen wurden von ein und derselben Person geschrieben und beziehen sich auf die gleiche Situation; dennoch vermitteln sie gänzlich unterschiedliche Eindrücke derselben objektiven Bedingungen.

Die ausweichende Wahrheit

Verschiedene Menschen nehmen die Realität oft unterschiedlich wahr. Betrachten Sie zum Beispiel die folgenden „Fakten":

1. Der genaue finanzielle Status des Vertrages ist unklar.
2. Arbeitet vermutlich mit 25 Prozent Verlust.
3. Die Produktivitätszahlen belaufen sich auf durchschnittlich 80 psi statt 112 psi; bei einigen Schichten sind es sogar nur 27 psi.

Was geschieht hier? Eine Interpretation könnte die folgende sein:

„Das ganze Unternehmen ist ein Schlachtfeld. Die haben keine Vorstellung, wo sie mit ihrem Vertrag stehen, was ganz gut so ist, da das Geld vermutlich den Bach hinunter ist. Überall haben sie unproduktive Abteilungen. Das heißt, wenn man sich die Produktivitätskennzahlen ansieht, sind einige von ihnen scheinbar schon tot. Als sie das Provisionssystem entwickelten, haben wir ihnen direkt gesagt, daß es nicht durchführbar sein würde. Sie haben nicht darauf gehört, und jetzt sehen Sie sich bloß diese Produktivitätskennzahlen an. Sie werden niemals 112 psi erreichen, nie."

So hat ein anderer dieselbe Information interpretiert:

„Angesichts der Tatsache, daß wir kürzlich ein Unternehmen übernommen haben, das selbst über grundlegende Management-Informationen nicht verfügte, ist es ermutigend, heute berichten zu können, daß die Arbeiten in kurzer Zeit so weit fortgeschritten sind, daß wir heute in der Lage sind, im Zusammenhang mit dem Vertrag Produktivitätskennzahlen zu nennen. Natürlich werden diese Zahlen wahrscheinlich noch geändert werden müssen, sobald die neuen Verfahren vollständig im Einsatz sind. Es wird jedoch bereits heute deutlich, daß die finanzielle Situation nicht so schlecht ist, wie anfangs befürchtet wurde. Es ist auch klar, daß Vorbehalte gegenüber der Durchsetzbarkeit des neuen Provisionssystems unbegründet sind. Bestimmte Bereiche erzielen schon jetzt mehr als 112 psi, was deutlich macht, daß die Produktivitätsziele durchaus erreichbar sind. Darüber hinaus sind unsere Informationssysteme weit genug entwickelt, um die Produktivität zu überwachen. Das ist angesichts der kurzen Zeit eine bemerkenswerte Leistung, die es uns heute ermöglicht, Abteilungen mit niedriger Produktivität systematisch zu untersuchen, wobei wir mit denen beginnen wollen, die am weitesten vom Ziel entfernt sind. Ich bin sicher, daß der nächste Bericht entscheidende Verbesserungen aufzeigen wird."

Worauf es wirklich ankommt

Kind:
„Vati, gibt es das Ungeheuer von Loch Ness wirklich?"
Vater:
„Ja, mein kleiner Schatz, solange Touristen ihr Geld dort ausgeben, wird es auch ein Ungeheuer geben."

Die Wirklichkeit ist ein Hilfsmittel, das genau wie jedes andere manipuliert werden kann. Das Ziel dieser Manipulation besteht in der Definition der Wirklichkeit zugunsten des eigenen Vorteils.

Der Leiter eines Spitzenrestaurants wurde gefragt, was er tut, wenn Gäste ein Gericht zurückgehen lassen. Nachdem er sagte, daß er niemals Wirbel darum mache, fügte er noch hinzu: „Viele Menschen sind zu unerfahren, um zu wissen, was sie gerade essen; das ist der Hauptgrund dafür, etwas zurückgehen zu lassen." Diese Erklärung klingt so plausibel, daß sich nur wenige Menschen fragen, ob das Essen vielleicht wirklich schlecht sein könnte.

Die Wirklichkeit manipulieren

Wirklichkeit basiert auf:

1. Bewußtsein,
2. Abstand,
3. Informationskontrolle,

4. Einfluß darauf, wie Informationen interpretiert werden,
5. Wiederholung.

Diese Punkte werden im folgenden nacheinander genauer besprochen.

Bewußtsein: „Nenn' mir die Fakten"

Machtsucher teilen den weitverbreiteten Glauben an „die Fakten" nicht, obwohl sie sehr geschickt darin sind, diesen Glauben zu ihrem Vorteil zu manipulieren, wenn sie ihn bei anderen vorfinden. Machtsucher wissen, so etwas wie „die Fakten" gibt es nicht.

Es ist möglich, unterschiedliche Realitäten zu schaffen, je nachdem wie Fakten

- selektiert,
- betont,
- angezweifelt

werden. Stellen Sie sich als Übung in diesem Zusammenhang vor, Sie würden gebeten, in der beliebten englischen Radiosendung „Desert Island Discs" mitzuwirken. Wie würden Sie bei den Zuhörern gerne in Erinnerung bleiben: frech und unruhig, sanft, bescheiden und freundlich oder ernst und intellektuell? Jeder dieser Eindrücke läßt sich erzeugen; es hängt nur davon ab, welche Fragen Sie beantworten, wie Sie bestimmte Teile des Gesamten betonen, und von der Tatsache, daß ein 45minütiges Programm nur wenig Gelegenheit bietet, das Gesagte anzuzweifeln.

1952 wurde ein geistig zurückgebliebener, neunzehnjähriger Jugendlicher namens Derek Bentley wegen seiner Beteiligung an der Ermordung eines Polizisten gehängt. Bentley hat weder geschossen, noch trug er eine Pistole. Seine Verurteilung stützte sich auf den Grundsatz der gemeinsamen Verantwortlichkeit, welche wiederum im wesentlichen von Bentleys Worten abhing: „Gib's ihm." Die Staatsanwaltschaft interpretierte das als Aufforderung, den Polizisten zu erschießen. Die Verteidigung hat die andere mögliche Erklärung, daß Bentley damit Craig aufforderte, die Waffe abzugeben, zu keinem Zeitpunkt in Erwägung gezogen. Während dieses belastende „Faktum“ betont wurde, hatte man das gleichermaßen bedeutende Faktum, daß er sich bereits in Haft befand, als er diese Worte sprach, und somit an diesem Verbrechen nicht mehr körperlich beteiligt war, im wesentlichen ignoriert. Darüber hinaus hatte das Gericht niemals ein Gutachten über Bentleys Gesundheitszustand eingeholt, ein Gutachten, das ihn vielleicht vor dem Galgen bewahrt hätte.[1] Soviel zum Thema Fakten.

Abstand halten „Drei Uhr: Es ist alles in Ordnung.“

Jeder, der Abstand hält und sich ein unabhängiges Urteil bewahrt, besitzt einen Vorteil gegenüber anderen, da es für ihn unwahrscheinlicher ist, daß er sich von einer Wirklichkeit, wie andere sie definiert haben, täuschen läßt. Einige Besatzungsmitglieder der Titanic realisierten zum Beispiel, daß sie – entgegen der Propaganda, „nicht einmal Gott persönlich könne dieses Schiff versenken“[2] – angesichts der Position des Lecks und der Gestalt des Schiffes sinken mußte.

Abstand zu halten und sich ein unabhängiges Urteil zu bewahren muß nicht schwierig sein. Entscheider sind im allgemeinen zu empfänglich für äußere Einflüsse, leicht zu täuschen und lassen sich treiben.[3] Sie akzeptieren aufgrund des äußeren Eindrucks, was sie hören und sehen, realisieren jedoch nie, daß Realität eine politische Dimension besitzt.[4] Wenn jemand sagt, es gibt eine Krise, dann existiert diese Krise. Wenn umgekehrt jemand berichtet, daß alles in Ordnung ist, dann ist alles in Ordnung.

Informationen kontrollieren und interpretieren

Diese beiden Aspekte werden aufgrund der Gemeinsamkeiten zwischen ihnen zusammen behandelt. Das Betätigungsfeld für Manipulationen ist groß:

1. Bestimmung des Problems,

2. Definition von Alternativen,
3. Bewertung der Alternativen.[6]

Bestimmung des Problems

Es zahlt sich aus, wenn man selbst derjenige ist, der das Problem bestimmt, da die Art und Weise, in der ein Problem definiert wird, Einfluß auf die nachfolgenden Handlungen hat. Lehrbücher betonen zum Beispiel, daß das „Problem" von Führungskräften darin besteht, Mitarbeiter zu motivieren. Das Thema auf diese Weise zu definieren richtet die Aufmerksamkeit auf die Arbeitskraft als „das Problem" und lenkt von den mangelnden Führungsqualitäten der Manager ab. Eine niedrige Produktivität wird damit zwangsläufig widerwilligen Arbeitskräften zugeschrieben. Der Hinweis, das Management habe es versäumt, eine für die Bewältigung der Arbeit angemessene Ausstattung zur Verfügung zu stellen oder den Arbeitsablauf sinnvoll zu gestalten und so weiter, wird als Nörgelei abgetan.[7,8]

In einem Personalbüro sagte einmal ein Bewerber: „Ich nehme an, das Hauptproblem ist der Betriebsrat." Der Personalchef entgegnete ihm daraufhin: „Mein Problem ist nicht der Betriebsrat. Mein Problem ist das Management." Daraus folgerte der Bewerber „Dieser Mann weiß nichts über das Verhältnis zwischen Arbeitgeber und Arbeitnehmer." In Wirklichkeit war das Gegenteil der Fall. Der Personalchef wußte, wie wichtig es ist, das wahre Problem zu erkennen. Seine Aufgabe war es, mit dem Betriebsrat zusammenzuarbeiten; indem er das Management als Problem bezeichnete, konnte er anderen den Eindruck vermitteln, sein Verhältnis zum Betriebsrat sei gut und auf diese Weise die Aufmerksamkeit von seinen Leistungen ablenken. Jede Verschlechterung dieser guten Beziehungen konnte darüber hinaus dann dem Management angelastet werden.

„Mein Problem besteht darin ..."

Ein guter Ratschlag für Menschen, die nach Macht streben, lautet:

**Machen Sie sich nur Probleme zu eigen,
die Sie lösen können.**

Und noch besser:

**Machen Sie sich nur Probleme zu eigen,
die Sie bereits gelöst haben.**

Warum laden Sie sich die Schwierigkeiten des Unternehmens auf, indem Sie übertriebene Versprechungen machen? Wenn kein anderer die Probleme lösen kann, ist die Wahrscheinlichkeit groß, daß es auch Ihnen nicht gelingt. Wenn zum Beispiel die grundlegende Marketingstrategie des Unternehmens falsch ist, wird auch kein neues Produkt, wie ausgezeichnet es auch immer sein mag, die Rettung bringen. Versprechen Sie ruhig ein neues Produkt, aber seien Sie vorsichtig hinsichtlich der Erwartungen, die Sie wecken.

Die besten Herausforderungen sind die, die Sie bereits bewältigt haben. „Ich werde bis Freitag eine Zeichnung anfertigen", sagte der Architekt. Sein Chef war beeindruckt, und noch mehr, als die Zeichnung am Freitag tatsächlich vorlag. Was er jedoch nicht wußte, war die Tatsache, daß die Zeichnung bereits seit sechs Monaten fix und fertig im Schreibtisch des Architekten gelegen hatte.

Eine noch bessere Masche, um Macht zu erlangen, besteht darin, **eine Krise erst selbst zu erzeugen und sie dann zu lösen.**

Erklären Sie den Eintritt eines Notfalls, sagen Sie Ihren Urlaub ab und rufen Sie Ihre Mitarbeiter zu dringenden Sitzungen zusammen, um die Situation zu besprechen. Sorgen Sie dafür, daß spät nachts die Lichter brennen, und lassen Sie die Leute am Samstag zu weiteren „Notfall-Sitzungen" kommen. Lassen Sie Worte wie „überflüssig" und „Zusammenbruch" in der Luft hängen, während die Mitarbeiter draußen auf den Fluren besorgt auf Neuigkeiten oder Entscheidungen warten. Geben Sie Tagesberichte aus, halten Sie „Mit-dem-

Rücken-an-der-Wand-Vorträge" und ernste Ansprachen bei Mitarbeiterversammlungen. Es erfordert Mut, so etwas zu inszenieren, doch das Ergebnis ist spektakulär.[9]

„Ihr Problem besteht darin ..."

Achten Sie sorgfältig darauf, wie andere Ihr Problem definieren. Wann immer möglich, werden sie versuchen, hoffnungslose Fälle an Sie abzuwälzen und Ihre Schwächen auszunutzen. Einem frisch von der Hochschule kommenden neuen Mitarbeiter wird beispielsweise gesagt, daß er einen effizienten Zustelldienst aufbauen soll. An dieser Aufgabe muß er zwangsläufig scheitern, da die Firmenfahrzeuge alle bereits mehr als zehn Jahre alt sind; dennoch nimmt er den

Zehn Einleitungen, um ein Problem neu zu definieren

1. „Das ist nicht das Thema; womit wir uns beschäftigen müssen, ist ..."
2. „Lassen Sie uns nicht nach Problemen suchen, wo gar keine sind."
3. „Ich sehe keinen Konflikt zwischen diesen beiden Zielen. Mein Problem besteht darin ..."
4. „Ich wünschte, das wäre mein Problem."
5. „X ist nicht mein Problem. Mein Problem besteht darin ..."
6. „Darüber mache ich mir am wenigsten Sorgen."
7. „Wenn das das Schlimmste ist, was uns passieren kann, dann haben wir gut gearbeitet."
8. „X ist nicht so wichtig. Worauf es ankommt, ist ..."
9. „Ich stimme Ihnen zu, daß es Anlaß zur Sorge gibt. Ein sehr viel größeres Problem ist jedoch ..."
10. „X ist ein Stachel in der Seite, kein Dolch im Herzen."

hoffnungslosen Kampf mit diesem Problem tapfer auf. Eine Möglichkeit der Gegenwehr besteht darin, externe Faktoren wie beispielsweise andere Abteilungen, Änderungen in der Regierungspolitik, fehlende Lieferungen und so weiter für die Probleme verantwortlich zu machen. Das Problem bei dieser Taktik ist nur, daß sich solche Erklärungen wie Ausflüchte anhören könnten, vor allem, wenn sie oft gebraucht werden. Deshalb ist es besser, wenn man versucht, das Problem neu zu definieren.

Wer hat das Problem?

Ein Problem, das man mit anderen teilt, ist ein Problem, das man weitergegeben hat. Helfen Sie anderen bei einem Problem, und es wird zu Ihrem Problem, noch bevor Sie sich umdrehen können. Die Realität sieht dann so aus, daß Sie dafür verantwortlich sind. Sorgen Sie dafür, daß andere verstehen, welche Rolle Sie spielen, und daß Sie sie spielen können. Das sicherste Mittel besteht darin, Ihren Rat schriftlich zu erteilen. Nehmen Sie zum Beispiel die folgende Mitteilung eines Beamten der Stadt an den Museumsdirektor. Dieser hatte einen Antrag auf finanzielle Unterstützung für die Eröffnung eines Restaurants für gehobene Ansprüche im Museum gestellt:

> „Ich rate Ihnen, von diesem Vorhaben abzusehen, weil es keine Aussicht auf Erfolg hat. Die Anzahl der Museumsbesucher ist zu gering, um ein Restaurant zu betreiben; weiterhin gibt es kein Durchgangspublikum, das den Umsatz zusätzlich ankurbeln würde. Aus diesem Grund bin ich der Ansicht, daß eine Investition nicht gerechtfertigt ist."

Trotz dieses Ratschlags wurde der Plan in die Tat umgesetzt. Am Ende des ersten Jahres beliefen sich die Verluste auf insgesamt DM 450000,–. Hätte es nicht dieses Schriftstück gegeben, hätte der Museumsdirektor vielleicht behaupten können, die Behörde hätte ihn schlecht oder gar nicht beraten.

Widerstehen Sie der Versuchung, die Arbeit für andere zu tun, egal, welches Chaos diese auch immer erzeugen. Denn wenn sie die Verantwortung erst einmal an Sie abgeschoben haben, werden sie behaupten, „Es wurde mir alles aus der Hand genommen“.

Alternativen schaffen

Definition von Alternativen

Falls es zu spät ist, um das Problem zu definieren, besteht der nächstbeste Ansatz in der Kontrolle der Lösung. Diese wiederum hängt von den bestehenden Alternativen ab. Menschen, die nach Macht streben, trachten deshalb danach, die Auswahl entsprechend ihren Zielen einzuschränken. Das ist im allgemeinen ziemlich einfach. Sie müssen nur erklären: „Es gibt zwei Alternativen“ oder „Wir haben folgende Alternativen ...“ Sind die Alternativen erst einmal genannt, ist es für einen Gegenspieler schwierig, die Liste zu verlängern, da Entscheider nicht die Zeit und die Kapazität besitzen, sich mit mehr als einigen wenigen Auswahlmöglichkeiten auseinanderzusetzen.[10] Alles, was weitere Mühe kostet, wird wahrscheinlich abgelehnt, wobei die Wahrscheinlichkeit der Ablehnung mit fortschreitender Zeit zunimmt.

Die Liste der Alternativen läßt sich am besten durch eine schriftliche Ausarbeitung, beispielsweise in Form einer Stellungnahme oder eines Strategiepapiers, kontrollieren. Das sichert nicht nur die Beachtung Ihrer Alternativen, sondern löst auch jedes mündliche Gegenargument in Luft auf, da sich ein solches Dokument schon auf der nächsten Stufe des Entscheidungsfindungsprozesses befindet.

Informationen über Alternativen kontrollieren

Die Kontrolle von Informationen über mögliche Alternativen ist ein weiteres Mittel, um ein Ergebnis zu beeinflussen. Am beliebtesten sind in diesem Zusammenhang Äußerungen wie die folgenden:[11]

- „Das wird nicht funktionieren“,
- „X wird nicht zustimmen“,

dicht gefolgt von:

- „Wir haben nicht die Mittel“,
- „Die Alternative von A besitzt die Unterstützung von ...“

Unterdrückung funktioniert oft nur deshalb, weil solche Äußerungen besonders plausibel erscheinen und sich kein anderer die Mühe macht, genauer nachzuforschen. Eine andere Möglichkeit besteht darin, Fakten über Alternativen zu manipulieren, indem man beispielsweise die Zuverlässigkeit eines bestimmten Produktes betont, wenn bekannt ist, daß Zuverlässigkeit ein entscheidendes Kriterium für die Auswahl des Produktes ist. Ein weiteres Beispiel für diese Technik ist der auf die besonderen Anforderungen einer Tätigkeit speziell zugeschnittene Bewerbungsbogen. Der Lebenslauf enthält die vollständigen Informationen, während im Bewerbungsschreiben einige Fakten hervorgehoben und andere ignoriert werden.

Die Macht der Wiederholung

Manchmal wissen wir Dinge nur, weil wir sie so oft gehört haben, daß wir annehmen, sie seien wahr. Wir glauben zum Beispiel, daß Tiere im Schlachthof „human“ geschlachtet werden. In Unterlagen der Fleisch- und Geflügelindustrie ist jedoch folgendes zu lesen:

> Es ist allgemein anerkannt, daß die „humanste“ Tötungsmethode der Betäubungsschuß mit der Pistole ist... Es ist jedoch eine erschreckende Tatsache, daß die meisten Rinder, die auf diese Weise erschossen werden, nicht betäubt sind, sondern schwer verletzt und bei vollem Bewußtsein stehenbleiben, während die Pistole nachgeladen wird. Selbst wenn der Schuß präziser trifft, so geben Schlächter zu, sei es schwierig zu wissen, wann ein Tier richtig betäubt ist. Das Schicksal von Geflügel ist nicht besser. Viele Vögel (sie fahren ihrem Tod auf einem Fließband, mit dem Kopf nach unten aufgehängt, entgegen) waren nur unzureichend betäubt, so daß eine „nicht geringe Anzahl möglicherweise noch immer Empfindungen besaß“, als sie geschlachtet wurden. Das führte dazu, daß „einige Vögel in den Behälter zum Abbrühen gesteckt wurden, bevor sie tot waren.“

[Anmerk. d. Übers.: Der englische Originaltext entstammt Gold, M. (1988) Living Without Cruelty, Greenprint, Basingstoke, S.12, mit eigenen Worten ins Deutsche übertragen.]

Die Wiederholung derselben Botschaft immer und immer wieder, egal, ob sie wahr oder falsch ist, erzeugt Realität. Je länger und öfter eine Botschaft gehört wird, desto tiefer dringt sie in das Bewußtsein ein. Die Botschaft für Menschen, die nach Macht streben, ist einfach: Machen Sie weiter, und erzählen Sie anderen, was immer sie glauben sollen. Haben andere die Botschaft einmal aufgenommen, lassen Sie es so aussehen, als ob sie es selbst waren, die etwas Bestimmtes gesagt haben, und nicht Sie. Sagen Sie zum Beispiel: „Sie haben recht, wir haben eine Menge Erfahrung auf diesem Gebiet" und „Wie Sie schon sagten, wir sind ein sehr rücksichtsvolles Unternehmen". Schließlich kommt es am Ende zum Transfer, das heißt, die andere Person verinnerlicht Ihre Meinung als ihre eigene. [12,13]

Wiederholung ist auch eine sehr wirkungsvolle Antwort auf Herausforderungen. Wenn es auch ermüdend sein kann, immer wieder dasselbe zu sagen, so ist es doch extrem wirksam, da es den anderen daran hindert, Punkte zu sammeln oder Kompromisse zu erwirken. Der schwierigste Zeuge für ein Kreuzverhör vor Gericht ist der, der auf Fragen immer wieder die gleiche Antwort gibt, wie beispielsweise „Meine Antwort können Sie dem Bericht entnehmen". Umgekehrt verstrickt sich der Zeuge, der etwas zu erklären oder auszuschmücken versucht, oft in Widersprüche.

Andere daran hindern, die Wirklichkeit zu definieren

Annahmen entlarven

Macht entsteht aus unbezweifelten Annahmen.[14,15] Die eindringlichste Frage ist deshalb in diesem Zusammenhang:

Woher wissen Sie das?

Das Entlarven bloßer Annahmen erfordert Neugier und Beharrlichkeit. Ältere Führungskräfte hatten beispielsweise dem Gleichstellungsbeauftragten eines Unternehmens gesagt, der

Betriebsrat sei „absolut gegen“ Job-sharing. Der Gleichstellungsbeauftragte entschied sich jedoch dafür, dieser Sache genauer auf den Grund zu gehen, und fand heraus, daß der Betriebsrat in der Tat gegen Job-sharing und nicht bereit war, über Vereinbarungen zu diesem Thema zu verhandeln. Falls irgend jemand seine Stelle jedoch gerne teilen wolle, sei es seine eigene Angelegenheit. Das war natürlich etwas ganz anderes als die Aussage, daß ungelernten Arbeitskräften das Teilen ihrer Stelle nicht erlaubt sei. Da die älteren Manager dem Gleichstellungsbeauftragten nicht wohl gesonnen waren und jede Gelegenheit nutzten, ihn zu behindern, wurde hier eine Teilwahrheit dazu benutzt, eine Realität zu schaffen, die den Interessen des Management entgegenkam. Erst seine Zweifel hatten einen kleinen, aber bedeutenden Unterschied zwischen einem Faktum und einer Annahme offenbart.

Ein anderes Beispiel, das auch mit Gleichbehandlung zu tun hat, handelt von einem Streit über die Beschäftigung von Muslimen in englischen Schulküchen. Die Leiter dieser Verpflegungseinrichtungen, die gegen die Einmischung von ethnischen Gleichstellungsbeauftragten waren, sagten, daß die Beschäftigung von Muslimen unmöglich sei, da entsprechend den bestehenden Dienstvorschriften das Küchenpersonal alle anfallenden Arbeiten zur Vorbereitung der Nahrung auszuführen habe. Da hierzu auch der Umgang mit Schweinefleisch gehörte, wurden Muslime nicht beschäftigt. Der Gleichstellungsbeamte zog das Handbuch der Dienstvorschriften zu Rate und fand heraus, daß hier nur die allgemeinen Pflichten von Küchenpersonal auf den verschiedenen Hierarchieebenen aufgelistet waren wie Abwaschen, Beachtung der Hygienevorschriften und Helfen beim Servieren der Mahlzeiten. Der einzige Hinweis auf das Kochen selbst lautete: „bei der Vorbereitung der Nahrungsmittel helfen.“ Entgegen allem, was die Leiter der Küchen alle anderen glauben machen wollten, gab es also kein eindeutiges Gesetz, was vom Personal den Umgang mit Schweinefleisch verlangte. Die Leiter argumentierten dann, daß aufgrund der Gewohnheit und der allgemeinen Praxis der Satz „bei der Vorbereitung der Nahrungsmittel helfen“ vom Personal die Ausübung aller damit verbundenen Pflichten verlangte. Da sich die gesamte Aufmerksamkeit jetzt auf das Prinzip „ohne Ausnahme“ konzentrierte, zogen sie auch den Betriebsrat zur Unterstützung heran. Schließlich, so wurde argumentiert, verlangten die gleichen Dienstvorschriften von allen Mitarbeitern den Umgang mit allen anderen Fleischarten. Dürften alle anderen diese Arbeit dann auch aus Gewissensgründen ablehnen? Vielleicht, so schlugen sie rhetorisch vor, bestünde die Lösung darin, Schweinefleisch, die preiswerteste Form tierischen Proteins, von der Liste der Schulmahlzeiten zu streichen? Der Zweck dieser Argumentation bestand darin, die Auseinandersetzung weiterhin auf das Thema „Ausnahme“ zu lenken, wohlwissend, daß dieses Problem unlösbar war. Mit anderen Worten: Die Annahme über das Problem, nicht etwa das Problem selbst, behinderte die Lösung. In der Tat, so fand der Gleichstellungsbeauftragte heraus, waren Muslime unter der Voraussetzung, Handschuhe zu tragen, sehr wohl bereit, mit Schweinefleisch umzugehen. In der Praxis übernahmen sie meist den Umgang mit anderen Fleischsorten, während das einheimische Personal dafür verstärkt die Arbeit mit Schweinefleisch erledigte. Es war, und ist noch immer, eine rundherum harmonische, wenn auch inoffizielle Vereinbarung, die zeigt, daß auch das Argument der Ausnahme Unsinn war. Interessant ist jedoch, daß es fast unbestritten akzeptiert wurde.

Holz biegt sich – Vorschriften zur Unterstützung heranziehen

Menschen finden es oft bequem, sich hinter Vorschriften verstecken zu können. Das typische Argument lautet „Vorschriften sind Vorschriften“, und selbst wenn es nicht nachzuvollziehende Vorschriften sind, so müssen sie doch solange befolgt werden, bis sie aufgehoben werden. Das Argument ist gut, wenn die Vorschrift zufällig zweckdienlich ist. Ist das nicht der Fall, ändern Sie diese Realität, indem Sie argumentieren, daß die Vorschriften

- der Effizienz entgegenwirkten und
- zu Ungerechtigkeit führten,

so daß es Unsinn sei, sie aufrechtzuerhalten. Gehen Sie mit vorschriftsliebenden Bürokraten entschlossen um. Denken Sie daran: **Sie haben die besseren Argumente.**

Zweitens:

Falls erforderlich, wenden Sie sich an die nächsthöhere Instanz.

Ist eine Vorschrift unsinnig, besitzen Sie zwangsläufig das bessere Argument, weil es (hoffentlich) sinnvoll ist. Versuchen Sie unbedingt, die andere Seite zu überzeugen, aber seien Sie auch bereit, sich über ihren Kopf hinwegzusetzen. Soll der andere Ihnen nicht zuvorkommen, sollten Sie jedoch niemals Werbung für Ihre Pläne machen. Hat der andere vor Ihnen die Gelegenheit, sich zu äußern, macht das die Sache für Sie selbst schwieriger. Ignorieren Sie Gegenargumente, die darauf abzielen, daß eine Änderung der Vorschriften zu schwierig sei. Nur wenige Verfügungen im Unternehmen sind in Stein gemeißelt.

Als die Schulleitung einer englischen Schule sich dazu entschloß, einem Oberlehrer eine schriftliche Verwarnung zu erteilen, stand die Schulbehörde vor einem Problem, da sie der Ansicht war, daß der Vorfall, um den es ging, eine Entlassung gerechtfertigt hätte. Da jedoch nach der Satzung der Schulverwaltung die letzte Entscheidung beim Direktor lag, waren ihr die Hände gebunden. Man wußte nicht, was man tun könnte, bis ein aufgeweckter Beamter herausfand, daß das Erziehungsgesetz von 1944 die letzte Verantwortlichkeit für die Erziehung der örtlichen Behörde überträgt. Das, so argumentierte er, müsse bedeuten, daß die örtliche Behörde die oberste Entscheidungsgewalt besitzt. Dem stimmte das Hohe Gericht zu; ein Parlamentsbeschluß habe Vorrang vor der Satzung einer Schulverwaltung.

Das richtige Verhalten in Besprechungen

Planen Sie Ihren Weg

Eine entscheidende Voraussetzung, um zu bekommen, was Sie wollen, lautet:

Sie müssen wissen, was Sie wollen.

Das ist nicht so selbstverständlich, wie es scheint. Oft besuchen Leute selbst die wichtigsten Besprechungen, ohne ein klares Ziel oder einen Plan zu haben, nur von einer vagen Hoffnung oder einer Intuition geleitet. Hinterher wundern sie sich, warum sie so schlecht abgeschnitten haben. Menschen, die nach Macht streben, sehen Besprechungen als Chance an. Sie wissen:

Vorbereitung ist Macht.

Zur Vorbereitung gehören die Bestimmung von Zielen und das Erstellen eines Schlachtplanes. Das muß nicht umfangreich oder zeitaufwendig sein, obwohl es eine gute Idee ist, die wesentlichen Punkte Ihrer Überlegungen kurz in Stichpunkten zu notieren. Zum Beispiel:

1. Was sind meine Ziele?
2. Welche Unterstützung/Hindernisse kann ich erwarten?
3. Welche Fragen sollte ich stellen?
4. Wie könnte ich weitermachen, falls ich Erfolg habe?
5. Welche anderen Möglichkeiten habe ich, falls ich nicht erfolgreich bin oder die Kosten zu hoch erscheinen?

Selbst ein einfacher, formloser Plan wie dieser ist eine mächtige Waffe, besonders wenn sie gegen jemanden gerichtet wird, der für den Kampf noch nicht bereit ist.

Wie wichtig es ist, etwas in irgendeiner Form schriftlich vorzubereiten, wurde in diesem Kapitel bereits erwähnt. Die Ergänzung eines solchen Dokumentes durch eine Präsentation erhöht die Wahrscheinlichkeit, daß man erfolgreich ist, da sie dem Referenten erlaubt, die Realität zu seinem Vorteil zu definieren. Eine Präsentation

1. fesselt die Aufmerksamkeit,
2. minimiert Unterbrechungen,
3. erleichtert das Verständnis,
4. erlaubt dem Referenten, sich auf vorteilhafte Daten zu konzentrieren.

Menschen lassen sich gerne unterhalten. Sie würden lieber einem lebendigen Vortrag zuhören, als sich seitenweise durch trockene Statistiken zu arbeiten. Durch Vorträge werden andere normalerweise von Unterbrechungen oder anderen störenden Verhaltensweisen, wie beispielsweise Themenwechsel, das Erzählen von Witzen oder Ausfechten von Streitereien, abgehalten. Da eine Präsentation die Chance einer Störung vermindert, erhöht es gleichzeitig die Wahrscheinlichkeit, verstanden zu werden. Das ist wichtig, da der häufigste Grund für die Ablehnung von Ideen nicht irgendeine machiavellistische Verschwörung ist, sondern die schlichte Tatsache, daß man von anderen nicht verstanden wurde.

Der Referent bestimmt, was vermittelt wird. Dadurch lassen sich vorteilhafte Informationen hervorheben und umgekehrt. Untersuchungen haben gezeigt, daß eine gute Präsentation mehr Gewicht hat als schriftliche Belege, egal, wie korrekt und richtig sie auch sein mögen.[16] Eine gute Präsentation[17]

1. schafft durch den Gebrauch von Anekdoten, Bildern oder anderem lebendigen Material Visionen,
2. zeichnet ein leuchtendes Bild der Zukunft und fesselt damit die Aufmerksamkeit der Zuhörer,
3. spricht Vorurteile der Entscheider an,

4. macht den Entscheider unfehlbar, indem sie Zeugnisse seines Erfolges präsentiert, frühere Erfolge in Erinnerung ruft und ihm das Gefühl gibt, die Kontrolle zu haben.[18,19]

Es gibt Belege dafür, daß diese Methode selbst dann funktioniert, wenn die durch den Vortragenden übermittelte Information im Gegensatz zu objektiven statistischen Daten steht. Sie funktioniert, weil die Zuhörer dazu tendieren, letztere zu ignorieren – denken Sie daran, wieviel Einfluß Machtsuchern dadurch eingeräumt wird.

Protokoll zuerst, Besprechung später

Das alte Sprichwort „Wer das Protokoll schreibt, hat die Macht" ist gut fundiert. Macht entsteht aus der Möglichkeit, folgende Aspekte einer Besprechung zu manipulieren:

1. die Gesprächsatmosphäre,
2. die genannten Argumente,
3. die Entscheidungen.

Selbst dort, wo ein strenger Protokollstil vorgeschrieben ist, gibt es immer noch Platz für Manöver. Zum Beispiel sind Entscheidungen oft so vage, daß der Protokollant einen gewissen Ermessensspielraum für seine Formulierungen besitzt. Nebenbei bemerkt: Protokolle sind rechtskräftige Dokumente, weshalb es ratsam ist, das Datum ihrer Erstellung auf dem Papier zu vermerken. Ein sehr wirkungsvoller Ansatz besteht darin, Protokolle bereits vor der eigentlichen Besprechung zu schreiben. Das ist im Grunde ziemlich leicht und sehr produktiv, weil es dazu zwingt, sich über Ziele klar zu werden und die Diskussion entsprechend zu lenken.

Ziele schreibend erreichen

Ein Dokument ist um ein Vielfaches mächtiger als das gesprochene Wort. Das liegt darin begründet, daß ein dokumentarischer Nachweis dazu dient,

- die Aufmerksamkeit auf etwas zu lenken,
- eine bestimmte Antwort anzuregen,
- Realität zu schaffen.

Selbst so einfache Dinge wie das Weiterleiten von Anfragen, Anweisungen und Beschwerden besitzen mehr Nachdruck, wenn sie schriftlich formuliert werden. Schriftliche Kommunikation ruft nach Antwort und kann deshalb die andere Seite in Handlungszwang versetzen.

Rette Deine Haut

Schriftliche Kommunikationsformen sind eine hervorragende Verteidigungstaktik, die auch unter dem Sprichwort „seine Haut retten" bekannt ist. Der Arzt, der beispielsweise anhand seiner Aufzeichnungen nachweisen kann, daß er einem Patienten die vorgeschriebene Menge eines Medikamentes injiziert hat, besitzt eine sehr viel stärkere Position als ein anderer Arzt, der sich vage daran erinnert, daß es „so gewesen sein muß". Das gilt auch dann, wenn der erste lügt und letzterer sein Bestes gibt, um sich an die Wahrheit zu erinnern. Wenn es auch zynisch klingt, worauf es ankommt, ist **nicht das, was Sie tun, sondern was Sie beweisen können, daß Sie getan haben.**

Wann immer eine größere Katastrophe geschieht, und noch während man die Toten aus den Wrackteilen birgt, werden hinter dem Vorhang bereits die Aktenschränke durchwühlt. Der Sicherheitsbeamte, zum Beispiel, versucht plötzlich verzweifelt, eine Kopie des Briefes zu finden, die beweist, daß er vor unzureichenden Feuerschutzvorkehrungen gewarnt hatte.

Angriff ist immer die beste Verteidigung.

„Herr X besuchte mich am Donnerstagnachmittag. Nach langen und unzusammenhängenden Ausführungen stellte sich am Ende heraus, daß der Grund seines Besuches war, daß er nachfragen wollte, was ich bezüglich seiner Beschwerde über seine Prüfungsergebnisse zu tun gedenke. Ich sagte ihm, da er sich dazu entschieden hatte, direkt zum Direktor zu gehen, ohne es mit mir als Kursleiter zu besprechen, ich gar nichts zu unternehmen beabsichtige. Herr X machte daraufhin einige abfällige Bemerkungen über das Personal an diesem Institut, mittels derer er, so wie ich ihn verstand, zum Ausdruck brachte, daß seine schriftliche Prüfungsarbeit ungerecht bewertet worden sei, und daß er aufgrund seiner Nationalität diskriminiert worden sei. Über dieses willkürliche und unverantwortliche Verhalten des Studenten bin ich sehr betroffen. Ich kann es nicht akzeptieren, daß er vielleicht noch weitere verleumderische Andeutungen über die Integrität und die Professionalität meiner Mitarbeiter macht. Wenn sich Herr X weiterhin in dieser Weise verhält, kann er nur die Rücksicht und Unterstützung erwarten, die ihm offiziell zusteht."

Der Student war in der Tat ungerecht behandelt worden, wie der Kursleiter genau wußte. Der selbstgerechte Ton seines heftigen Angriffs machten ihn jedoch zum Störenfried.

Nach Effekten haschen

Menschen, die nach Macht streben, sind immer auf der Suche nach einer Gelegenheit, sich selbst in einem guten Licht zu präsentieren. Nehmen Sie zum Beispiel diese zuckersüße Formulierung:

Ich bestätige hiermit den Erhalt Ihrer Kündigung, die ich widerstrebend akzeptiere. Ich bin mir bewußt, daß die Tätigkeit des Leiters der Zentrale in den letzten achtzehn Monaten extrem wenig lohnenswert war, und kann Ihren Wunsch, Ihre Karriere in eine neue Richtung zu lenken, nachempfinden. Ich danke Ihnen herzlich für Ihre Leistungen und wünsche Ihnen alles Gute für Ihre neue Tätigkeit. Wir würden uns freuen, wenn Sie weiterhin mit uns in Kontakt blieben.

Das in diesem Brief ausgedrückte Wohlwollen deutet wohl kaum an, daß die Kündigung des Mitarbeiters auf dem Gefühl basierte, sein Vorgesetzter interessiere sich nicht mehr für seine Arbeit. Statt dessen stellte sich der Autor als angenehmer und aufmerksamer Vorgesetzter hin, da er wußte, daß auch die Personalabteilung und seine älteren Kollegen diesen Brief lesen würden. Schriftstücke sollten immer mit der Zukunft vor Augen abgefaßt werden. Eine schriftliche Mitteilung an einen Mitarbeiter, in der die Sorge über dessen Leistungen ausgedrückt wird, dient weniger zu dessen Wohl, sondern soll dem Schreiber vielmehr ermöglichen, bei einer möglichen Anhörung durch den Betriebsrat nachweisen zu können, daß er sich korrekt verhalten hat. Zum Beispiel:

> Ich beziehe mich auf unser heute morgen geführtes Gespräch, bei dem es um Vorschläge zur personellen Umstrukturierung des Technik-Workshop ging. Ich sagte, daß ich besorgt sei, da diese bereits vor achtzehn Monaten vorliegen sollten. Trotz einiger in den letzten sechs Monaten von Ihnen gemachten Versprechungen liegen sie noch immer in keiner zufriedenstellenden Form vor. Sie sagten, daß Sie über die zweimalige Ablehnung Ihrer Vorschläge verärgert seien. Ich erklärte Ihnen, daß der Grund hierfür in der fehlenden Begründung oder Strategie für eine Veränderung läge. Sie sagten, daß Sie Ihr Bestes täten, jedoch nicht wüßten, was gewünscht sei. Wir haben uns deshalb darauf geeinigt, daß Sie vorübergehend in mein Büro ziehen, um die Vorschläge mit meiner direkten Unterstützung auszuarbeiten.

Diese Gesprächsnotiz ist nur teilweise richtig. Der Mitarbeiter ist in der Tat kaum kompetent; was jedoch viel zu wenig Niederschlag findet, ist die Tatsache, daß die vage Anleitung des Vorgesetzten das Problem verschlimmerte. Beim Abfassen des Schriftstückes hatte der Autor folgenden Bericht an die Geschäftsführung bereits im Kopf:

> Wir warten seit mehr als achtzehn Monaten auf diese Umstrukturierung. Zweimal haben wir die Vorschläge zurückgewiesen, weil sie unbrauchbar waren. Er sagte, er verstünde nicht, was von ihm erwartet würde, so daß ich ihn sogar zu mir in mein Büro nahm und seine Hand hielt. Trotzdem kann er es noch immer nicht.

Mit anderen Worten: „Seht, was für ein guter Vorgesetzter ich bin. Ich habe den Mitarbeiter beraten. Ich habe ihm meine Bedenken mitgeteilt. Ich habe ihm besondere Unterstützung und Aufmerksamkeit zukommen lassen. Was kann ich sonst noch tun?“

Das letzte Wort haben

Menschen, die nach Macht streben, müssen erkennen, wann die Seine-Haut-Retten-Strategie gegen sie verwendet wird. Folgenden wichtigen Punkt gilt es zu beachten:

Im allgemeinen gewinnt der, der das letzte Wort hat.

Nehmen Sie zum Beispiel diesen scheinbar alltäglichen Austausch: „Würden Sie bitte die folgenden Ausstellungsdaten zur Kenntnis nehmen: ...“

Diese Notiz entstand vor dem Hintergrund des vergangenen Jahres, als die Ausstellung ein einziges Chaos war. Unterlagen trafen zu spät ein, Termine wurden vergessen, die falschen Exponate wurden geliefert und so weiter. Der Werbeleiter machte dafür den Organisator veantwortlich und umgekehrt. Mit dieser Notiz wollte sich der Werbeleiter gegen eine Wiederholung der Probleme absichern. Das heißt, er wollte sagen können: „Ich habe Peter die Termine rechtzeitig mitgeteilt. Es gibt, wie Sie selbst sehen können, keine Entschuldigung.“ Peter war dem Werbeleiter jedoch ein ebenbürtiger Partner:

> „Ich danke Ihnen für die Termine, die ich in meinem Kalender eingetragen habe. Wollen Sie bitte dafür sorgen, daß ich alle Einzelheiten, Lieferungen und Unterlagen spätestens 14 Tage vor dem Ereignis vorliegen habe.“

Peter gewinnt, indem er den Spieß umdreht und dafür sorgt, daß er in dieser Angelegenheit das letzte Wort hat. Jetzt hat der Werbeleiter die Last, seinen Verpflichtungen nachzukommen. Ein weiteres Beispiel:

> „Für den Rest der Woche werde ich nicht im Hause sein. Da ich nichts von Ihnen gehört habe, nehme ich an, daß Sie eine Bestätigung des Preises nicht erhalten konnten und der Auftrag deshalb storniert wurde. Hans.“

Indem er sich hier das letzte Wort sichert, spricht sich Hans von jeder weiteren Verantwortung frei. Wird der Auftrag im nachhinein erteilt, und entstehen daraus Verluste, kann Hans weder zur Verantwortung gezogen noch ihm der Vorwurf gemacht werden, er hätte die Kommunikation abgebrochen.

Wortgefechte

Wenn Ihr Gegenspieler mit der Seine-Haut-Retten-Methode vertraut ist, kann daraus vielleicht ein Krieg entstehen, da jede Seite versucht, sich das letzte Wort in Form einer schriftlichen Mitteilung zu sichern. Wenn das geschieht, sollten Sie die Initiative ergreifen und **auf den anderen zugehen.**

Das funktioniert nicht immer, aber es gibt den beiden Antagonisten zumindest die Chance, ein besseres Verständnis füreinander zu entwickeln und eine schlechte Beziehung vielleicht in eine gute umzuwandeln.

Die Initiative ergreifen

Warten Sie niemals, bis Sie gebeten werden, ein Schriftstück aufzusetzen oder eine Angelegenheit schriftlich festzuhalten – tun Sie es einfach. Lassen Sie sich davon, daß Sie damit möglicherweise Verwirrung hervorrufen, nicht abschrecken. Es reicht aus, daß eine Mitteilung respektvoll formuliert ist. Wenn es um Besprechungen geht, ist der Vorsitzende wahrscheinlich froh, daß jemand die Arbeit gemacht hat.

Schreiben Sie niemals unter emotionaler Anspannung

Es ist leichter, das gesprochene Wort zurückzunehmen oder zu bestreiten als ein Schriftstück. Es hat potentiell Auswirkungen auf beide Seiten und sollte deshalb mit größter Vorsicht verfaßt und niemals durch Ärger oder Hochstimmung beeinflußt sein.[20] Einen Brief, in dem Sie jemandem sagen, was Sie von ihm halten, sollten Sie unbedingt schreiben – aber schicken Sie ihn nicht ab. Entwerfen Sie auch einen Vorschlag, der vor Begeisterung und Versprechungen nur so strotzt – aber lassen Sie ihn nicht herumgehen. Es ist ratsam, jedes wichtige Schriftstück ein paar Tage oder zumindest über Nacht liegen zu lassen, bevor man es in die endgültige Form bringt.

Meistens ist es erstaunlich, welche Verbesserungen sich anbieten und wie eine ärgerliche oder begeisterte Äußerung, die noch am Abend zuvor als angemessen erschien, sich beim zweiten Überdenken als Überreaktion herausstellt. Lassen Sie sich bei jeder Abfassung von der Vorgehensweise des Rechtsanwaltes leiten:[21]

1. Stellen Sie sich vor, wie es sich anhören würde, wenn es vor Gericht verlesen würde.

2. Wenn bei einer Formulierung Zweifel bestehen, lassen Sie sie weg.

Von Geistern und Schatten

Sehen heißt glauben – wie immer auch die Realität aussehen mag. Die Wahrheit ist, was andere glauben, oder was man sie glauben machen kann. Menschen, die Macht wollen, wissen das, und sie wissen:

Durch kluges Taktieren erreicht man oft mehr als durch harte Arbeit.

Um es nochmal zu wiederholen: Es zählt nicht das, was Sie tun, sondern nur das Ergebnis Ihrer Tätigkeit, das andere sehen können. Schriftliche Belege Ihrer Arbeit, besonders wenn sie zahlreich vorliegen, verfehlen nur selten ihre Wirkung, egal, was sich tatsächlich dahinter verbirgt. Ein neuer Geschäftsführer war zum Beispiel begeistert von seiner Idee, die betrieblichen Abläufe im Unternehmen zu überprüfen. Bevor er in Urlaub ging, gab er Anweisung, bis zu seiner Rückkehr entsprechende Pläne zu entwickeln, wie es dann auch wirklich geschah. Auf seinem Schreibtisch fand er einen zehnseitigen Bericht vor, der vollgepackt mit Analysen, Diagrammen und Zeichnungen war. Nachfolgend einige Auszüge aus diesem Werk:

> Dieser Bericht und die darin enthaltenen Empfehlungen ist das Ergebnis umfangreicher und ausführlicher Gespräche mit der Kundenabteilung. Wir werden auf alle wichtigen Themen eingehen, sind jedoch der Ansicht, daß es sinnvoll wäre, einige Punkte mit Ihnen ausführlicher zu besprechen. Die unserem Ansatz zugrundeliegende Philosophie ist im wesentlichen die, daß alle operationalen Bereiche unter gleicher Führung stehen sollten. Gleichzeitig erkennen wir den Bedarf nach einer starken Kundenabteilung, die ausreichend groß sein muß, um unabhängig arbeiten zu können. Eine der aufregendsten Herausforderungen an die Führungsqualitäten, die als Ergebnis unserer Analyse festzuhalten sind …

Als der Geschäftsführer sah, daß seine Anweisung „umfangreiche und ausführliche Gespräche“ hervorgerufen hatte, war er extrem zufrieden: In seiner Abwesenheit hatte man ganz eindeutig viel und intensiv gearbeitet. Weiterhin war er erfreut über die guten Arbeitsbeziehungen zwischen den einzelnen Führungskräften, die durch den Satz „wir gehen..." angedeutet werden. Die ihm unterstellten Mitarbeiter hatten auch sorgsam darauf geachtet, ihm zu zeigen, daß sie ihn noch immer als Berater und Ratgeber brauchten, um „einige Punkte ausführlicher zu besprechen", die sie selbst alleine nicht lösen konnten. Der Satz „aufregende Herausforderungen an die Führungsqualitäten" weist auf ihre positive Einstellung hin, während das Wort „Analyse" den Eindruck eines systematischen und genauen Ansatzes vermittelt.

Der Geschäftsführer wäre vielleicht weniger beeindruckt gewesen, wenn er Zeuge der folgenden Unterhaltung zwischen den Managern der beiden Unternehmensbereiche geworden wäre, deren Ergebnis der oben auszugsweise zitierte Bericht ist:

Manager A:

„Gott weiß, wofür er das haben will. Wir haben gerade eine Umstrukturierung hinter uns."

Manager B:

„Na ja, ich glaube, wir müssen dafür sorgen, daß er glücklich bleibt. Meiner Meinung nach besteht die große Frage darin, ob wir die Workshops aus Deinem Bereich in meinen übernehmen oder es so lassen, wie es ist. Es wäre sinnvoll, sie zu transferieren, aber ich bin nicht besonders scharf darauf."

Manager A:

„Das kann ich Dir nicht verübeln. Mein Problem ist, daß ich eine Menge Mitarbeiter habe, die alle nichts tun. Aber was kann ich tun, wenn sie uns nicht erlauben, irgend jemanden zu entlassen?"

Manager B:

„Es ist nicht nur das. Wir wissen beide, daß dieser Bericht sowieso nirgendwo hingeht. Im Personalbüro haben sie gesagt, daß sie nicht daran interessiert seien. Seit der letzten Überprüfung ist erst ein Jahr vergangen. Es wäre Zeitverschwendung, Stunden damit zu verbringen."

Manager A:

„Das stimmt. Was sollen wir also machen?"

Manager B:

„Also, er sagte, er will, daß wir uns gemeinsam beraten und dann etwas ausarbeiten sollen. Ich werde etwas zusammenklopfen, dann wirfst Du noch einen Blick darauf, und hoffentlich ist das dann das letzte, was wir davon hören werden."

Manchmal kann man auch ohne jede Mühe erfolgreich sein. Zum Beispiel:

In einem technischen Betrieb sollte der Betriebsrat mit einem der Geschäftsführer die Gespräche über die jährliche Lohnerhöhung führen. Der Geschäftsführer, der befugt war, bis zu 8 Prozent mehr zu zahlen, grüßte die Vertreter des Betriebsrates höflich, aber ernst. Die Absatzmarktlage, so erklärte er, sei schwierig. Deshalb habe er Anweisung erhalten, bis höchstens 2,5 Prozent zu gehen. Als er dieses Angebot machte, sah er verlegen aus. Schließlich sagte er: „Sehen Sie, es ist schrecklich für mich, Ihnen das anbieten zu müssen. Ich werde in die Hauptgeschäftsstelle fahren und dort nicht eher wieder weggehen, bis man mir etwas Besseres sagt." Der Geschäftsführer nahm dann einen Tag frei, und bat seine Sekretärin, überall zu verbreiten, daß er in München sei. Der Betriebsrat wartete nachdenklich. Als der Geschäftsführer zurückkehrte, sagte er: „Es war ein Kampf. Sie wollten keinen Meter weichen. Sie drohten sogar, die 2,5 Prozent wieder zurückzuziehen. Nach etwa zwei Stunden boten sie 3,5 Prozent. Ich sagte ihnen, daß ich Sie nicht mit einer derartigen Zahl kränken würde. Wenn das alles ist, was sie tun könnten, dann sollten sie selbst mit Ihnen direkt verhandeln. Egal, jedenfalls werden Sie erfreut sein, wenn Sie hören, daß ich am Ende erreicht habe, daß sie ihr Angebot auf 5 Prozent verdoppelt haben."

Der Betriebsrat war hocherfreut. Hier war endlich ein Geschäftsführer, der bereit war, für seine Mitarbeiter zu kämpfen, wirklich eine sehr seltene Eigenschaft!

Realität ist also ein seltsames Phänomen. Das Leben im Unternehmen ist manchmal dem Stück von Samuel Beckett „Warten auf Godot" sehr ähnlich. Das Stück handelt von zwei Landstreichern, die auf einen Mann namens Godot warten. Als das Stück endet, weiß noch immer niemand, wer Godot ist, warum die beiden Landstreicher auf ihn warten, ob er jemals überhaupt kommen wird oder ob er von allen unbemerkt gekommen und wieder gegangen ist.

Zusammenfassung

- Die Wirklichkeit ist so, wie der Einzelne sie definiert.
- Die Wirklichkeit hängt oft von der Interpretation von Fakten ab.
- Fakten lassen sich jedoch unterschiedlich interpretieren.
- Menschen, die nach Macht streben, versuchen, die Wahrheit so zu definieren, daß sie ihnen zum Vorteil gereicht.
- Es gibt nichts, das man als „die Fakten" bezeichnen kann.
- Erhalten Sie sich ein unabhängiges Urteil und handeln Sie entsprechend.
- Die Definition eines Problems ist eine wichtige Quelle der Macht, da sie die nachfolgenden Handlungen bestimmt.
- Identifizieren Sie sich nur mit Problemen, die lösbar sind, oder noch besser, mit solchen, die Sie bereits gelöst haben.
- Hüten Sie sich davor, andere Ihre Probleme definieren zu lassen.
- Ein geteiltes Problem ist ein abgewälztes Problem.
- Wenn es nicht in Ihrer Macht steht, das Problem zu definieren, versuchen Sie, die in Betrachtung gezogenen Lösungsmöglichkeiten zu bestimmen. Ist das nicht möglich, versuchen Sie, die Informationen über die Lösungsmöglichkeiten zu kontrollieren.
- Wiederholung ist ein mächtiges Mittel, um Realität zu schaffen.
- Macht entsteht aus Annahmen. Um Annahmen aufzudecken, benötigt man eine neugierige Geisteshaltung und Beharrlichkeit.
- Vorschriften sind nur dann Vorschriften, wenn Sie Ihnen gelegen kommen. Ist das nicht der Fall, behaupten Sie, sie seien unsinnig und bedürften der Änderung.
- Der wichtigste Punkt, um Ihre Ziele zu erreichen, lautet: Sie müssen wissen, was Sie wollen, und sich dann entsprechend vorbereiten.
- Die Besprechung von Schriftstücken, Präsentationen usw. kann dazu benutzt werden, um Ziele zu erreichen.
- Eine lebendige Präsentation kann Menschen dazu veran-

lassen, ungünstige statistische Daten zu ignorieren.

- Wer das Protokoll schreibt, hat die Macht, besonders wenn er es vor der eigentlichen Besprechung schreibt.
- Ein Schriftstück ist um ein Vielfaches mächtiger als das gesprochene Wort.
- Es kommt nicht darauf an, was Sie getan haben, sondern welche Taten Sie beweisen können.
- Schriftstücke können benutzt werden, um den Schreiber in einem günstigen Licht erscheinen zu lassen.
- Derjenige, der das letzte Wort hat, gewinnt im allgemeinen.
- Warten Sie niemals, bis man Sie bittet, etwas schriftlich auszuarbeiten. Tun Sie es einfach.
- Senden Sie niemals ein Schriftstück ab, das Sie im Ärger oder in Hochstimmung geschrieben haben.
- Schaffen Sie Realität aus „Geistern und Schatten“: die Realität dessen, der nach Macht strebt.

Fragebogen über den Umgang mit der Realität

Nachdem Sie das Kapitel gelesen haben, testen Sie sich nochmals selbst:

1. **In einem Bewerbungsgespräch werden Sie gefragt, warum Sie keine Ihrer früheren Tätigkeiten länger als zwei Jahre ausgeübt haben.**
   Was antworten Sie?
   a) „Ich bin noch immer auf der Suche nach dem Job, die mir richtig Freude macht."
   b) „Das stimmt, aber hier plane ich, für die nächsten fünf Jahre zu bleiben."
   c) „Ich war immer bereit, meine persönliche Bequemlichkeit und Sicherheit zu opfern, um eine gute Chance wahrzunehmen."
   d) „Es ist sicherer, eine Zielscheibe zu sein, die sich bewegt."

2. **Ein Kollege in einer anderen Abteilung hat zehn Kundendienstmitarbeiter. In Ihrer Abteilung, die dreimal so groß ist, arbeiten 20 Mitarbeiter.**
   Was bedeutet das?
   a) Sie haben zu wenig Mitarbeiter.
   b) In der anderen Abteilung arbeiten zu viele Mitarbeiter.
   c) Nichts, da die beiden Abteilungen völlig unterschiedlich sind.
   d) Das Verhältnis ist in Anbetracht der unterschiedlichen Arbeiten, die in jeder Abteilung verrichtet werden, vermutlich richtig.

3. **Was ist Ihr Hauptproblem bei der Arbeit?**
   a) zu wenig Zeit
   b) zu viel Druck
   c) die anderen Abteilungen
   d) die eigene Ineffizienz

4. **Sie sind extrem beunruhigt, als Sie hören, daß Ihr Unternehmen durch einen speziellen Vertrag riesige Verluste erleidet. Das könnte ernsthafte Auswirkungen auf Ihre Karriere haben.**
   Was tun Sie?
   a) Sie bringen Ihren Lebenslauf auf den neuesten Stand und rufen ein paar Personalberatungsagenturen an.
   b) Sie sagen und unternehmen nichts, bis Sie nicht die Zahlen gesehen haben.
   c) Sie sagen: „Das entspricht dem, was ich in dieser Phase erwarten würde."
   d) Sie rügen verärgert die Buchhaltung wegen ihrer Inkompetenz.

5. Welches der folgenden Projekte würden Sie bevorzugen?

a) ein Projekt, dessen Grundlagen bereits erarbeitet wurden
b) ein ganz neues und aufregendes Geschäft
c) ein relativ interessantes Projekt, das die Zusammenarbeit mit anderen Abteilungen erfordert
d) die Rettung eines Geschäftes, das in Schwierigkeiten geraten ist

6. Sie sollen den Vorsitz einer Besprechung übernehmen, in der es um die Zusammenlegung von zwei Abteilungen geht. Würden Sie

a) während der Besprechung um Themenvorschläge für die Tagesordnung bitten?
b) die Themen für die Tagesordnung vor der Besprechung sammeln?
c) eine fertige Tagesordnung vor der Besprechung herumgehen lassen?
d) eine kurze Beschreibung der Auswahlthemen vor der Besprechung herumgehen lassen?

7. Sie haben gerade mit Ihrem Vorgesetzten ein unangenehmes Gespräch geführt, bei dem es um Ihre Leistungen ging. Was tun Sie jetzt?

a) Sie versuchen, es so schnell wie möglich zu vergessen.
b) Sie machen sich eine kurze Notiz über diese Unterredung.
c) Sie schicken ihm eine kurze Gesprächsnotiz.
d) Sie beginnen, sich nach einer neuen Tätigkeit umzusehen.

8. Nach zwei Monaten ist es Ihnen endlich gelungen, einen Termin beim Geschäftsführer persönlich zu erhalten, um ihm zu erklären, warum Sie mehr Mitarbeiter brauchen. Würden Sie

a) eine kurze schriftliche Ausarbeitung vorbereiten, die Sie durch eine Präsentation ergänzen?
b) eine schriftliche Ausarbeitung vorbereiten, die Sie dann vortragen?
c) sich einige kurze Notizen machen, bevor Sie in die Besprechung gehen?
d) dort hingehen, hören, was er Ihnen sagt, und dann entsprechend darauf reagieren?

9. Wie sieht Ihre Strategie aus, wenn es um die Erstellung von Besprechungsprotokollen geht?

a) Zeitverschwendung
b) Sie versuchen, die Aufgabe an eine andere Abteilung abzuwälzen.
c) Sie schreiben das Protokoll immer direkt im Anschluß an die Besprechung.
d) Sie schreiben das Protokoll vor der Besprechung.

10. Ihr Vorgesetzter hat Sie gerade gebeten, einen neuen Entwurf für die Geschäftsstrategie Ihrer Abteilung zu entwerfen. Was werden Sie jetzt tun?

a) Nichts, und hoffen, daß er es wieder vergißt.

b) Sie kritzeln ein paar Notizen auf zwei A4-Seiten nieder.

c) Sie diktieren aus dem Kopf heraus eine lange, weitschweifige Abhandlung, gespickt mit Füllwörtern.

d) Sie stellen sorgfältige Nachforschungen an, bevor Sie eine gutdurchdachte, peinlich genaue Analyse durchführen.

Die Antworten finden Sie auf der nächsten Seite.

Antworten auf den Fragebogen

1. c – Machen Sie immer einen positiven Eindruck.
2. a – Sie können die Fakten genausogut so interpretieren, daß sie Ihren Interessen entgegenkommen.
3. c – Warum sollten Sie sich selbst schwach oder inkompetent erscheinen lassen?
4. c – Überläßt Ihnen die Initiative, während Sie Nachforschungen anstellen. Auch d ist eine Möglichkeit, geht aber auf Kosten der auf das Problem gerichteten Aufmerksamkeit.
5. a – Bleiben Sie bei Problemen, von denen Sie wissen, daß Sie sie lösen können.
6. d.
7. c – und schnell, bevor er Sie dazu prügelt.
8. a. d ist hoffnungslos – Wenn Sie anderen in dieser Angelegenheit die Initiative überlassen, wird man Ihnen eine Predigt über Kosteneinsparungen und so weiter halten. Danach können Sie jede Hoffnung auf mehr Mitarbeiter aufgeben.
9. d – Immer.
10. c – Geben Sie ihm, was er sehen will, aber verschwenden Sie keine Zeit damit, da solche Schriftstücke im allgemeinen eher überflogen als gelesen werden und selten weiter als bis in den Aktenschrank wandern.

Rechnen Sie die Punkte zusammen, die Sie erzielt hatten, bevor Sie das Kapitel gelesen haben: __________

Rechnen Sie die Punkte zusammen, die Sie erzielt haben, nachdem Sie das Kapitel gelesen haben: __________

Literatur zu Kapitel 9

1. *Yallop, D.* (1990) To Encourage the Others, Corgi, London.
2. *Lord, W.A.* (1976) A Night to Remember, Penguin, Harmondsworth.
3. *Lindblom, C.E.* „The Science of muddling through", Public Administration Review, 1959, XIX(2), S. 79-88.
4. *Stephenson, T.* (1985) Management: A Political Activity, Macmillan, London.
5. *Pfeffer, J.* (1981) Power in Organizations, Pitman, Boston.
6. *Pfeffer,* op. cit.
7. *Crosby, P.* (1979) Quality is Free, McGraw-Hill, New York.
8. *Deming, E.* (1982) Out of the Crisis, Cambridge University Press, Cambridge.
9. *Korda, M.* (1976) Power, Ballantine Books, New York.
10. *Simon, H.A.* (1960) The New Science of Management Decision, Harper, New York.
11. *Bacharach, P., Baratz, M.S.* (1970) Power and Poverty: Theory and Practice, Oxford University Press, New York.
12. *Kelman, H.C.* (1958) „Compliance, identification and internalization, three processes of attitude change", Journal of Conflict Resolution, 11(1), S.51-60.
13. *Kanter, R. M.* (1968) „Commitment and social organization: A study of commitment mechanisms in utopian communities", American Sociological Review, 33, S. 499-517.
14. *Lukes, S.* (1974) Power: A Radical View, Macmillan, London.
15. *Martin, R.* (1977) The Sociology of Power, Routledge & Kegan Paul, London.
16. *Schwenk, C.R.* (1986) „Information, cognitive biases and commitment to a course of action", Academy of Management Review, 11(2), S. 290-310.
17. Vgl. *Drummond, H.* (1991) Effective Decision Making: A Practical Guide for Management, Kogan Page, London. Dort finden Sie eine detailliertere Beschreibung dieser Technik.
18. *Taylor, S., Thompson, S.* (1982) „Stalking the elusive ‚vividness' effect", Psychological Review, 89, S. 155-81.
19. *Langer, E.J.* (1983) The Psychology of Control, Sage, Beverly Hills.
20. *Janis, I.L.* (1989) Crucial Decisions: Leadership in Policy Making and Crisis Management, Free Press, New York.
21. *Napley, D.* (1975) The Technique of Persuasion, Sweet & Maxwell, London.

Stichwortverzeichnis